Histeria

Histeria

Silvia Leonor Alonso
Mario Pablo Fuks

c coleção
c clínica
p psicanalítica

Artesã

Histeria
3ª edição

DIRETOR
Alcebino Santana

COORDENAÇÃO EDITORIAL
Michelle Guimarães El Aouar

CAPA
Michelle Guimarães El Aouar

ADAPTAÇÃO ORTOGRÁFICA
Gustavo Henrique Guiral dos Santos
Caroline Zanelli Martins

Silvia Barbosa

DIAGRAMAÇÃO
Conrado Esteves

H673

Histeria / organizadores: Silvia Leonor Alonso , Mario Pablo Fuks. – Belo Horizonte : Artesã, 2023.

312 p. ; 21 cm. – (Clínica psicanalítica / organizador: Flávio Carvalho Ferraz)

ISBN: 978-85-7074-071-7

1. Histeria. 2. Psicanálise. 3. Psicologia. I. Alonso, Silvia Leonor, 1949-. II. Fuks, Mario Pablo. III. Ferraz, Flávio Carvalho, 1963-.

CDU 159.964

Catalogação: Aline M. Sima CRB-6/2645

IMPRESSO NO BRASIL
Printed in Brazil

(31)2511-2040 (31)99403-2227
www.artesaeditora.com.br
Rua Rio Pomba 455, Carlos Prates - Cep: 30720-290 | Belo Horizonte - MG
/artesaeditora

A Francisco, Maria Celeste e Bruno,
pelo apoio e carinho.

A Lucía, Emiliano, Florencia e Julián,
pela paciência amorosa.

Introdução 9

1 A histeria através dos tempos 17
Da Antiguidade até Charcot 22
A histeria em Freud 40

2 O recalque 57
O recalque nos primeiros momentos da teorização 61
O Édipo e o recalque 73
O recalque primordial e o recalque propriamente dito 83
O recalque e a segunda tópica 87

3 Corpo histérico e sintoma 95

4 A fase fálica 135

5 A identificação histérica 167
Identificações primárias 170
Identificações narcisistas 172
Identificações secundárias edípicas 173
Identificações histéricas 176

6 Histeria nos homens 197
Os sintomas: conversões e crises de cólera 200

7 A loucura histérica 209
A "psicose histérica" em Freud 210
Histeria *versus* psicoses
no campo psiquiátrico 217

8 Histeria, depressão e masoquismo 237

9 De Freud a nossos dias 251
Reformulações teóricas
no interior da psicanálise 251
A histeria na psiquiatria atual
e as epidemias histéricas 259

10 Histeria e erotismo feminino 275

**11 A construção da masculinidade e a histeria
nos homens na contemporaneidade** 297

12 Um bonde chamado... histeria 325

Referências 349

Introdução[1]

A psicanálise teve início a partir da clínica da histeria e foi alongando seu campo para as outras neuroses e demais quadros psicopatológicos. Foi a partir da escuta das histéricas que Freud pôde reconhecer a existência de um psiquismo com suas determinações inconscientes, outorgando a um conceito que já existia uma especificidade: o de ser um inconsciente sexual-pulsional. Além disso, pôde reconhecer a existência pulsante de um corpo que não se confunde com o corpo orgânico, e que determina o caráter enigmático do sintoma: o corpo erógeno. Este corpo constituído na relação com os outros e seus desejos, os códigos, a trama dos laços sociais, é produzido nas vicissitudes de uma história singular.

Foi também a partir da escuta das histéricas que se recolocou a relação entre aquele que sofre e aquele que o

1 Nota do editor: a presente edição foi acrescida de dois textos, inseridos com penúltimo e último capítulos.

escuta no sofrimento. O reconhecimento da subjetividade presente, tanto do analisando quanto do analista que se põem a trabalhar, retira do encontro qualquer objetivismo dessubjetivante, com que a ciência positivista concebe o ato médico. Neste novo trabalho, foram se operando rupturas e desenharam-se os caminhos que levaram ao método analítico.

A clínica da histeria, a inteligibilidade de sua "arquitetura", suas "colunas de sustentação", com a dinâmica que lhe é própria, e a metapsicologia psicanalítica surgiram juntas. O fato de terem sido no início duas faces de um mesmo movimento deixou a psicanálise e a histeria enlaçadas por uma dupla dívida, ou, dito de outra maneira, por uma mútua gratidão. As histéricas foram ouvidas por Freud no seu sofrimento, e por sua vez possibilitaram-lhe, com seu corpo e com sua fala, a sua grande descoberta.

Fazer deste corpo, apresentado para um olhar, objeto de uma escuta e de uma tentativa de deciframento foi a aventura em que se lançou o inventor da psicanálise. Escrever um livro sobre histeria implica, por isso, ter de percorrer grande parte da metapsicologia freudiana.

Por outro lado, antes e depois de Freud, muito se escreveu sobre a histeria, e diferentes teorias sobre ela foram formuladas ao longo dos tempos. Estas teorias nos permitem acompanhar movimentos de avanço e retrocesso passíveis de serem interpretados como aberturas e fechamentos defensivos das formações culturais em face da sexualidade. A histeria apresentou-se nos diferentes momentos da história com diversas vestes, que levam a marca do *éthos* imperante, assim como dos conflitos que atravessam uma época. Ao mesmo tempo, pela faceta rebelde e transgressora que consegue expressar-se por intermédio do sintoma, exerce uma potência de denúncia desses conflitos e, principalmente, do que é censurado em cada momento da história.

Nas últimas décadas, a existência da histeria tem sido posta em questão. Muitas vezes foi declarada morta e enterrada, supostamente substituída por outras patologias. No campo da psiquiatria, na qual impera um modelo biologista, a tendência quase hegemônica fez desaparecer dos seus manuais classificatórios a categoria da neurose e, dentro dela, da histeria como quadro psicopatológico. Nestes manuais, ela aparece fragmentada e dispersa em diferentes "transtornos" supostamente explicáveis exclusivamente por um determinismo orgânico, genético ou neuroquímico. Concomitantemente à desaparição das neuroses, tende a ausentar-se também desses manuais a própria noção de processo psicopatológico e, no limite, a de doença, normalmente prevalecendo a descrição de síndromes. Entre os próprios analistas, no seio de algumas correntes – e em função de uma tendência, a nosso entender, dessexualizante da teoria – deixou-se de falar de histeria por longos períodos. No entanto, uma revalorização da clínica e uma superação dos dogmatismos de escola têm permitido novas e ricas elaborações que levam em conta as variantes culturais e históricas e que os permite manterem-se abertos e atentos para as novas formas em que a histeria se apresenta. Surgiram assim importantes publicações psicanalíticas sobre o tema nos últimos tempos.

A histeria continua vigente, e esta afirmação se confirmou para nós ao longo da escrita deste livro. Ela está presente na demanda clínica, nas produções estéticas, nos relatos médicos e nos modos de construir as categorias de gênero. Algumas manifestações peculiares em que ela insiste em se apresentar na atualidade – desde as formas anoréxicas até as modalidades quase assintomáticas cuja única queixa é o cansaço, o *tedium vitae*, ou nas epidemias contemporâneas que podem ser lidas em clave histérica – abrem espaço para pensar problemáticas sobre o lugar do corpo na contemporaneidade ou nas formas de subjetivação na cultura atual.

Muitos aspectos ou facetas das produções subjetivas e psicopatológicas próprias do momento histórico em que vivemos não podem ser compreendidas sem o recurso ao modelo metapsicológico da histeria, mesmo que essa referência seja necessária, mas não suficiente para dar conta de suas complexidades. O modelo das neuroses narcísicas e o da produção de uma subjetividade aditiva aparecem como referências teóricas imprescindíveis para a elaboração conceitual no campo das chamadas patologias contemporâneas.

Em que medida a histeria continua a ocupar o lugar que lhe coube como analisador social a partir do fim do século XIX, ou acabou por se deslocar prioritariamente, hoje em dia, para as depressões e toxicomanias ou outras patologias atuais, é uma questão que requer a continuação do debate.

Na organização do livro, fizemos algumas escolhas, uma delas condizente com a concepção de transmissão desenvolvida e aprofundada ao longo dos anos de trabalho em seminários e supervisões compartilhadas com os colegas do Departamento de Psicanálise do Instituto Sedes Sapientiae, tanto por meio do Curso de Psicanálise como das atividades de formação continuada. Essa escolha consiste em trabalhar os temas em um acompanhamento minucioso do texto freudiano, já que nele encontramos as ferramentas fundamentais para o trabalho analítico, assim como as pistas para os caminhos da investigação psicanalítica, ainda quando elas se fazem presentes nos impasses e não necessariamente nas respostas, e ainda quando algumas de suas afirmações sejam por nós mesmos questionadas.

Na volta às origens, ver os conceitos surgirem e fazer uma história de sua construção permite reavivá-los, já que quando a metapsicologia se transmite como um saber já consagrado e desengajado da história e da clínica da qual surgiram, ela se esteriliza. Os pensamentos de outros autores foram-se incluindo no livro à medida que ajudavam a esclarecer certos impasses, avançavam no trabalho sobre temas ou retrabalhavam conceitos, dando-lhes mais consistência ou densidade, ou seja, eram solicitados pela própria necessidade de fazer avançar o entendimento de uma temática. Assim, o pensamento lacaniano permitiu-nos avançar sobre o conceito da identificação histérica, e as teorias de gêneros deram-nos elementos para circunscrever problemáticas sobre a fase fálica, o processo de sexuação e a sexualidade feminina; outros exemplos seriam igualmente importantes. Autores pós-freudianos, focados em problemáticas específicas, apontaram-nos elementos para a difícil tarefa da discriminação diagnóstica, da teorização psicopatológica e da orientação clínica. Foi desse modo que diferentes tendências psicanalíticas foram aparecendo na elaboração deste livro.

A história da histeria e a dos conceitos ocuparam aqui um espaço importante. Em alguns capítulos, a história das teorias sobre a histeria – da Antiguidade até Freud, e de Freud aos nossos dias – foi minuciada não com a intenção de fazer um arquivo histórico de informações, mas para mostrar como a histeria não pode ser pensada fora de cada momento da cultura, e sim no *éthos* e na estética de cada momento histórico. Houve pequenos *flashes* que tentamos transmitir ao leitor sobre o nexo entre uma determinada formação psicopatológica e os valores, estéticas, pontos de vista, formas cotidianas de viver e de cuidar em cada momento histórico, e que nos fizeram intuir a vastidão do universo de linhas e tramas que poderiam ser percorridos pelos trabalhos de investigação.

A incorporação da dimensão histórica, desse modo, permite relativizar as crenças atuais, assim como ressignificar a anterior e iluminar por outras perspectivas o recorrido no seu conjunto. Acompanhamos conceitos como recalque, sintoma e identificação, desde seus surgimentos e ao longo das diferentes formulações que sofreram com as mudanças das tópicas, das teorias pulsionais e de outras reformulações do arcabouço teórico.

Reafirmar a estruturação da histeria no interior da sexualidade infantil, mais especificamente do complexo de Édipo e da fase fálica, exigiu-nos não só retrabalhar os vários aportes teóricos sobre estes temas, como circunscrever problemáticas sobre a diferenciação dos sexos e dos gêneros e sobre a sexualidade feminina que consideramos fundamental serem retrabalhadas.

Em alguns capítulos, debruçamo-nos sobre temas mais específicos como a histeria masculina, a relação entre a histeria e a depressão e as loucuras histéricas, que entendemos serem problemáticas centrais para serem debatidas por sua importância clínica, para as discriminações diagnósticas e os encaminhamentos terapêuticos.

Histeria e feminino: em que se aproximam e em que se diferenciam? Por que muitas vezes são confundidos? Foi ao redor desse eixo que, no último capítulo, retrabalhamos algumas de nossas posições sobre o tema na tentativa de diferenciar o que é da ordem da teoria e do preconceito.

Nós, autores, amigos e companheiros de travessias anteriores, reencontramo-nos como coparticipantes do projeto formativo do Curso de Psicanálise do Instituto Sedes. Desta vez, lançamo-nos a uma nova aventura, a de escrever um livro a quatro mãos. Este livro foi se fazendo ao sabor do intercâmbio de experiências clínicas, de reflexões sobre o passado e a atualidade, de indicações mútuas de leituras e filmes para serem vistos e analisados e de discussões nas quais se foi articulando o produzido individualmente com o conjuntamente planejado. Tivemos, também, a oportunidade de trocar ideias a partir dos trabalhos de investigação que cada um de nós vem desenvolvendo em torno dos temas do feminino e das patologias contemporâneas. Deste intercâmbio surgiu uma nova "camaradagem", que aportou um novo capítulo à história de nossa amizade.

Agradecemos a Flávio Carvalho Ferraz pelo convite para a participação em um projeto editorial valioso, o da coleção "Clínica Psicanalítica", e pelo acompanhamento e assistência cuidadosa com a redação do texto; a Lucía Barbero Fuks e Ana Maria Sigal, pela disponibilidade para leitura de alguns dos capítulos e pelos comentários que nos foram úteis; a Bruno Espósito, pela ajuda inestimável para superar as nossas dificuldades com o português e a arrumação do texto; a Julián Fuks, pela mesma razão, e também pelo cuidado especial na correção de alguns capítulos; e aos muitos colegas dos diferentes grupos de trabalho, com os quais mantivemos, ao longo destes anos, trocas fecundas.

1 A histeria através dos tempos

Sabemos que a histeria se apresenta com faces diferentes; seus sintomas são mutáveis, suas figuras, variadas. A volatilidade de suas formas responde à sua plasticidade identificatória; esta a torna escorregadia a toda tentativa de apreendê-la (essa "doença coringa", essa "terra incógnita"), talvez pelo seu caráter misterioso, que fisga com força os representantes do saber, que não cessam de falar e pensar sobre ela, tentando descobri-la por meio das pegadas que deixa. A histeria "dá o que falar"; o número de publicações sobre o tema é imenso, bem como a quantidade de discursos que por seu saber atribuem-se um poder; bruxas, teólogos, médicos, psiquiatras e psicanalistas foram seus mestres através dos tempos. E não se trata de uma aproximação tranquila, neutra ou descompromissada; pelo contrário, as paixões daqueles que a estudam parecem mobilizar-se, o erotismo daqueles que a tratam se põe em jogo e, com o erotismo, a hostilidade aparece. As histéricas já foram queimadas nas fogueiras da inquisição, já foram "cegadas" pelo dedo sádico do médico no pronto atendimento, para castigá-las pela falsidade e pela simulação, mas já foram elogiadas como defensoras do amor, as rainhas da criatividade, as delatoras da hipocrisia e as porta-bandeiras do erotismo e da feminilidade.

Onde elas estão, o erotismo parece não sossegar; ele habita o próprio corpo histérico inquieto e se manifesta autoplasticamente por intermédio dos sintomas: as cegueiras, as paralisias, as anestesias, as amenorreias, as anorexias e as cefaleias, ou no intensificado de sua gestualidade. O erotismo também impregna aloplasticamente o ambiente que as rodeia, deixando por conta dos parceiros com os quais contracena o compromisso, às vezes enfadonho, de lidar com ele.

A possibilidade camaleônica da histeria faz com que ela se transforme com o tempo. Conhecer a sua história nos informa sobre os valores das diferentes épocas e sobre o *éthos* predominante, mas também sobre o que, em cada um dos momentos, é censurado. Mostram-nos as representações que no imaginário social prevalecem sobre os homens e as mulheres, informando sobre o lugar que a sexualidade ocupa em cada momento e sobre o seu recalcamento. Tentar saber sobre a histeria nos faz margear entre o corpo e a psique, mas nos faz margear igualmente entre o indivíduo e o entorno, entre o singular e os discursos culturais.

Na afirmação de Trillat (1986),

> [...] toda a história da histeria é percorrida por uma dupla corrente: uma, baseada na observação dos fatos, na compilação de dados objetivos, na comparação com outros fenômenos, na repetição e na reprodução; a outra, aberta à imaginação, ao sonho, ao mundo interior e subjetivo, à comunicação do ser, para além das fronteiras corporais,

com o mundo, com o cosmo e, por que não, com Deus... ou com o Diabo! [...] (p. 14)

Diversas teorias sobre a histeria sucederam-se durante os séculos, teorias contra as quais as histéricas se revelam, mostrando-lhes a sua parcialidade.

É conhecida a capacidade da histeria para mobilizar o entorno, gerando um campo de tensões entre os representantes de "saberes" diferentes. Teólogos e médicos, durante a Renascença, discutiam longamente, para concluir se algo se tratava de um fenômeno de possessão ou de simulação, o que definiria se o fenômeno poderia ser explicado a partir do saber médico ou do religioso. Um episódio, acontecido em Morzine, no século XIX, relatado e analisado por Silvia Fendrik (1997) no livro *Santa Anorexia*, mostra com clareza essa capacidade que as histéricas têm de mobilizar ao seu redor vários "saberes" e "poderes", que entram em disputa e criam eixos de tensão entre os discursos diferentes. Longe da época na qual se acreditava em demônios, no século XIX, dez anos antes de Charcot fazer as suas exposições na Salpêtrière, no povoado de Morzine, um grupo de jovens de um colégio de freiras começa a proferir insultos. Elas vomitam, não comem, arrastam-se pelo chão, blasfemam e, achando-se possuídas por Satanás, pedem ao padre da Igreja para serem exorcizadas. Uma epidemia de possessão demoníaca alastra-se pela cidade, principalmente entre as mulheres jovens, atingindo também alguns homens, chegando a duzentos casos. Era como se nesse pequeno povoado se recriasse o espetáculo que tomava a Europa nos séculos anteriores, povoada de exorcistas, inquisidores e dominada pela crença na existência dos demônios. Naqueles tempos, não se duvidava de que existiam os fenômenos de possessão diabólica, assim como de que era a Igreja, por meio do exorcismo, que devia dar conta deles. No entanto, o episódio de Morzine acontece numa época na qual o discurso religioso não tem tanta pregnância, e em que são os médicos que se ocupam de tratar daquilo que ocorre no corpo. Se nos interessa relatar aqui o episódio de Morzine é justamente porque, durante os vinte anos nos quais durou a epidemia, instaurou-se entre o poder médico, o religioso e o político um campo de tensões. As jovens solicitavam da Igreja o exorcismo; a Igreja, negando-se a esta prática, encaminhou-as para os médicos, que criaram uma entidade nosográfica que as incluía (a "histerodemonopatia epidêmica"), e que tinham táticas educativas ou curativas de acordo com a concepção médica com a qual se identificavam. No entanto, quando as práticas pedagógicas ou curativas não funcionavam, o que ficava como recurso era apelar à autoridade militar.

Silvia Fendrik mostra como as tentativas que vão sendo feitas para conter a epidemia são diversas. Os médicos tentam dominá-la com remédios. Quando isto não funciona, alguns insistem com outros medicamentos, enquanto outros chegam a solicitar permissão para exercer o exorcismo, o que instaura uma briga com os padres mais progressistas, que se opõem a essa prática. Por outro lado, as autoridades estão preocupadas com o restabelecimento da ordem; o Ministério do Interior envia o Dr. Arthaud para fazer o informe; este atribui o problema aos charlatães, aos livros de magia, às práticas do exorcismo, e propõe instalar um quartel militar, a que o prefeito se opõe, afirmando que se trata de uma enfermidade de origem estranha e contagiosa. Finalmente, o Ministério do Interior, decidido a extirpar definitivamente a epidemia, envia um inspetor geral de alienados da França, autoridade representante do poder das metrópoles, que chega acompanhado de policiais e de um juiz de paz, que estabelece que se trata de um fenômeno de histerodemonopatia, por causa de um grande fanatismo. Distribui as enfermas em hospitais diferentes, para evitar o contágio, e envia outras a casas de parentes que moram em outras cidades. No entanto, estas retornam sorrateiramente. O controle é aparente, os casos multiplicam-se, e o único recurso é a dispersão; as enfermas são enviadas a hospícios ou a famílias de outros povoados. Finalmente, nesse episódio, triunfa "o discurso médico"; as demonopatas são reconhecidas como "histéricas". Por outra parte, a histeria desafia os saberes, confrontando-os com seus limites e suas contradições. Por exemplo, nesse episódio, se de um lado os médicos do século XIX erigem-se em representantes da civilização que despreza a ignorância atribuída à magia e à superstição, do outro, alguns dos médicos, frustrados pela ineficácia dos remédios, recorrem ao exorcismo. Ao mesmo tempo a Igreja, que nesse século estava influenciada pelo espírito positivista, já não acredita que o demônio possa entrar no corpo das mulheres; contudo, essa mesma Igreja, nos séculos XVI e XVII, tinha queimado na fogueira um número imenso de mulheres ditas possuídas.

Finalmente, o episódio ao qual estamos nos referindo revela como o próprio desenvolvimento dos saberes e das culturas não é homogêneo. Por esta razão, apesar de certos saberes progressistas imperarem nas metrópoles ou em determinados setores sociais, isto não impede que longe destas aconteçam episódios que coloquem à mostra crenças já ultrapassadas, que influenciaram outras épocas.

Da Antiguidade até Charcot

As teorias uterinas

A medicina constituiu-se, a partir do século IV a.C., em torno das ideias de Hipócrates. Ele retomou, entretanto, crenças milenares no que se refere ao corpo feminino, ao útero e à histeria. Os documentos médicos mais antigos são os papiros de Kahun e de Ebers, por intermédio dos quais se sabe que todo sofrimento das mulheres que não tivessem uma lesão visível era atribuído a um problema uterino. Para os egípcios, a histeria era uma doença das mulheres; e o útero, uma peça fundamental na economia do corpo delas.

O útero, concebido desde a Antiguidade como um animal no interior do corpo da mulher, é andarilho e voraz, ávido e passeador, capaz de trasladar-se pelo corpo todo e apoiar-se nos diferentes órgãos, provocando doenças de sufocação. O útero andarilho desloca-se quando carente, insatisfeito por falta de relações sexuais ou pela esterilidade. São essas as causas pelas quais a matriz, vazia e leve, circularia pelo corpo, jogando-se contra o fígado, dificultando as vias respiratórias localizadas no ventre, ou o funcionamento do coração, provocando tonturas, ou ainda jogando-se contra os hipocôndrios, provocando vômitos e dor de cabeça, e no pescoço, provocando perda da palavra e resfriamento das pernas. Sendo essas as causas das doenças, justificam-se as terapêuticas indicadas: cheiro de perfumes, fumigador na proximidade da vulva e cheiros fétidos próximos das narinas, que induzem a matriz a retornar ao seu lugar.

Hipócrates mantém como válida a teoria dos úteros migratórios, assim como as práticas terapêuticas dos egípcios. A palavra *histeria* tem a sua origem no adjetivo *husterikós*

– referido à matriz. A medicina hipocrática concebe a saúde como o equilíbrio mantido entre os quatro humores do corpo humano: sangue, bílis, água e fleuma. Influem neste equilíbrio – no caso das mulheres – a regularidade do ciclo menstrual, assim como a regularidade das relações sexuais. Para Hipócrates, há diferenças essenciais entre homens e mulheres: o corpo do homem é mais denso e compacto, o das mulheres é feito de um tecido mais esponjoso, com mais possibilidade de encher-se de fluidos.

A palavra *histeria* não aparece em Hipócrates. Ele usa "sufocação da matriz"; esta expressão foi substituída pela palavra histeria por Littré (Trillat, 1986).

Nas descrições feitas por Hipócrates, várias características das doenças de sufocação evocam a histeria. A sintomatologia é diversa, polimorfa e afeta quase todos os órgãos e funções corporais; os transtornos produzem-se por "deslocamentos" da matriz, os distúrbios acossam de repente as mulheres de boa saúde, e o prognóstico em geral é bom. Hipócrates indica, como tratamento preventivo, o casamento para as moças, o coito para as mulheres casadas e a gravidez para as viúvas.

Platão e Aristóteles retomaram a tradição hipocrática, considerando o útero o órgão essencial da mulher e mantendo a ideia de útero migrador. No *Timeo* (1976), Platão constrói uma nova geografia do corpo. A alma tinha, para Platão, duas partes: uma alma imortal, localizada na cabeça – alma viril –, e outra no ventre, sendo este o lugar do desejo e da concupiscência. O homem tem uma alma racional e imortal que se aloja na cabeça. Nesta nova geografia do corpo, quanto mais nos afastamos da alma imortal, ou seja, quanto mais se desce, mais a qualidade se torna vil, aproximando-nos da animalidade. A mulher caracteriza-se por ter no seu ventre um animal sem alma. Para Aristóteles, esta não é mais que um vaso que acolhe o sêmen masculino. Terão de passar mais quatro séculos para que a medicina inclua, no conjunto dos seus conhecimentos, o funcionamento do órgão sexual feminino.

No primeiro século da nossa era, chega a Roma Sorano de Éfeso, de cuja obra só se conservou o *Tratado das doenças das mulheres*, que lhe valeu um lugar na história da histeria. Segundo Trillat, este médico, ginecologista e obstetra, fez uma boa descrição dos órgãos genitais femininos, com desenvolvimentos importantes com relação à menstruação, à gravidez, ao parto e ao aleitamento, incluindo o desejo da mulher como necessário para engravidar. Sorano (*apud* Trillat,1986) afirma:

> Do mesmo modo como não pode haver ejaculação por parte do homem sem excitação, também não pode ocorrer que a mulher conceba sem desejo. (p. 29)

A contribuição importante de Soranos foi negar uma crença, que acompanhava as parteiras desde muito tempo: a de que o útero era um animal. Para Sorano, o útero não é um corpo estranho, e sim algo que pertence à mulher.

Longo foi o tempo no qual a crença do útero migrante manteve-se viva. Só no século II da era cristã Galeno (131-201), oriundo da Ásia Menor, estabelecido em Roma, refutou a ideia de que a matriz vaga pelo corpo como um animal, atribuindo a origem da histeria à retenção de uma semente feminina; a retenção deste esperma feminino carregado de maus humores faz mal para o corpo inteiro.

Galeno constrói uma explicação tóxica ou química, introduzindo, assim, uma passagem importante: se a histeria não tem sua origem na matriz, sendo provocada por uma semente semelhante ao esperma do homem, por que ela teria de ser própria das mulheres?

A Idade Média (as feiticeiras)

Nos mil anos que se seguem a Galeno, não se escuta falar de histeria. A Europa é devastada pelas invasões bárbaras; a medicina abandona o Ocidente, e a arte de curar fica reduzida a receitas práticas. Recrudescem a magia e o misticismo, passando a impor-se o discurso religioso.

A histeria é vista como efeito de uma punição divina ou da possessão diabólica, tornando-se um mal sagrado. A origem sobrenatural predomina.

No medievo, a caracterização das mulheres retoma fortemente as ideias da Antiguidade: só o homem tem alma e é filho de Deus, a mulher é a tentação. O homem é racional, íntegro e controla os seus desejos; a mulher é demoníaca, afasta-se do caminho da perfeição e põe em risco a castidade masculina, muito privilegiada naquela época.

A sexualidade feminina, considerada demoníaca, faz da mulher um alvo de desconfiança. As mulheres apaixonadas são suspeitas de possessão satânica e correm o risco de acabar na fogueira.

Vemos, assim, como vão-se preparando as condições para a posterior caça às bruxas. As mulheres dividem-se entre as virgens, próximas à castidade, e as demoníacas, tomadas pela sensualidade. No século XIII surge na França a inquisição; seu poder estende-se para a Itália e a Espanha, e mais tarde é adotada pelas colônias do norte da América.

A caça às bruxas inicia-se na Europa num momento no qual a ordem social, fundada nas alianças entre o feudalismo e a Igreja, começa a abalar-se; as guerras e as epidemias que irrompem na Europa provocam insegurança e requerem bodes expiatórios.

Segundo Ana Maria Fernandez (1994), para entender *os excessos* cometidos pela Inquisição é necessário reconhecer que a Igreja precisava livrar-se dos costumes pagãos que imperavam em alguns grupos. Os demônios que precisam ser perseguidos são visualizados no corpo das mulheres. Os inquisidores procuravam no corpo das acusadas de bruxarias os pontos anestésicos nos quais se supunha manifestarem os contatos carnais com o demônio.

Ao mesmo tempo, existiam mulheres pobres do meio rural que, para viver, recorriam a meios de vida marginal; viviam à margem do casamento, da vida familiar e do saber oficial; elas eram conhecedoras das plantas, dos traumatismos e dos partos; isto as convertia em verdadeiros agentes de saúde para o campesinato, ou seja, possuíam um saber que punha em risco a organização do saber estabelecido pelo cristianismo, que só reconhecia os homens como possuidores do saber.

A partir do século XIII, a medicina tomou um caráter exclusivamente acadêmico e masculino, e a magia e a feitiçaria das bruxas foram condenadas, produzindo-se uma distribuição sexuada das práticas de cura.

Entre as bruxas que ameaçavam o mundo medieval e que foram enviadas para a fogueira, certamente muitas eram histéricas. No entanto, como Trillat nos alerta, não eram as histéricas que foram queimadas, e sim as bruxas; dizer que as histéricas eram queimadas seria atribuir ao medievo a mentalidade do século XIX. Será só no século XIX que a literatura médica fará uma revisão histórica e incluirá os fatos de possessão no quadro nosográfico da histeria.

A Renascença

Os médicos da Renascença voltam a ocupar-se da histeria; desta vez ela se torna um território de confronto entre os teólogos e os médicos; eles se enfrentam em longas discussões para decidir se o caso se trata de uma simulação ou de uma possessão. As melancólicas e as bruxas tinham o mesmo pai, o diabo. As melancólicas eram vítimas da escolha do diabo, que as preferia, mas as bruxas pactuavam ativamente com ele, por sua própria vontade e, por isso, elas não poderiam ser tratadas, e o destino delas era a fogueira. A opinião dos médicos era contrária, pois resistiam à concepção demoníaca da possessão. O médico alemão Johann Weyer, no século XVI, assumiu a defesa das "possuídas", opondo-se à Igreja e defendendo que era necessário considerar as convulsionárias doentes mentais (Roudinesco, E.; Plon, M.,1998, p. 338), o que provocou a oposição dos teólogos, que definiram o seu livro *A impostura do diabo* como a expressão do demônio.

Segundo Maud Mannoni (1999, p. 81), o primeiro texto a distinguir a histeria do mito da feitiçaria é *A brief discourse of a disease called the suffocation of the mother*, do médico inglês Edward Jorden (1569-1632). Conta Mannoni que havia nos tribunais um processo contra Elizabeth Jackson, acusada por ter enfeitiçado Mary Glover, moça que padecia de ataques convulsivos que se sucederam a uma briga com a acusada. Jorden percebe que os ataques acontecem cada vez que as duas se encontram, o que lhe faz pensar na presença de um elemento afetivo como desencadeador da crise. Jorden tenta convencer o juiz de que os sintomas se ligam a doenças da alma, e não à obra do diabo. No entanto, não consegue convencê-lo com sua argumentação, e Elizabeth Jackson é condenada à morte. Afirma Mannoni:

> Na verdade, o juiz não pode admitir que o médico confesse a sua impotência, já que não há nenhum remédio. Condenando Elizabeth à morte, a instância judiciária substitui, então, o poder médico falho, persuadido de que deve opor uma "autoridade" ao mal. Se a medicina não pode "dominar" a desordem, a justiça fará isso, eliminando a causa do mal na pessoa de Elizabeth Jackson. (p. 81)

Na Renascença, a medicina está impregnada do discurso religioso. Contudo, aos poucos, os textos antigos (Platão, Aristóteles e Galeno) vão sendo recuperados, e vai-se produzindo um processo de laicização.

A descoberta da ovulação é feita por Harvey em 1650, introduzindo um elemento importante de valorização da mulher a partir da maternidade. Neste sentido, Ana Maria Fernández (1994) demarca a mudança do acento no culto da Virgem Maria:

> Na Idade Média a Virgem Maria era venerada fundamentalmente por virgem, dado que naquela época propunha-se a castidade, para tanto, o culto à virgem é a equivalência da rejeição da sexualidade. Para os cristãos do século XVII, com clara influência dos discursos médicos, cada vez mais diferenciados dos discursos religiosos, o culto mariano é a veneração da maternidade, e toda mulher adquire valor como indivíduo enquanto possível mãe. (p. 79)

As teorias vaporosas

No ambiente barroco no século XVII, as teorias sobre a histeria combinam-se: as teorias de sufocação de Hipócrates convivem com as teorias tóxicas de Galeno; surgem as teorias cerebrais, mas não deixam de existir as teorias uterinas. Para os defensores das teorias uterinas, os vapores sobem do útero para o cérebro; estes surgem da fermentação e se trasladam pelos nervos. Lange (1689), no seu *Tratado dos vapores*[2], diz que são os fermentos seminais que liberam vapores histéricos, mas o efeito destes depende de como se distribuem pelo organismo; em algumas pessoas distribuem-se de forma constante, tornando as pessoas doces, amorosas, sem problemas sexuais. Nos homens os vapores são voláteis e, por isso, não chegam até o cérebro; nas mulheres os fermentos são pesados. Nas situações de abstinência, a semente acumula-se, fermenta-se e produz vapores que se trasladam até o cérebro; isto não ocorre nas mulheres casadas nem nas mais jovens, ocupadas com os cuidados da casa; vemos que nas teorias uterinas a histeria é uma patologia da sexualidade. Para as teorias cerebrais, os vapores surgem dos espíritos animais e se propagam de cima pra baixo. Sendo o cérebro o órgão nobre do pensamento, a histeria dessexualiza-se, apresentando-se de modos mais comportados, e não é mais específica das mulheres. A histeria masculina começa a ter um lugar nas descrições de caso. Também os estados emocionais começam a ter lugar: os medos e as alegrias dão lugar às contrações e às dilatações das membranas do cérebro, provocando sintomas histéricos, que vão das contrações e anestesias até a surdez, a cegueira e o torpor.

No fim do século XVII, a histeria assumirá sua verdadeira "dimensão nosográfica" com Tomas Sydenham (1624-1689). Para este autor, a histeria não é só muito frequente: ela também se apresenta sob formas diversas e imita quase todas as doenças. Para ele, a causa do sintoma estaria na desordem

2 *Apud* Trillat (1986, p. 63).

dos espíritos animais que provocam vapores, e não na fermentação da semente e do sangue menstrual. No entanto, as causas externas são os movimentos violentos do corpo e, mais ainda, as agitações violentas da alma, subitamente produzidas pela cólera, a pena, o temor ou alguma paixão semelhante:

> Por esse motivo, quando as mulheres me consultam a respeito desta enfermidade, cuja natureza não saberia discernir, sempre lhes pergunto se o mal do qual se queixam não aparece principalmente quando elas têm pena ou seu espírito está turbado por alguma outra pressão; se confessam que as coisas são assim, eu estou realmente seguro de que se trata de uma afeição histérica. (p. 90)

A leitura de Sydenham está no campo da mirada naturalista, em que o conhecido se organiza de acordo com as figuras detectadas. No dizer de Saurí (1975), a história da arte, desde a Renascença até Cézanne, caracteriza-se pela desaparição quase total dos elementos abstratos. Na literatura, é moda fazer retratos literários que especificam traços de caráter e disposições individuais. Isto tudo corresponde à "mirada naturalista", para a qual o mirado são figuras, e o destacado, a individualidade delas. Na medicina faz-se um inventário detalhado dos sintomas. Sydenham recomendava imitar os pintores, que tomam o cuidado de registrar até os mínimos detalhes das pessoas que representam, e propõe uma mirada inventariante duplamente referida ao espaço e ao tempo, o que permite identificar uma doença e um conjunto de sintomas iguais que se sucedem e que têm um percurso temporal semelhante. Para Sydenham, as emoções despertam os espíritos animais, que provocam os sintomas; a histeria deixa de ser uma doença como as outras para ser uma que é capaz de imitar todas as outras doenças.

A teoria dos vapores vai sendo abandonada. Raulim e Robert Whytt negam a sua importância, fechando assim um capítulo na história da histeria. Ajudam nesta mudança os avanços na neurologia, que mostram, por exemplo, que os nervos não são ocos e que nada pode transitar por eles. No entanto, trata-se fundamentalmente da mentalidade puritana da sociedade inglesa, que procura dessexualizar a teoria, eliminando o excesso de concupiscência e o convite aos prazeres. Os vapores – os fermentos que desde o antro escuro da fornicação levavam juntos os pensamentos e os desejos inconfessáveis – serão substituídos pelo cérebro, órgão nobre do pensamento como sede da histeria, e pelo moralismo dos médicos, que encontram nas medidas de educação para as moças as melhores armas no combate à histeria, combatendo o tédio, as leituras fúteis e as paixões loucas.

Será pela influência de William Cullen que a histeria será incluída entre as enfermidades nervosas. Contemporâneo de Whytt, Cullen (1712-1790) inventou a palavra "neurose". Para este autor, a palavra "neurose" vinha a afirmar o lugar preponderante da neurologia. Ele repudia as teorias hipocráticas e humorais e faz da neurose uma "doença dos nervos". A histeria enquadra-se neste gênero. No entanto, Cullen liga as manifestações conversivas e espasmódicas das histéricas a uma origem uterina ou ovariana, deixando sem explicação como as perturbações da esfera genital podem agir sobre o cérebro e provocar convulsões.

O século XIX

Ao longo do século XIX, o significado da palavra "neurose", inventada por Cullen, modifica-se consideravelmente.

Nesta época, o saber médico tinha a seu encargo combater ferrenhamente os preceitos tradicionais presentes até o momento na interpretação que se fazia das doenças do sexo feminino. No entanto, os preconceitos relativos à mulher, presentes nos discursos filosóficos e outros discursos eruditos, não foram questionados. Por isso o discurso médico, apesar de suas tentativas classificatórias e discriminatórias sobre a natureza feminina, mantém-se preso aos preconceitos e considerações morais.

A literatura psiquiátrica do século XIX, até Charcot, está cheia de concepções dos séculos anteriores, que remontam aos gregos. Desde Platão, a histeria, anexada ao útero, é "patrimônio das mulheres". Esta concepção continua tendo uma presença importante ainda no século XIX. E, mesmo que a medicina considere a mulher mais que um útero, certos padecimentos típicos desta são atribuídos ao útero.

O primeiro grande tratado sobre a histeria, propondo uma concepção completamente diferente, é o de Paul Briquet (1796-1881), médico interno do Hospital da Charité. Para este autor, a continência sexual é um fator secundário ou inexistente como causa da histeria; pelo contrário, para ele são fatores importantes: as emoções violentas, o amor frustrado e os conflitos familiares. O autor assinala que, apesar de se considerar a mulher incumbida de uma série de funções que não têm relação com o útero, como educar os filhos ou cuidar dos velhos, os médicos de todos os tempos atribuíram ao útero enfermo, ou não satisfeito, a causa de todas as manifestações da histeria. Influenciado pelo "imaginário romântico", que coloca a mulher num pedestal, rejeita as teorias uterinas, pensando que estas poderiam manchar a imagem idealizada da mulher, e critica os defensores dessas teorias. No seu texto *Definição da histeria* (Briquet,1975), afirma:

> O verdadeiro amor, o que se qualifica de celestial, só tinha cabida nos homens. Na mulher, só se despertava um amor grosseiro, terrestre, o único pelo qual se supõe que estava organizada sua constituição. É muito natural que os médicos, por sua vez formados em doutrinas semelhantes, fizeram desempenhar ao útero um papel principal [...] Para mim, a histeria é uma neurose do encéfalo. (p. 94)

A histeria não pode, para Briquet, continuar sendo considerada uma doença vergonhosa, reveladora dos baixos impulsos e evocadora do desejo sexual insatisfeito. Para ele, as mulheres são mais vulneráveis e propensas à histeria porque a essência feminina é "sentir". Seu corpo é só a sede do seu espírito sensível. É nele que se encontram os motivos pelos quais elas são mais propensas à histeria. Seus cabelos são mais longos e finos que os dos homens, sua pele mais delicada, sua carne mais suave, sua mirada mais tenra. As histéricas de Briquet são seres espirituais, ainda que tenham espírito caprichoso. Elas não estão possuídas pelo sexo nem pelo demônio. No entanto, se para Briquet os constituintes psíquicos da histeria são importantes, acaba atribuindo às histéricas lesões nervosas não visualizáveis.

Briquet – segundo Charcot – é o primeiro a afirmar cientificamente a existência da histeria masculina.

O magnetismo animal

Os dois primeiros terços do século XIX são ocupados pelo *magnetismo animal*, teoria inventada por Franz Mesmer, um austríaco, médico pela Universidade de Viena. Mesmer entendia as doenças nervosas como um desequilíbrio do "fluido universal" que circula pelo organismo dos homens e dos animais, e que tende a reequilibrar-se por meio do magnetismo, que produz convulsões nos pacientes.

"O seu divã era o Baquet", afirma Emilio Rodrigué (1995), referindo-se ao trabalho de Mesmer. Uma grande bacia na qual "flutuam" garrafas magnetizadas. Os enfermos agarram-se numa grade que rodeia a bacia e sofrem espasmos que os curam dos males. A doutrina de Mesmer, construída a partir dos princípios emprestados da Física, é confusa e, na prática, a ação só se tornava magnética quando Mesmer entrava no grupo. No entanto, apesar das fragilidades de sua teoria, o magnetismo passou a ser um tema central nos salões, nas reuniões dos aristocratas e também foi difundido pelos charlatães das praças dos mercados. Sua difusão, no entanto, foi acompanhada de escândalos, que levaram Mesmer a sair de Viena e a pedir asilo para Luís XVI.

Depois dos muitos escândalos que esta prática provocara, formou-se uma comissão de ilustres sábios para dar um parecer. Essa comissão condenou a prática, denunciando o erotismo em jogo nestas curas, que certamente não era explicitado pelo próprio Mesmer. Após o veredicto, Mesmer exilou-se na Suíça, mas seus seguidores continuaram a praticar o magnetismo e foram produzindo pequenos deslocamentos nesta prática, que conduziram à "hipnose".

Um de seus seguidores, o Marquês de Puységur, desenvolve o "sonambulismo magnético", o sonho hipnótico, e aos poucos as convulsões vão sendo eliminadas; introduz-se o contato verbal com o enfermo, reconhecendo que não é preciso tocar no doente: basta olhar para ele. Aos poucos se estabelece a relação entre o sonambulismo hipnótico e a histeria. Charles Lasègue introduz o conceito de "sugestão" para explicar esses estados.

A literatura romanesca difunde a imagem do hipnotizador; Balzac elogia Mesmer numa de suas novelas, e Alexandre Dumas, em *O Conde de Monte Cristo*, inclui a figura do Abade Farias, importante hipnotizador e o primeiro a empregar sugestões pós-hipnóticas. A natureza íntima da hipnose e a importância do *rapport* entre hipnotizador e hipnotizado vão sendo reconhecidas.

Vemos como, aos poucos, vamos nos aproximando da "transferência". O efeito hipnótico já instalado no arsenal terapêutico constitui, segundo a versão foucaultiana, outro instrumento de poder psiquiátrico. Já que o médico passa a dispor inteiramente do corpo do paciente, esse domínio permite tanto a supressão temporária dos sintomas quanto a domesticação mais sutil do comportamento. Essa domesticação pigmaleônica, reforçada pela neurologia, vai-se transformando no grande empreendimento de Charcot.

A leitura criticista da histeria

O hipnotismo vai-se firmando; com isso, o observador possui um instrumento que lhe permite prolongar sua mirada para além daquilo que se lhe oferece espontaneamente. Na vigência do naturalismo, predomina epistemologicamente o campo visual, adquire-se o conhecimento pela "mirada". A histeria, para os médicos do naturalismo, produz crises, chama a atenção, mostra-se; e os médicos naturalistas, desde Sydenham a Charcot, olham-na e se interessam pelos sintomas manifestos, com os quais constroem uma "figura". O histérico é histriônico, mas o campo do conhecimento que o estuda precisa dele desta maneira. Charcot é o "fotógrafo da histeria" (Saurí,1975). No entanto, agora se tem o hipnotismo como um instrumento que lhe permite prolongar a "mirada" além dos limites empíricos; com Charcot a mirada se faz criticista.

Charcot abre, em 1882, um serviço de neurologia na Salpêtrière, o maior hospital da Europa, a "cidade dos loucos". Sobre este lugar, afirma Elizabeth Roudinesco (1986):

> As epiléticas contavam vívidos pesadelos, histórias de membros mutilados, de mulheres devoradas por uma espécie de crustáceo com cabeça de pássaro; tudo parecia surgir das trevas da Idade Média; as histéricas cuidavam de suas companheiras, simulando maravilhosamente todas essas doenças. Possuídas pela mania especular de mimetizar o sofrimento dos outros, assemelhavam-se com acrobatas, bufões molhados, vibrantes e esfarrapados, ensinando a loucura do mundo e a miséria do povo. (p. 17)

Nesse imenso hospital, com mais de seis mil pacientes, Charcot fazia as apresentações dos doentes no seu seminário semanal, as famosas "*Leçons du mardi*", assistidas por médicos vindos de toda a Europa e por homens importantes da cultura. A histeria transformada em espetáculo – a histérica respondendo ao pedido do "mestre" para que se mostre, repetindo incansavelmente a mesma cena – torna-se objeto de verificação.

Desde 1882, como titular da cadeira da Clínica de Doenças Nervosas, Charcot desenvolveu uma importante obra clínica e semiológica. Nas suas aulas, chama a histérica, aperta nela um ponto histerógeno, e ela começa a manifestar as crises. Os movimentos epileptiformes clônicos e tônicos sucedem-se às contraturas e ao arco circular; depois disto é o momento das paixões, com as expressões de alegria ou de horror que acompanham a alucinação. Charcot afirmava que não se ligava às teorias preconcebidas, e sim àquilo que surge da experiência, como se pudesse existir um olhar neutro e objetivo, e como se a sua fosse uma mirada ingênua. Charcot usava a hipnose para demonstrar a solidez de suas hipóteses. Hipnotizando as "loucas", fabricava sintomas histéricos e os suprimia de imediato, demonstrando o caráter neurótico da doença.

No quadro pintado por André Brouillet, *A lição clínica da Salpêtrière* – que enfeitava uma das paredes da sala do consultório do Freud – Blanche Wittman, a rainha de Salpêtrière, seguia, nos seus movimentos, o percurso que o mestre lhe indicava na frente dos discípulos, que aprendiam a olhar com isto. Charcot estava à caça de "quadros vivos" que lhe permitiam demonstrar suas hipóteses e precisar as diferenças diagnósticas.

As histéricas oferecem seu corpo para confirmar o saber médico; Charcot não escuta o sofrimento das histéricas, e sim as convida a fixar-se na cena, a repetir a "fala da louca", a mostrarem-se num exibicionismo que se ajusta à fantasia do mestre. Vemos isto em Augustine, jovem mulher que fora estuprada pelo amante da mãe aos 13 anos e que, alguns dias depois, apresentava ataques convulsivos que repetia a pedido de Charcot nas apresentações. Nestas, Augustine reproduzia a cena do estupro, com contorções acompanhadas de injúrias: "Porco! Porco!... está me machucando... Ele me abria as pernas.... Eu não sabia que era um bicho que ia me morder...". Ela repete esta cena 154 vezes num dia; nesse dia lança acusações a Charcot:

> – Você diz que me curaria, não era isso?
> – Você quer que eu peque! (Mannoni, 1999, p. 84)

Até esse dia, Augustine desempenhara alternadamente o papel de interna e a de auxiliar de enfermagem, mas, a partir de então, não mais o consegue, sumindo o interesse dos médicos por ela. Disfarçada de homem, foge do hospital.

Bernheim, líder da Escola de Nancy, acusava Charcot de atentar contra a dignidade das doentes ao usá-las como cobaias, não se interessando por aliviar os seus sofrimentos. No entanto, Charcot dá à histeria definitivamente um estatuto científico, fazendo dela uma neurose, devolvendo a "dignidade" às histéricas (Roudinesco; Plon, 1998).

Charcot mostra que o próprio nome histeria, igual a útero, dificulta o avanço da ciência. Mas, para separar a histeria do útero, separa-a da sexualidade como causa, fazendo dela uma doença mental, neurológica, sem sexo, que afeta não só as mulheres, mas também os homens. Fazendo da histeria uma doença mental – neurológica – libera as histéricas da acusação de simulação, o grande fantasma da psiquiatria do século XIX.

A medicalização psiquiátrica afasta as causas sexuais das doenças mentais, exceto da ninfomania e da erotomania. Mas essa exclusão da sexualidade no discurso oficial não abrange o saber vulgar nem a produção literária, nas quais a ligação da histeria com a sexualidade se mantém.

Embora Charcot reconheça a histeria masculina, a maioria dos casos apresentados por ele é de mulheres.

A ideia de que os sintomas histéricos são causados por lesões orgânicas é descartado por Charcot. É seu mérito ter defendido a ideia de que não há uma correlação entre a dor psíquica e um órgão supostamente lesionado. No entanto, afirma que a histérica apresenta uma sintomatologia definida por regras precisas para escapar da ideia de simulação. Teorizador da neurose, Charcot carece de instrumentos para curá-la.

Com este panorama encontra-se Freud quando, em 1885, por um semestre, translada-se para Paris a fim de aprender com o mestre Charcot, que não deixará de exercer sobre ele uma grande fascinação.

Mais três autores do século XIX

Emil Kraepelin, Josef Babinsky e Pierre Janet encarregaram-se de assinalar algumas pontes importantes para construir um possível tratamento para a histeria.

Emil Kraepelin (1855-1926)

No seu texto *Loucura histérica* (Kraepelin, 1975), encontramos a seguinte descrição:

A jovem de 30 anos, cuidadosamente vestida de preto, entra na sala de braço dado com a enfermeira a curtos passos, quase arrastando os pés, e senta-se no sofá, caindo como se lhe faltassem as forças, haverá produzido a ideia de que está doente. Esbelta e pálida, olhos primorosamente cuidados, brinca com um bonito lencinho. Quando se lhe dirige a palavra, fala em voz baixa, em poucos minutos fechando as pálpebras. (p. 147)

O autor tem uma intenção descritiva e nosográfica, e não abandona a mirada sobre o ostensivo, mas interessa-se também pela biografia. Escreve: "Dos seus antecedentes sabemos pela própria enferma que seus pais faleceram faz 16 anos, um pouco antes um do outro. Um tio-avô da linha paterna tentou suicidar-se e seu irmão é excêntrico" (p. 148). A história familiar começa a interessar e, com isto, o "relato" começa a abrir um caminho além do interesse pela figura. Kraepelin destaca a importância da relação com o médico, assim como a resistência a abandonar a doença, porque tudo isto dá à paciente uma certa satisfação.

Josef Babinsky (1857-1932)

Ocupado com a tentativa de distingui-la e diagnosticá-la, considera que o específico da histeria é que pode ser reproduzida pela sugestão e desaparece por persuasão. Babinsky faz coincidir o campo da psicoterapia com o campo da histeria. Aceita totalmente a origem psíquica da histeria, mas, como permanece no campo da mirada, fica preso no fenômeno e não chega às causas determinantes[3].

Pierre Janet (1859-1942)

Convidado à Salpêtrière por Charcot, que funda para ele um laboratório de psicologia no qual trabalha até 1910, discorda de Charcot e o critica, dizendo que as fases do sonho hipnótico são efeito do amestramento de Charcot, atribuindo os fenômenos histéricos ao estreitamento do campo da consciência. Afirma: "Em resumo, o primeiro grande sintoma da histeria poderia caracterizar-se assim: uma ideia, um sistema de imagens e de movimentos que escapam ao controle e ainda ao conhecimento do conjunto dos demais sistemas que constituem a personalidade" (Janet, 1975, p. 171). Janet introduz a dimensão histórica. Para ele, a biografia do sujeito é importante. A psicoterapia sob hipnose permite explorar o campo subconsciente, que é de uma riqueza inesgotável.

A histeria em Freud

Sigmund Freud (1856-1939)

As loucas, histéricas, hipnotizadas, que eram apresentadas na Salpêtrière por Charcot, a fim de confirmar o saber do médico, foram escutadas por Freud no seu sofrimento.

Freud encontrou-se com duas correntes do pensamento médico confrontadas num debate. De um lado, a escola da

3 Ver outros aspectos do pensamento de Babinsky no capítulo 7, "A loucura histérica".

Salpêtrière, que colocava a pesquisa teórica como centro, sendo oriunda da neurologia e valorizando os "grandes donos do saber". E, de outro, a escola de Nancy, de tradição terapêutica, preocupada com o bem-estar dos enfermos, sendo o centro de sua preocupação os pobres e os excluídos. Freud, teórico e terapeuta ao mesmo tempo, admirava Charcot, mas também retirou os ensinamentos importantes da escola de Bernheim. Se Charcot tinha inaugurado uma nova conceitualização da histeria, Bernheim mostrava-lhe o princípio do seu tratamento psíquico (Roudinesco; Plon, 1998).

No entanto, apesar das diferenças de perspectivas teóricas, as duas escolas convergiam no instrumento usado para a investigação: a hipnose.

Para Charcot, a sugestionabilidade na histeria era consequência da lesão, provocada por um trauma mecânico, e a hipnose lhe servia para aprofundar sua pesquisa. Para Bernheim, a histeria era produzida pela sugestão e podia ser curada pela hipnose. Para a escola suíça, a histeria seria uma doença puramente psíquica, caracterizada pela sugestionabilidade.

O método hipnótico retoma os ingredientes que já estavam presentes no magnetismo animal de Mesmer, só que agora fundamentado pelo discurso da ciência moderna, incluindo, para a sua explicação, as teorias físicas, o que lhe dava uma respeitabilidade científica. Ao mesmo tempo, a persuasão fez parte das modalidades de mecanismos de convencimento que foram usados na modernidade, e que alcançaram grande difusão no seio das ideias democráticas e de igualdade entre os cidadãos[4].

4 Ver Birman (2001a), *Mal-estar na atualidade: a psicanálise e as novas formas de subjetivação.*

No método hipnótico, um sujeito exerce sobre o outro um poder de influência, a partir de uma relação assimétrica entre médico e paciente, em que um – o médico – está investido de um grande poder e reconhecimento simbólico e, por isso, é capaz, por meio de sugestões e persuasões, de produzir efeitos de transformação quase miraculosos sobre o paciente, que se mantém num estado de submissão.

Freud aproveita alguns dos ensinamentos de Charcot e de Bernheim, opondo-se e deixando de lado outros.

Freud – como ele afirma em seu *Estudo autobiográfico* (1924a) – tinha maior interesse pela condição humana do que pelos objetos naturais, reconhecendo, na leitura da Bíblia, uma marca importante no despertar dos seus interesses de estudo. No entanto, o contato com a obra de Darwin e com o ensaio de Goethe, *Die Natur*, influenciaram-no para inscrever-se na Faculdade de Medicina. Depois de alguns desencontros com a carreira, encontrou sossego ao começar a trabalhar no laboratório de Ernst Brücke, onde pesquisou histologia do sistema nervoso. Em 1882, abandonou o laboratório para dedicar-se à prática clínica, para a qual ingressou no Hospital Geral. Propunha-se a se dedicar ao estudo das enfermidades nervosas, aspirando ser professor nesta área. Esta disciplina estava pouco desenvolvida em Viena naquele tempo, e o material de estudo estava disperso em diferentes departamentos do hospital; portanto, não havia alguém com quem se formar. À distância brilhava o nome de Charcot como figura que avançara mais no estudo das enfermidades nervosas, o que levou Freud a obter o título de docente em enfermidades nervosas, para obter meios para continuar sua formação em Paris. Até chegar esse momento, Freud prestou serviços como médico interno, publicando vários estudos sobre enfermidades orgânicas do sistema nervoso. Referindo-se àquela época, reconhece a sua ignorância sobre as neuroses, que o levara a diagnosticar uma cefaleia neurótica como uma meningite crônica, o que lhe acarretou sérias críticas de colegas, colocando no seu descargo a afirmação de que muitas autoridades em Viena diagnosticavam a neurastenia como tumor cerebral. Certamente tratava-se de um campo confuso, com poucas discriminações diagnósticas já realizadas. Segundo Laplanche e Pontalis (1979), no decorrer do século XIX, incluía-se, sob o nome de neuroses, uma série de afecções caracterizadas por:

1) terem uma sede orgânica: "neurose digestiva", "neurose cardíaca" etc.;
2) serem afecções funcionais, ou seja, sem lesão de estrutura de órgão;
3) serem doenças do sistema nervoso.

Incluía-se como neurose o que atualmente abrange este campo, como, por exemplo, a histeria, mas também a psicossomática (neurastenia, afecções digestivas) e a neurologia (de epilepsia à doença de Parkinson). A disparidade de afecções que envolvem o diagnóstico desta área encontra o ponto de unificação numa qualidade negativa: "[...] ausência de lesão orgânica aparente nos exames anatomopatológicos" (Laplanche; Pontalis, 1979).

Aos poucos vão-se separando tipos de afecções com alto grau de possibilidade de determinação orgânica, como a epilepsia e o Parkinson. Por outra parte, vão-se anexando quadros clínicos como as obsessões e fobias, que até o momento alguns autores incluíam entre as "psicoses", "loucuras" ou "delírios".

A posição de Pierre Janet mostra já o resultado desta evolução no fim do século XIX; este distingue duas grandes categorias: a histeria e a psicastenia (que Freud designa como neurose obsessiva).

Após ter sido nomeado professor-assistente em neuropatologia, Freud viaja a Paris (1885) e inicia estudos com Charcot. Ali Freud transita entre as apresentações das histéricas na Salpêtrière e as de Sara Bernhardt no teatro, ou seja, entre as representações do drama sem técnica e a mais depurada técnica dramática da representação artística. Segundo o seu relato autobiográfico, o que lhe impressionou mais nos estudos que Charcot realizava ainda "ante seus olhos" referia-se à demonstração da histeria em homens, anteriormente discutida, assim como a produção de sintomas histéricos por sugestão hipnótica e a intrigante semelhança dos fenômenos produzidos artificialmente com os da histeria traumática, devida a acidentes, anteriormente estudada pelo mestre francês (Freud, 1924a, p. 12)[5].

Antes de sair de Paris, Freud fez um acordo com Charcot: a realização de um estudo comparativo entre as paralisias histéricas e as orgânicas. Era sua hipótese que as paralisias e anestesias histéricas recortavam partes do corpo que não correspondem à estrutura e à distribuição do sistema nervoso, e sim às representações que respondem à linguagem popular que os seres humanos têm das partes do corpo. Começa a surgir assim uma concepção diferente de corpo[6].

5 As citações de Freud foram traduzidas do espanhol pelos autores, a partir de *Obras Completas* (Buenos Aires: Amorrortu, 1993).

6 Aprofundaremos este ponto no capítulo 3, "Corpo histérico e sintoma".

Freud e Breuer

Na volta de Paris, Freud instala-se em Viena como médico de enfermidades nervosas. Seu arsenal terapêutico incluía dois recursos: a eletroterapia, da qual se desilude rapidamente, e a hipnose – que ele conhece desde os tempos de estudante, que atualiza em Paris e que sabe que é utilizada pela Escola de Nancy – combinando-a com a sugestão, com importantes resultados terapêuticos.

Aderir à hipnose como instrumento terapêutico fundamental implica deixar de fora as doenças orgânicas, do que não se lamenta, considerando a quantidade de neuróticos existentes em Viena, perambulando de consultório em consultório, sem nenhuma resposta terapêutica eficaz.

Freud viaja a Nancy, onde assiste o tratamento hipnosugestivo de grande quantidade de pacientes de diversas categorias sociais. Segundo lhe confessa Bernheim, os efeitos da sugestão nas práticas hospitalares são claramente superiores aos dos pacientes privados, o que faz pensar na importância dos contextos coletivos já presentes desde as curas mesmerianas. Verifica-se a força maciça que a autoridade médica tem no contexto institucional, assim como na vida cotidiana das classes trabalhadoras.

Nestas terapias, a hipnose é um recurso que cria condições e potencializa o efeito sugestivo. Freud descobre nela possibilidades como instrumento da investigação psíquica do paciente, com vista ao conhecimento da gênese dos sintomas. Foi este o caminho que Josef Breuer, mestre e amigo de Freud de muitos anos, tinha lhe mostrado quando lhe relatara um atendimento realizado por ele entre 1890 e 1892 (O caso "Anna O"). No seu retorno a Viena, Freud volta a este caso, pedindo a Breuer mais detalhes, e começa a verificar em outros pacientes tratados por ele mesmo os achados de Breuer.

Conclui que os sintomas são um precipitado de numerosas situações traumáticas. A hipnose permite recuperar os nexos entre o sofrimento e a forma dos sintomas com os restos ou "reminiscências" das situações fortemente afetivas em que se originaram. As circunstâncias delas tinham impedido ou inibido a possibilidade de elaboração psíquica e a expressão de impulsos e de afetos, resultando a formação de sintomas sustentados por uma carga afetiva em estado de êxtase. A recuperação mnêmica durante a hipnose e o reviver da situação traumática em toda a sua densidade afetiva possibilitam uma descarga (*ab-reação*), agora possível, desse volume de energia, até o momento "convertido" em sintomas corporais. Em 1893, Freud e Breuer publicam estes resultados em *Comunicação preliminar*, que em 1895 é incluída num livro chamado *Estudos sobre a histeria*.

Esse método, que é ao mesmo tempo terapêutico e de investigação, recebe o nome de "método catártico", sendo aplicado em inúmeras ocasiões, até ser substituído pelo método psicanalítico propriamente dito, da "livre associação", que marca, para além do avanço teórico, a bifurcação de caminhos entre Freud e Breuer.

Histeria hipnoide / Histeria de defesa

Breuer encontra no *estado hipnoide* e na clivagem que este produz no psiquismo a causa fundamental produtora da histeria. Um estado natural e espontâneo, parecido ao induzido artificialmente pela hipnose, é ponto de partida para que as representações e processos mentais em geral, emergentes durante ele, tenham disponível a totalidade do campo de consciência, mas fiquem separadas do "tráfego associativo" com os componentes habituais da consciência, e por isso impedidas de elaboração.

As condições para que se instale um estado hipnoide são: momentos de devaneio, concentração em alguma atividade repetitiva que favorece o devaneio, a dedicação ao cuidado de um doente, os estados amorosos etc.

Freud encontra o mérito desta conceitualização no fato de pôr em evidência a clivagem da consciência e a formação de grupos psíquicos separados, condição genética diferente da postulada por Janet, que adjudica essa clivagem a perturbações inatas da capacidade de síntese da consciência.

Freud reconhece a autoria desta ideia a Breuer e reduz o seu alcance para um tipo de histeria – a histeria hipnoide – diferenciada da histeria de retenção e da histeria de defesa.

A *histeria de retenção* caracteriza-se pelo fato de os afetos intensos, em uma determinada situação, não serem ab-reagidos pelo caráter constrangedor da situação. No entanto, o "reter" pode ser facilmente significado como um "defender-se", o que fez Freud aproximar a histeria de retenção da histeria de defesa.

Freud associa estas duas formas – de retenção e de defesa – com a histeria traumática, já descrita por Charcot. Para este, um traumatismo físico de importância pode ser seguido, após um tempo de "incubação", de sintomas histéricos (particularmente paralisias), que não podem ser atribuídas aos efeitos mecânicos. Freud encontra o fator comum entre a histeria traumática e as duas formas já descritas na existência de um fator de *traumatismo psíquico*, derivado da condição de pavor que resulta da intensidade de carga e da impossibilidade de ab-reação. Desta maneira, desloca definitivamente a histeria do campo somático para o psiquismo, superando, portanto, a concepção neurológica. Freud dá o nome de "histeria de defesa" àquela que resulta de uma defesa promovida por um conflito surgido nas representações que dão origem ao surgimento de um afeto penoso, do qual o eu se defende, esquecendo a representação inconciliável.

Freud acaba deixando de lado, posteriormente, o papel dos estados hipnoides e de retenção para a causa da histeria, explicando todos os casos pelo fator da defesa. Nesta generalização, carece de sentido falar de histeria de defesa, já que a defesa está implícita no nome genérico "histeria".

> A doutrina do recalque converteu-se no "pilar" fundamental para o entendimento das neuroses. A tarefa terapêutica precisou ser concebida de outro modo; sua meta já não era a ab-reação do afeto engarrafado em vias falsas, mas a descoberta dos recalcamentos e seus levantamentos e substituição pós-operação de juízo que podia terminar na aceitação ou na desaprovação do rejeitado naquele momento. Dei razão desse novo momento do processo designando o procedimento de indagação e terapia não já de catarse, e sim de psicanálise. (Freud, 1894a, p. 50)[7]

A causalidade da histeria

Com a teoria da defesa, reabre-se a interrogação sobre a "causalidade da histeria". Para Janet, a causa da fragilidade de síntese psíquica está na degeneração hereditária. Para Breuer, a causa do desdobramento psíquico está no estado hipnoide. No interior da teoria do conflito e da defesa,

[7] Ver capítulo 2, "O recalque".

conceitualizada por Freud, temos de nos interrogar. O que determina que a defesa seja patógena?

Conflitos e defesas existem em todas as pessoas, mas só em algumas o resultado é o desdobramento histérico, a amnésia, a conversão etc. Encontramos a resposta em um texto de 1896, "Novos comentários sobre as neuropsicoses de defesa". Existem traumas na infância, resultantes da experiência da sedução por parte de um adulto ou por parte de uma criança previamente seduzida por um adulto. Os tios, as babás sedutoras, frequentemente encobridoras da figura de um pai abusador, povoam os relatos clínicos da época. A cena da sedução, neste momento, é considerada como tendo efetivamente acontecido; trata-se de uma cena factual. A entrada da sexualidade adulta no mundo virginal e ingênuo – supostamente pré-sexual da criança – produz um impacto que traumatiza, mesmo que sua manifestação sintomática possa vir a aparecer desdobrada no tempo.

Freud introduz, com a "teoria traumática" ou "teoria da sedução", uma nova conceituação da temporalidade psíquica, que implica a "ressignificação" dos acontecimentos registrados, sem conotação sexual num primeiro momento, e que são ressignificados a partir do desenvolvimento puberal. Só neste momento de ressignificação o acontecimento da sedução torna-se traumático; por este motivo se fala do "trauma em dois tempos".

No texto de Freud de 1894 sobre as neuropsicoses de defesa, aparece um outro aspecto que merece ser assinalado. Entre a emergência do conflito defensivo e sua "solução" pela expulsão de uma representação da consciência, e a emergência dos sintomas neuróticos (conversão na histeria, representação obsessiva e fobias nas neuroses obsessivas e alucinações e delírios nas confusões alucinatórias), intercala-se uma fase que corresponderia à elaboração do sintoma sobre a qual não há nenhuma evidência que possibilite algum conhecimento. Para caracterizá-la, Freud precisa recorrer a hipóteses abstratas, de crescente complexidade, entre as quais a que se antecipa no texto ao qual nos referimos: a existência de cargas energéticas sujeitas a deslocamentos, dando origem ao enfoque econômico.

O desenvolvimento da pesquisa clínica e teórica vai desenhando – e fazendo nascer nesse escuro evidenciado pelos seus afetos – o conceito central da teoria psicanalítica: o inconsciente.

O caráter contingente do sexual, em jogo em 1894, e o caráter externo da sexualidade traumatizante de 1896 vão transformar-se, pelos desenvolvimentos teóricos formalizados em 1905, no texto *Três ensaios sobre a teoria da sexualidade*. Nesta obra, a sexualidade infantil – com seus componentes constitutivos, que são as pulsões parciais – está presente desde o início da vida. Este conjunto de pulsões parciais, que constitui a criança "perversa polimorfa", se expressa em desejos infantis articulados em fantasias recalcadas. As fantasias passam, assim, a ser o que está na base dos sintomas neuróticos e o que se manifesta disfarçado nos devaneios ou adquire figurabilidade nos sonhos. A vida de fantasias sexuais infantis passa a ser o universo privilegiado na clínica psicanalítica dos sintomas histéricos.

"Não acredito mais em minha neurótica", diz Freud na carta 69 a Fliess, de 21 de setembro de 1897, referindo-se ao fato de que as cenas de sedução relatadas pelas pacientes não tinham ocorrido, mas sim eram fantasias construídas por elas mesmas. Isto o leva a afirmar, no "Estudo autobiográfico", que, retirando das experiências analíticas as conclusões corretas, é possível afirmar que "os sintomas neuróticos não se enlaçavam de maneira direta a vivências efetivamente vividas, mas sim a fantasias de desejo, e que, para a produção das neuroses, tinha mais valor a realidade psíquica do que a material" (1924a, p. 33).

Esta mudança conceitual será explicitada por Freud em 1906, no texto "O papel da sexualidade na etiologia das neuroses". Só em 1931, em "Sobre a sexualidade feminina", Freud afirmará que estas fantasias se vinculavam originariamente com a sedução materna acontecida no interior da satisfação das necessidades e dos cuidados do *infans*.

No interior dessas fantasias, Freud defronta-se pela primeira vez com o complexo de Édipo, que mais tarde vai-se converter na sua conceitualização, no complexo nodal das neuroses. Nesta concepção da sexualidade, não se vai falar mais de um tempo pré-sexual, mas sim da sexualidade infantil seguida pelo recalque da latência, e o seu ressurgimento posterior na puberdade. O complexo de Édipo vai juntar-se ao complexo de castração, que adquire uma significação fundamental na formação da neurose[8].

O descortinamento da sexualidade infantil introduz uma nova conceitualização da sexualidade, diferente da sua concepção comum ligada à genitalidade. A sexualidade, na psicanálise, passa a abranger toda a pulsionalidade nas suas mais variadas e parciais expressões. O sexo não se restringe à "atividade sexual concreta", seja ela apresentada em modalidades discretas ou escancaradas, mas envolve uma dimensão fantasística[9] que supõe um jogo de encobrimento e desvelamento da existência do desejo.

8 Trataremos deste tema no capítulo 4, "A fase fálica".

9 Em Freud o termo *fantasia* tem uma grande amplitude, servindo para designar desde o sonho diurno, o devaneio, até as fantasias que se encontram no fundamento dos sintomas

Freud parte dos pensamentos de seus mestres sobre a histeria, mas realiza, no entanto, rupturas importantes com as conceitualizações deles, permitindo o nascimento de uma leitura nova, original e não pouco ousada sobre a histeria. Neste voo através do tempo, vimos como as teorias uterinas foram substituídas pelas teorias cerebrais e como, neste deslocamento, as teorias sobre a histeria foram dessexualizadas. Vimos como Charcot se empenhou em fazer da histeria uma entidade nosológica e dar-lhe um caráter científico de doença mental. Para isso, separou a histeria da origem uterina, e, portanto, carnal, e também a protegeu do discurso e do poder clerical sobre o sexo.

Vimos também que o custo desta medicalização psiquiátrica foi alto, construindo um saber oficial que deixava de fora as "causas genitais", que ficavam só no saber marginal, nos corredores.

Contra o pensamento de Charcot levantavam-se outros discursos, como o dos escritores. Como Freud vai afirmar, os artistas antecipam por intuição o que lentamente os cientistas poderão compreender. Flaubert, muito crítico em relação aos médicos do seu tempo, perguntava-se:

> Quem é que, até hoje, fez história como um naturalista? Já se classificaram os instintos da humanidade e viram como, sob

neuróticos, abrangendo desde as construções feitas na mistura de várias cenas, que expressam os movimentos de desejo até as fantasias originárias, tema extremamente polêmico entre os analistas. J. Laplanche e J. B. Pontalis (1979) esclarecem em seu *Vocabulário*, no verbete sobre a fantasia, que o interesse de Freud não era distinguir radicalmente a fantasia consciente da inconsciente; ao contrário, ele teria visado a mostrar suas analogias, suas estreitas relações e suas passagens mútuas, considerando-as algo que atravessa toda a tópica e que adquire um caráter de consciência ou inconsciência dependendo das intensificações dos investimentos.

que latitude, eles se desenvolvem e devem se desenvolver? Quem estabeleceu cientificamente como, e por que necessidade do espírito tal forma deve aparecer? (carta a Louise Colet, 1853, *apud* Kehl, 1998)

Flaubert, por meio de sua obra *Madame Bovary*, difundia a outra versão da histeria feminina por intermédio de sua personagem Emma Bovary, que encarna o drama das mulheres de sua época, que tinham como projeto mudar de vida, mas que dependiam para isso da capacidade do homem com o qual casavam. Emma Bovary vive uma grande decepção em relação ao casamento, que lhe oferece uma vida medíocre ao lado do ideal de uma vida na qual a beleza e a aventura fizessem parte, vida com a qual tinha sonhado a partir de suas leituras de adolescente. Decepção à qual a personagem tenta escapar com as suas fantasias e passagem ao ato. Personagem na qual tantas moças viram-se retratadas nos seus casamentos fracassados e em seus ideais amorosos românticos reduzidos a fantasias.

Entretanto, Guy de Maupassant[10], que respondera acusatoriamente a Charcot: "somos todos histéricos", escreve:

> Desde que Charcot, esse fabricante de histéricas em série, reina no seu estabelecimento "modelo" de La Salpêtrière, existe uma multitude de mulheres nervosas, nas quais inocula a loucura e as transforma, em pouco tempo, em seres demoníacos. Por outra parte, a opinião pública qualifica todos de histéricos. Todos os grandes homens o foram: Napoleão I, Marat, Robespierre, Danton. De Sarah Bernhardt se escuta dizer o tempo todo que é uma histérica. No entanto, alguns doutores nos ensinam que a histeria provém de uma lesão cerebral.

[10] *Apud* Roudinesco (1986).

O autor mostra a fragilidade do diagnóstico da histeria por lesão cerebral.

Essa histeria, separada do sexo por Charcot, volta a se juntar ao sexo na conceituação de Freud no século XX. Ainda que agora a sexualidade seja outra e a histeria também. A sexualidade não se equipara com o útero: é uma sexualidade com sede no psiquismo.

A hereditariedade será deixada de lado por Freud, que se vai ocupar da constituição subjetiva na história singular, partindo da parcialidade perverso-polimorfa da sexualidade infantil e de sua articulação em termos do desejo.

Com isto, as concepções da degeneração também caem por terra, presentes tanto no pensamento de Charcot quanto em Janet, e que Freud vai questionar, fundamentalmente nos seus desenvolvimentos teóricos nos *Três ensaios de uma teoria sexual* (1905a), texto em que rompe o pensamento moralista com relação às perversões e mostra nelas caminhos presentes na base de qualquer forma de sexualidade.

A suposta lesão nervosa proposta por Charcot não encontrou apoio nas pesquisas e foi abandonada por Freud, que preferiu acreditar nas "feridas psíquicas", nos traços mnêmicos deixados pelas experiências infantis, pelas fixações pulsionais, pelos excessos das intensidades traumáticas ao longo da história de erogenização do corpo.

Sendo sempre produto do conflito e da defesa, a histeria deixa de ser uma doença nervosa e hereditária para reafirmar-se como uma doença psíquica de etiologia sexual. E os sintomas, longe de se adequarem aos caminhos encontrados nos livros de anatomia, são construídos na história singular. Eles são para Freud verdadeiros hieróglifos que nos convidam a decifrá-los.

Freud junta-se a Breuer no início, no uso da hipnose e da sugestão, herdadas de Bernheim e Charcot. No entanto, guiado pelas próprias analisandas, que lhe solicitam que as deixem falar, contando seus sonhos e resistindo a cair no sono hipnótico, vai transformando sua forma de trabalho aos poucos, em cada atendimento, abrindo passo ao "método psicanalítico", esclarecendo a forma de erotismo presente na hipnose, e substituindo a sugestão pela associação livre e pela atenção flutuante, convocando os analisandos a participarem do processo de cura. Com isto, abre para as histéricas um caminho: procurarem nelas próprias os caminhos de desejo.

Se Charcot as chamava a exibir-se e, com isso, fixava-as numa figura que respondia à demanda do médico, Freud escutou-as no seu sofrimento, descobriu com elas a transferência, inventou a psicanálise e deparou-se com os limites do analisável.

reproduzida pela sugestão e desaparece por persuasão. Babinsky faz coincidir o campo da psicoterapia com o campo da histeria. Aceita totalmente a origem psíquica da histeria, mas, como permanece no campo da mirada, fica preso no fenômeno e não chega às causas determinantes[3].

Pierre Janet (1859-1942)

Convidado à Salpêtrière por Charcot, que funda para ele um laboratório de psicologia no qual trabalha até 1910, discorda de Charcot e o critica, dizendo que as fases do sonho hipnótico são efeito do amestramento de Charcot, atribuindo os fenômenos histéricos ao estreitamento do campo da consciência. Afirma: "Em resumo, o primeiro grande sintoma da histeria poderia caracterizar-se assim: uma ideia, um sistema de imagens e de movimentos que escapam ao controle e ainda ao conhecimento do conjunto dos demais sistemas que constituem a personalidade" (Janet, 1975, p. 171). Janet introduz a dimensão histórica. Para ele, a biografia do sujeito é importante. A psicoterapia sob hipnose permite explorar o campo subconsciente, que é de uma riqueza inesgotável.

A histeria em Freud

Sigmund Freud (1856-1939)

As loucas, histéricas, hipnotizadas, que eram apresentadas na Salpêtrière por Charcot, a fim de confirmar o saber do médico, foram escutadas por Freud no seu sofrimento.

Freud encontrou-se com duas correntes do pensamento médico confrontadas num debate. De um lado, a escola de

3. Outros aspectos do pensamento de Babinski

2
O recalque

A histérica estabelece – com os outros – vínculos fortemente tingidos de erotismo. Seu corpo exala um aroma que envolve e fisga o desejo do outro. No entanto, não percebe o que vem implícito no seu movimento. Ela, tomada pela ingenuidade, se coloca numa perspectiva de quem desconhece o próprio desejo. Esta ingenuidade expressa o fechamento dos canais de conexão da histérica com uma busca, ignorada por ela mesma e que se faz presente nesse chamado, que surge do seu gesto, de seus atos e de seus sintomas.

Uma paciente, que chamaremos Gabriela, chega à sessão desarvorada e irritada. Seus olhos parecem emitir faíscas. Antes mesmo de se deitar no divã, fala de sua irritação: viera caminhando para a sessão e, no trajeto, recebera uma "cantada". Após o relato, com extrema irritação, vocifera contra os homens, dizendo-se vítima, supostamente passiva, daquele tratamento que a transforma em mulher-objeto. Segue seu discurso inflamado, agressivo e próprio de quem foi traída, sem sabê-lo, pelo aparecimento de algo que sempre quis ocultar: sua provocação. Ao olhar para ela, o analista a vê com uma saia muito justa, apertada, curta e de cor brilhante que, no pouco que cobre, desnuda suas formas. A paciente, na sua ingenuidade, nega seu gesto ativo e só aparece sedutora nos olhos do outro. É possível que a sua reação seja legítima, diante do olhar que transforma em objeto o corpo da mulher nas sociedades machistas; no entanto, ao negar o papel que ela mesma joga na cena, converte em desventura dramática o que poderia ser um incidente, até divertido, próprio de situações nas quais alguma troca erótica se produz.

Dois planos diferenciam-se: o da sedução e o da ingenuidade. Entre eles, encontramos o recalcamento como pivô.

O texto *Estudos sobre histeria* (Breuer; Freud, 1895a) reúne as construções teóricas desenvolvidas à época e alguns dos relatos clínicos dos seus atendimentos. Elizabeth von R. – protagonista de um dos historiais clínicos – é uma moça que sofre de dores nas pernas e tem dificuldades para andar. Sobre um momento, no início do atendimento, em que Freud recorreu ao exame físico das pernas de Elizabeth, ele relata:

> Quando eu beliscava ou oprimia a pele e a musculatura hiperálgica da perna da senhorita von R., o seu rosto refletia uma peculiar expressão, mais de prazer do que de dor. Ela lançava uns gritinhos que eu podia interpretar como a raiz de erotizadas cócegas. Seu rosto ficava vermelho, fechava os olhos e se jogava para trás. Tais reações não se harmonizavam com a dor que, supostamente, sentia após meus estímulos. Provavelmente, combinavam melhor com o conteúdo dos pensamentos escondidos atrás dessa dor e que eram despertados ao se estimular uma parte do corpo. (p. 153)

A sua atenção – afirma Freud – "estava em outro ponto, possivelmente, nos pensamentos que se entrelaçavam às dores" (p. 152).

Entre o gesto sedutor e a fala ingênua – no caso de nossa paciente Gabriela – ou entre a expressão prazerosa no rosto e a queixa de dor – no caso de Elizabeth – há algum desencontro que abre uma brecha que nos conduzirá a pensamentos não conscientes e que levou Freud a considerar a existência de um conflito, como também a existência do sexual e da defesa contra ele.

A zona que Freud estimulava na perna de Elizabeth é uma *zona histerógena*, conceito que não é novo, pois já aparecia em Charcot. No entanto, para Charcot, essas zonas faziam parte de uma topografia geral que, ao serem estimuladas, poderiam produzir uma crise. Já para Freud, estas zonas histerógenas eram *zonas erógenas*, capazes de desprender uma excitação, que falam de um erotismo e de uma topografia individual e histórica. Seu corpo expressa algo que não coincide com o pensamento consciente, algo que vem de "outro lugar".

Defesa, inconsciente, conflito e sexualidade são quatro grandes construções conceituais que Freud fará nascer no interior da primeira teoria traumática. Estes quatro conceitos só podem ser pensados a partir de seus cruzamentos.

O conceito de *recalque – Verdrängung* em alemão – não é uma invenção de Freud. Segundo Strachey (Freud, 1915a, p. 138), já teria sido utilizado por Herbart no começo do século XIX e, provavelmente, chegou a Freud por intermédio de Meynert. O termo foi retirado por ele da linguagem comum, na qual é utilizado para designar o ato de rejeitar alguém ou alguma coisa, e de recusar acesso a um país ou a um recinto específico.

> Para Sigmund Freud, o recalque designa o processo que visa a manter no inconsciente 'todas as ideias e representações

> ligadas às pulsões' e cuja realização – produtora de prazer – afetaria o equilíbrio do funcionamento psicológico do indivíduo, transformando-se em fonte de desprazer. (Roudinesco; Plon, 1998, p. 647)

O método hipnótico, utilizado por Breuer e também, no início, por Freud, mostrou a existência e a importância dos "esquecimentos". Se, por um lado, permitiu ver que durante o sonho hipnótico o paciente poderia se lembrar de muita coisa à qual não tinha acesso durante a vigília, por outro lado também propiciou o reconhecimento de que esse recordar – esse acesso ao esquecido – possibilitava a redução dos sintomas. Isso levou Freud a afirmar que a histérica sofre de "reminiscências".

Após a mudança metodológica, Freud abandona a hipnose, e chegar às lembranças converte-se numa tarefa difícil, implicando atravessar obstáculos: a "resistência à rememoração". Freud percebe que, quando vai se aproximando de determinadas lembranças, o paciente interrompe a rememoração. E é esta presença do obstáculo na cura que o levará a pensar no recalque. Este conceito, como o próprio Freud afirma, não surge como um pressuposto da psicanálise, mas, pelo contrário, constrói-se a partir da própria experiência da cura. Se, por um lado, o recalque surge como conceito engendrado a partir da *resistência* presente na experiência analítica, por outro ele acaba sendo um dos conceitos fundamentais da psicanálise e uma espécie de chave que abre várias portas. O caminho seguido por Freud para entender o mecanismo do recalque leva-o à descoberta do inconsciente, mas também o conduz ao reconhecimento da sexualidade. O recalque só pode ser pensado como centro da teoria do conflito psíquico. É o *conflito psíquico* que cria a necessidade do recalcamento e, ao mesmo tempo, é o recalque que intenta uma solução para esse conflito. Poderíamos assinalar, seguindo Le Guen (1993), quatro momentos importantes no desenvolvimento do conceito de recalque no texto freudiano:

- o primeiro momento corresponderia aos trabalhos prévios a 1895. Nele Freud parte da "vontade de esquecer" e chega à "motivação inconsciente";
- no segundo momento – 1895/1910 –, o recalque se converte num operador central do funcionamento psíquico em geral, a partir da descoberta da sexualidade infantil e do complexo edípico.
- no terceiro momento – 1911/1919 –, Freud, levado pela necessidade de construir uma teoria do aparelho psíquico, ancorada na história individual, introduz o conceito de recalque primário e escreve os textos da metapsicologia.
- no quarto momento – após 1920 –, a partir das dificuldades encontradas nos processos de cura, Freud elabora a segunda tópica, e o recalque passa a ser um "mecanismo de defesa entre outros".

Utilizaremos este ordenamento para acompanhar a construção do conceito na teorização freudiana.

O recalque nos primeiros momentos da teorização

O recalque como ato voluntário

O conceito de recalque aparece, já em "Comunicação preliminar" (Breuer; Freud, 1893a) e está colocado como causa da amnésia patógena, considerada, ali, um "processo intencional".

Nos tempos em que Freud e Breuer trabalhavam com a hipnose, perceberam que, hipnotizados, os pacientes eram capazes de evocar lembranças esquecidas durante o estado de vigília. Com isso, Freud conclui que o esquecido se mantinha ativo, e tinha efeitos patógenos, e que a cura seria efeito da recordação e ab-reação das lembranças traumáticas. O paciente tinha esquecido intencionalmente; no entanto, os efeitos deste esquecimento superavam, notoriamente, o seu propósito.

Vemos que Freud partia da ideia de um segredo e pensava que, adquirindo confiança necessária no médico, a paciente chegaria a confessar aquilo que a fazia sofrer. Mas, aos poucos, vai-se dando conta de que a histérica não esconde do outro, mas sim de si mesma, e que a dimensão do escondido é, até mesmo, maior para ela do que para o outro. Da ideia do esquecimento intencional, Freud chegará à existência de uma motivação inconsciente.

Vimos no capítulo anterior que, para Breuer, o estado hipnoide será uma condição fundamental para a formação de um "grupo psíquico separado", carregado de afeto, que dará lugar à produção de sintomas histéricos. Para este autor o grupo psíquico nasce separado.

Para Freud, o grupo psíquico separado surgirá, justamente, a partir desse esquecimento intencional que a pessoa faz para livrar-se do intolerável.

No historial antes mencionado, Elizabeth sofria de dores nas pernas e dificuldades para caminhar. No processo de cura, estas dores conduziram Freud a um episódio dos anos de adolescência de sua paciente: seu pai – enfermo – requeria dela todos os cuidados. Elizabeth dedicava-lhe atenção, sofrendo com isto, como todas as pessoas que passam por situação semelhante. É sempre doloroso presenciar o sofrimento das pessoas que nos são queridas e ainda ter de disfarçar essa dor. Indagaria Freud: "Como poderia Elizabeth chorar na presença do seu pai, se isto ocasionaria a ele maior sofrimento?". "Como poderia mostrar suas alegrias na cabeceira do leito do seu agonizante pai?". Nessa época, as condições de afastamento da própria realidade afetiva, assim como o fechamento dos canais de expressão, facilitaram a dissociação. Foi então que Elizabeth se viu presa a um conflito psíquico. Uma noite, numa saída, encontrou-se com um jovem com o qual vivia uma atração correspondida. Ao voltar para casa, com o espírito embriagado de felicidade, encontrou seu pai mais doente do que deixara. Isso fez surgir nela o firme propósito de não sair mais com o jovem. Mais do que isso, gerou – segundo Freud – um *conflito de incompatibilidade de representações*: a representação erótica, muito contrastante com a miséria da doença do pai, convertera-se em representação intolerável, levando-a à necessidade de afastá-la da consciência e deixá-la esquecida. A representação erótica foi desalojada do livre fluir associativo e sua carga afetiva reanimou as dores reumáticas que sofria nas pernas.

O "grupo psíquico separado" – uma série de representações que ficaram dissociadas, para fora de consciência – é, dessa maneira, impedido da descarga do afeto. A ideia é relegada à "outra parte", desalojada da consciência, e o sintoma vem ocupar o lugar da lembrança. Vemos então que, na tentativa de responder ao enigma dos esquecimentos (o esquecido que está em algum lugar e produz efeitos), Freud encontra o desejo e a defesa, fazendo primar na histeria a perspectiva dinâmica da defesa e do processo psíquico. Na perspectiva de Breuer – da histeria hipnoide – prevalecia a perspectiva tópica.

Vimos no capítulo anterior o recalque associado às três formas de defesa presentes nas *Neuropsicoses de defesa* (Freud, 1894): conversão, deslocamento e rejeição[11]; assim como a pergunta sobre o que determina que a defesa seja patógena.

A defesa primária

No texto "O projeto de uma psicologia para neurólogos" (1895b), Freud tenta explicar a diferença existente entre a defesa patológica, que daria origem aos sintomas, e a defesa normal. Atribui o motivo da primeira à perda total da investidura de uma imagem, produzida pela transferência maciça do investimento que se translada da lembrança para o símbolo.

No entanto, neste mesmo texto, Freud postula um novo fundamento para o recalque. É pelo fato de existir um trauma anterior que as experiências recentes têm efeito traumático.

> É o atraso da puberdade que possibilita a ocorrência de processos primários póstumos [...]; jamais deixamos de descobrir uma lembrança recalcada que não se tenha transformado, posteriormente, em trauma [...]; a cena traumática só se torna traumática quando transformada em lembrança, evocada por repetição de uma cena atual. (Freud, 1895a, p. 403-407)

O recalque de uma experiência sexual penosa, em uma época madura, só é possível nas pessoas que passaram por uma situação traumática na infância. A materialidade do

11 Esse termo, *Verwerfung*, será utilizado no historial do "Homem dos lobos" (1918) com um sentido que o aproxima mais ao conceito de recusa, sendo retomado por Lacan para construção do conceito de forclusão.

trauma é uma cena de sedução, realizada por um adulto e não significada como sexual pela criança. O efeito traumático só aparece após a puberdade, quando um segundo acontecimento lembra o primeiro. Isto é o que Freud (1895b) vai demonstrar com o caso Emma. O caso está organizado em torno de duas cenas: na primeira, a menina com poucos anos de idade entrara numa confeitaria e fora "molestada" por um funcionário. Na segunda cena, acontecida após a puberdade, ela entrou em uma loja e, vendo dois funcionários rindo, achou que zombavam do seu vestido; saiu então correndo e não conseguiu mais entrar nas lojas. A menina sofrera uma experiência traumática na infância, no lugar de vítima passiva. No momento, não experimentara desprazer por não entender o significado do fato. No entanto, esta lembrança se reativa numa segunda experiência, depois da puberdade, quando tal excitação puberal ressignifica a primeira. Agora, com um sentido sexual, que desperta o desprazer ligado à primeira cena. Todo o complexo é recalcado e, no seu lugar, aparece o sintoma: a fobia que a impede de entrar nas lojas.

Por que algo se recalca? Esta é a pergunta fundamental que Freud se fará e que tentará responder já na primeira teoria do recalque.

O que ameaça – dirá Freud – é o desprazer; é isto o que o eu pretende evitar. O eu defende-se sempre em relação às lembranças penosas. Mas as defesas são diferentes: quando as condições são possíveis, o trabalho de ligação tenta produzir uma espécie de resolução progressiva da experiência desagradável para fazer entrarem as lembranças penosas nos caminhos associativos. No entanto, a defesa presente na histeria é, para Freud, uma defesa primária, ou seja, que não segue os caminhos da ligação, e sim a corrente livre e maciça de energia. O investimento translada-se inteiro da cena para o símbolo. A cena da sedução, no recalque, fica esquecida, e algum elemento dela se converte em símbolo e fica carregado de todo o investimento. Freud diz:

> [...] na defesa normal, entre o símbolo – a bandeira – e o simbolizado – a pátria – há um equilíbrio de investimento que faz com que ambos – bandeira e pátria – se mantenham na consciência. Pelo contrário, no caso da defesa patológica, a lembrança de que o sintoma é um *símbolo mnêmico* perdeu todo investimento e, portanto, se mantém inconsciente. (Freud, 1895b)

No caso de Emma, o vestido – pivô do sintoma – mantém-se consciente: não pode entrar na loja (aos 13 anos, quando entrara em uma loja e encontrara os funcionários rindo, achara que eles estavam zombando de seu vestido). O elemento vestido é o que se conserva presente da cena recalcada, do primeiro momento em que estava na loja e o funcionário tocou suas genitais, através de seu vestido. Esta cena só reaparecerá na investigação analítica.

A defesa primária é produzida à medida que a entrada do sexual exógeno aconteceu, num momento pré-sexual, em que não havia possibilidade de estabelecer nexos representacionais que significassem a experiência vivida. Por isso, foi experimentado só o impacto desta, deixando marcas que se conservam, sem possibilidade de ligação. Essas marcas, deixadas pela vivência, ficaram de lado e só depois, a partir da segunda cena, produzirão uma excitação sexual, que em Emma se transforma em angústia e, com isso, a cena é recalcada.

É, portanto, nesta temporalidade do *a posteriori*, que Freud encontrará a possibilidade do recalque do sexual.

Cada impressão psíquica vai carregada de um *quantum* de afeto do qual, normalmente, o eu livra-se, por meio de uma reação motora ou por um trabalho psíquico associativo. Na compreensão de Freud, a *atenção* é o melhor instrumento que o ego possui para instaurar a defesa normal. Mas quando é tomado por surpresa ou quando descobre a descarga de desprazer demasiadamente tarde, deixa que se instale uma defesa primária. A impossibilidade de tramitar o excedente ligado à lembrança da impressão, seja pela via motriz ou pela via da associação, originará sintomas histéricos.

O recalcado é o não traduzido

Dois textos deste momento da teorização introduzirão algumas precisões que valem menção. Fundamentalmente porque incluem uma série de afirmações que não são as mais difundidas do pensamento freudiano. Um deles é a *Carta 52* (6/12/1896), em que a temporalidade psíquica do *a posteriori* se coloca com maior clareza. Freud afirma que o material psíquico está sujeito a retranscrições; o aparelho psíquico desenvolve-se mediante um processo em que, de tempos em tempos, produzem-se traduções para novas formas de expressão; ou seja, as marcas mnêmicas sofrerão reordenamentos, no interior do psiquismo, de acordo com legalidades diferentes. Estas retranscrições permitirão a passagem entre diferentes formas de inscrição: do índice de percepção aos sistemas inconsciente, pré-consciente e consciente. Mas, nas afirmações freudianas, as transcrições constituem operações psíquicas de épocas sucessivas da vida: "é na fronteira entre duas dessas épocas que se produz a tradução do material psíquico". Freud introduz aí uma questão importantíssima que desenvolverá mais tarde: a existência das fases do desenvolvimento. Isto não nos interessa, no sentido do desenvolvimento, do ponto de vista genético-evolutivo, mas sim como existência de momentos de passagens no psiquismo. Cada uma dessas passagens permite que o material psíquico funcione regulado por leis diferentes.

O recalque consistirá, neste momento da conceituação freudiana, em uma *falha de tradução*, ou seja, aquilo que, nessas retranscrições, não é traduzido será o recalcado. "Os traços do passado que ficam como anacronismo no interior do psiquismo constituem o recalcado" (Freud, 1896a, p. 274-277).

O segundo texto é o *Rascunho K* (anexo à carta de 1 de janeiro de 1896b). Nele, Freud considera que a experiência primária da histeria é uma experiência passiva, que produz horror e lacuna psíquica. Esta experiência passiva produz desprazer pelo aumento de tensão, e o sujeito fica, nesta situação, preso da experiência real por não dispor de significação possível para responder a ela. Existe, então, um traumático efeito de uma *experiência passiva*, que origina uma lacuna psíquica, ou seja, um lugar carente de representações. Sobre essa lacuna não se pode exercer o recalque, já que não há o que recalcar. No entanto, ao redor da lacuna, existe a *representação-limite*, e será pela intensificação desta que se realizará o recalque. Produz-se, no psiquismo, um processo de elaboração pelo qual o que estava fora do psíquico vai-se transformando no psíquico, processo que começa na representação-limite. Encontramos aqui um esboço do que depois Freud vai conceituar como recalque primário. Esta representação-limite será a *defesa primária* sobre a qual, posteriormente, estruturar-se-ão as *defesas secundárias*.

A caracterização da histeria que Freud vai fazer no *Rascunho K* é a seguinte:

Haveria uma vivência desprazerosa primária, de natureza passiva, que daria origem a uma tensão, a uma elevação da tensão tão grande que o ego não poderia contradizê-la. Não se forma, então, um sintoma psíquico, mas tem-se, na maior parte das vezes, uma exteriorização hiperintensa da excitação. (p. 268)

Neste primeiro momento, disse Freud, pode-se considerar uma histeria como histeria de terror, com exteriorização de horror e lacuna psíquica; só na posterioridade dar-se-á a construção do recalque e a formação dos sintomas defensivos.

Haveria, então, um primeiro momento, que seria o "avassalamento" do eu, e um segundo momento, que seria o "esforço do desalojamento" da representação-limite.

O despertar da lembrança sexual daria origem ao excedente sexual e seria este que impediria a tradução, ou seja, originaria o recalque.

Esclarece Freud que o desejo sexual, por si só, não poderia produzir o recalque. Para que este ocorra, seria necessária a existência da defesa. No entanto, a defesa não produz neurose alguma, a não ser pela existência do excedente sexual.

Gostaríamos de levantar aqui uma questão: muitas vezes se afirma que, no texto freudiano, poderiam ser diferenciados dois tipos de pensamentos:

1 – o Freud representacional, até o ano de 1920.

2 – o Freud não representacional, a partir de 1920.

Neste segundo momento, a primazia seria dada a tudo aquilo que tem a ver com o pulsional – com as intensidades –, e não com as representações. No entanto, a análise deste manuscrito mostra-nos como, nos primeiros tempos, estes dois eixos já estavam colocados. São dois eixos permanentes, presentes e correlacionados por Freud em todas as conceituações das neuroses. Um eixo que se refere a um conflito entre as representações, e um outro que se refere àquilo que tem a ver com a excitação, com a intensidade, com o excedente e com a presença ou a ausência de nexos de significação aos quais esta possa se ligar: o traumático.

Citando Freud: "Não tem porque se supor que, em cada repetição do ataque primário, seja sufocada uma representação. Trata-se, em primeiro termo, de uma lacuna dentro do psíquico" (p. 269). Ou seja, há algo irrepresentável que Freud retomará nos seus últimos desenvolvimentos.

O recalcado é o sexual

O que se recalca? *O recalcado é sexual.* Esta é uma afirmação que Freud mantém desde o início até o fim de sua obra. É por meio da teoria da sedução e da teoria do trauma que Freud vai estabelecer a relação existente entre o sexual e o recalque.

As afirmações que juntam a defesa e a sexualidade persistem em Freud. Como exemplos, citamos a *Carta 18* (21 de maio de 1894b), na qual aparece a seguinte afirmação: "Aquilo sobre o que recai a defesa é sempre a sexualidade" (p. 227); também no *Rascunho K* (1 de outubro de 1896), escreve-se: "as condições do estabelecimento das neuroses são a sexualidade e o infantil" (p. 260). Nega, então, que a herança comande a escolha das neuroses, afirmando que as representações sexuais são capazes de desprender um desprazer novo, no momento da lembrança. Por isso, são capazes de induzir uma defesa patológica. "É o único caso em que um efeito *a posteriori* é capaz de produzir um desprendimento de excitação mais intenso que aquele do momento da vivência correspondente" (p. 261). Para isso, disse Freud: "[...] a puberdade deve ter acontecido entre a vivência e a recordação".

A teoria da sedução e a temporalidade do trauma serão os dois lugares a partir dos quais Freud tentará responder a este cruzamento do sexual com o recalque. Um adulto seduz uma criança. A figura de um pai perverso está presente em vários relatos clínicos da época, ou seja, de uma sexualidade que invade o campo num momento em que não há possibilidade de compreender um estímulo sexual. Há uma provocação sexual num tempo pré-sexual. Isso produz um impacto que só após a puberdade poderá ser percebido como sexual, ocorrendo, neste caso, o recalque e o sintoma.

O traumático para o eu não será a cena acontecida, mas sim a lembrança da cena, que, num momento posterior, torna-se capaz de desprender excitação. Portanto, a lembrança traumatiza o eu. A situação de desequilíbrio instala-se no próprio eu diante desse externo/interno, corpo estranho/interior, com quem o eu mantém uma relação de saber e de não saber. Sentindo-se ameaçado em sua coerência, defende-se.

Voltemos ao historial de Elizabeth. No período em que cuidara do pai enfermo, vivera um conflito entre o conteúdo das representações que expressava o seu anseio erótico e o círculo de representações em relação ao pai. Depois da morte deste, um conflito muito similar – disse Freud – será vivido por ela. Com o intuito de descansar, a família trasladou-se para o campo. Durante essa estada, Elizabeth realiza uma caminhada com seu cunhado. Após a volta da irmã e do cunhado para a cidade, por mais de uma vez, retorna a alguns lugares e sente falta da presença desejada dele. Na volta desses passeios, aparecem as dores nas suas pernas. Mais tarde, na ocasião da morte de sua irmã, uma ideia atravessa sua mente: "[...] agora que está viúvo, poderíamos nos casar". Depois disso, as dores de suas pernas intensificam-se.

Freud entende que a ideia que expressa o desejo erótico permanece como um corpo estranho, em relação ao qual o eu mantém um estado de saber e, ao mesmo tempo, de não saber. As representações eróticas, deixadas de lado no momento da doença do pai, foram atualizadas no amor pelo cunhado, também deixado de lado, e que foi ativado a partir da morte da irmã, induzindo o recalcamento e produzindo os sintomas. As dores nas pernas levaram Freud à representação do desejo erótico pelo cunhado – uma representação de índole sexual.

Mas o caráter sexual da representação recalcada não está presente só neste caso. Freud constata, pelas experiências dos tratamentos, que o que se recalca é sempre o sexual. Esta afirmação vai aparecer nas primeiras cartas a Fliess e se manterá até o texto do *Compêndio da psicanálise* (1938), ou seja, reafirma-se em todo desenvolvimento teórico freudiano.

No *Rascunho K* (1896b), Freud, para responder à questão "[...] por que a representação sexual produz desprazer?", recorre à vergonha, à repugnância e à moralidade como forças recalcantes. Se esse recalque não existisse, surgiria a perversão, mas não a neurose. No entanto, o que o intriga é que, nas condições cotidianas, o nível alto de libido permite que não se sinta asco e que a moral seja superada, fazendo-lhe pensar que ainda há muita coisa a entender do desprazer e do motivo do recalque. Esta problemática da relação da neurose e da perversão, assim como da existência das barreiras morais, será retomada por Freud no que distinguimos como segundo momento da teoria do recalque. A questão de como e por que se produz o desprazer o acompanhará até o fim do desenvolvimento, sendo retomada em sua conceituação de *Inibição, sintoma e angústia* (1926)[12].

O Édipo e o recalque

A partir de 1897, a cena real de sedução deixou de ocupar, para Freud, o primeiro plano.

Um deslocamento produz-se no interior da conceituação: dos fatos reais, vai-se passando para a realidade psíquica; dos acontecimentos traumáticos, para o devir edípico. Freud alerta sobre as miragens mnêmicas dos neuróticos a respeito de sua infância e introduz as fantasias de sedução, que ele entenderá como uma forma em que os neuróticos se defendem das lembranças da masturbação.

O desejo infantil entra em cena e as evocadas situações de sedução aparecem, agora, como expressão dele. O trauma é complementado com a fantasia, os sintomas deixam de ser um efeito direto das vivências sexuais infantis e passam a ser entendidos como uma *formação de compromisso*, como resultante de uma luta de forças, como um texto enigmático a ser decifrado. As lembranças, fantasias e palavras constituem uma rede em que o desejo é tecido e, a partir dela, os sintomas são construídos, e o processo de desconstrução na cura a ela nos remete.

12 Outra questão importante desse texto é a afirmação de que o recalque, na histeria, produz o desprazer, provocado pela vivência desprazerosa primária, de natureza passiva. Isso levará Freud a afirmar que "[...] a passividade natural da mulher explica sua predileção pela histeria" (p. 261). Introduz-se, aqui, uma problemática importante da relação entre histeria e feminilidade, tema que trataremos no capítulo 10, "Histeria e erotismo feminino".

Em 1900, Freud publica a *Interpretação dos sonhos*, e nele conceitua o desejo inconsciente, como motor dos sonhos. Estes são rodeios possíveis pelos quais se pode sortear o recalque, permitindo que aconteça uma figuração dentro do psíquico. O inconsciente indestrutível insiste como presença na repetição, percorrendo os mesmos caminhos, "abertos de uma vez e para sempre": os caminhos do desejo. Também no texto da *Interpretação dos sonhos*, a partir dos sonhos de morte dos seres queridos (p. 258), Freud conceitua o *complexo de Édipo* positivo. Neste momento, o Édipo aparece como uma atração quase "natural", os investimentos erótico-afetivos da menina dirigem-se ao pai, assim como os do menino à mãe. A partir daí, o Édipo começa a ter presença importante na constituição da neurose.

A sexualidade infantil, o desejo inconsciente recalcado e o sonho como retorno do inconsciente – erigindo-se em paradigma das formações do inconsciente – são três eixos conceituais que constroem a perspectiva pela qual Freud vai entender a histeria e seus sintomas, quando analisa a *petite hystérie* de sua paciente Dora (1905b). Concomitantemente ao atendimento de Dora e à construção do historial, um outro eixo conceitual germina, sendo desenvolvido no texto *Três ensaios de uma teoria sexual* (1905a) que sintetiza a sexualidade infantil ao redor do conceito de pulsão.

A *pulsão sexual* será, para Freud, um feixe de pulsões parciais; o oral, o anal, o visual, o sádico: o conjunto de zonas erógenas e as pulsões que nelas se apoiam constituem a diversidade autoerógena do *perverso polimorfo*, dando origem às excitações que, na teoria da sedução, derivavam do acionar do adulto perverso. Esse conjunto diversificado de pulsões precisa ser domesticado. Para isso, a criança constrói diques: o pudor, a compaixão, o asco e a vergonha, que vão canalizar os componentes pulsionais, domesticá-los, recalcando alguns, direcionando-os para permitir a saída do mundo perverso polimorfo e construir não só a normalidade como a estruturação neurótica.

A neurose, neste momento do desenvolvimento conceitual, é pensada como negativo da perversão. Os componentes pulsionais, que estão escancarados na perversão, estarão recalcados na neurose.

Os diques encontram sua origem na educação e são utilizados como contrainvestiduras, como formações reativas em relação às pulsões parciais.

Ao longo do desenvolvimento infantil, várias zonas do corpo são usadas pela criança para se satisfazer: são as zonas erógenas, a partir das quais, as crianças constroem fantasias que serão objeto do recalque. Portanto, nesta segunda teoria do recalque, formulada a partir do conceito de pulsão, o prazer que a criança obtém, por meio das diferentes zonas do corpo, é acompanhado de fantasias. No momento em que se alcança a fase genital, as organizações anteriores precisam ser recalcadas. Os sintomas neuróticos originam-se do recalque de uma pulsão parcial forte.

Vejamos isto no historial de Dora, em que Freud (1905b) relata o seguinte episódio: o Sr K. convidou Dora para passar na sua loja, onde, supostamente, as mulheres assistiriam aos festejos que aconteceriam na igreja. No entanto, o Sr. K. encarregou-se de deixar a Sra. K. em casa e de dispensar os funcionários da loja. Dessa forma, quando Dora chegou, estavam os dois sozinhos e, ao passar a seu lado, ele a pegou nos braços e a beijou. Dora sentiu asco, correu na direção da rua e, na sequência da cena, três sintomas formam-se: o asco pelo beijo, uma sensação de pressão no peito e a impossibilidade de passar ao lado de casais de namorados na rua.

O asco, dirá Freud, surgiu como consequência do forte erotismo oral que foi recalcado. A força da pulsão parcial, a pulsionalidade oral intensa, também se fará presente no processo de desconstrução de outros sintomas de Dora, como a tosse e a afonia.

A inversão do afeto – onde deveria haver prazer, há repugnância – é produto do recalque e, segundo Freud, caracteriza a histeria. A histeria tem, aqui, a ver com os peculiares caminhos seguidos pelos desvios acontecidos na busca do prazer. Freud, neste momento, está pensando no marco do princípio do prazer. É necessário acrescentar que, no instante do beijo, Dora sentiu o membro sexual ereto do Sr. K., experimentando assim uma excitação no seu genital, sensação que sofreu um deslocamento até a parte superior do corpo, provocando a pressão no peito.

Ao mesmo tempo, Dora evita encontrar casais de namorados, pois assim evitaria reencontrar-se com a excitação, sentida por ela no abraço. No sintoma, Freud encontra não só a *pulsão parcial*, mas também a *fantasia* sexual. Assim, a partir da afonia aparece nas associações a fantasia amorosa com relação ao Sr. K. e também a ideia de que seu pai era um "homem sem recursos" (p. 43), o que alude à "impotência sexual". Ao mesmo tempo, Dora acusava seu pai de manter relações sexuais com a Sra. K. Confrontada por Freud sobre esta contradição, Dora responde que há outras formas de relação sexual, como a satisfação sexual oral; será a fantasia de um coito oral que estará presente nas cócegas sentidas na sua garganta (p. 43).

Os sintomas, neste momento conceitual, são figurações convertidas de fantasias que se originam nas zonas erógenas. Estes movimentos pulsionais acontecem no interior de uma história de amor, na história do desejo edipiano dessa relação intensa com o pai. A histérica é alguém que deseja, afirma Freud na *Carta 72*: "O desejo é o principal traço da histeria, e a anestesia o seu principal sintoma" (Freud, p. 309).

Cabe refletir sobre a tendência de Freud a naturalizar a atração existente entre a filha e o pai, assim como sua extensão para o Sr. K. e para ele mesmo, Freud, na transferência. É verdade que ela age como uma mulher ciumenta que reclama da relação do pai com a Sra. K., atitude que tem, como veremos, determinações complexas. No entanto, Freud insiste em ir provando a sua hipótese que, na verdade, é mais um preconceito, construído a partir do saber estabelecido de que as mulheres gostam dos homens: Freud, ocupando um lugar de saber, de professor, quer ensinar a Dora os caminhos do prazer, lugar repetidamente ocupado por ele nesta "cura". Ele insiste no amor desta pelo Sr. K., em relação ao qual, supostamente, ela se protege refugiando-se no pai.

A análise de dois sonhos ocupa um espaço importante no historial de Dora. No primeiro deles, o pai vai salvá-la do incêndio que acontece no quarto; por meio das associações, pode-se interpretar que ele a salva das ondas pulsionais presentes e das excitações sentidas nos genitais durante a atividade masturbatória, assim como o asco a salva da excitação sentida pelo contato com o membro viril ereto, percebido no abraço do Sr. K.

Dora está protegida de seu próprio desejo pelo recalque; protegida da tentação de cair nos braços do Sr. K., de jogar-se nos seus braços, de entregar-se sexualmente, de abrir as pernas ou o cofrinho, de perder as pérolas, as joias, de perder a virgindade.

Então, o que a ameaça é o desejo e, por intermédio dele, a sua condição moral. A virgindade tem de ser preservada porque é um valor para as mulheres do seu tempo, lugar de valor narcísico marcado pela concepção da feminilidade de sua época.

Será nas associações que Dora fará, a partir do segundo sonho, que esta temática aparecerá claramente.

Dora lembra que, num passeio pelo museu de Dresden, ela ficara parada diante do quadro da Madona ali exposto, quieta, com um olhar fascinado, aderida à imagem da mulher pura, idealizada, oposta à mulher vulgar. Ser mulher virgem enaltece-a, dignifica-a. Dora defende a dignidade, mesmo quando todo seu movimento acaba deixando-a acusada injustamente de mulher vulgar que, supostamente, inventa um erotismo e uma tentativa de sedução na qual não há nada disso.

Vemos então que há um conflito que está colocado entre o desejo e a proibição, mas também há um outro conflito entre o desejo e o narcisismo. O narcisismo só será conceituado por Freud em 1914. No entanto, a sua presença no historial de Dora é notória. Alguns anos mais tarde, Freud (1917b) retomará o tema da virgindade e o trabalhará diretamente em relação ao narcisismo feminino, no texto "O tabu da virgindade".

Se Freud se colocava no lugar do saber, Dora não era um bom aprendiz; ela não aceitava o caminho que Freud lhe mostrava nas interpretações e, no momento em que, supostamente, ela confirma a interpretação de Freud, interrompe o tratamento. Freud acenava para as histéricas com a possibilidade de alcançar o prazer pelo caminho de reconhecer aquilo que, hipoteticamente, estava recalcado. Ele lhes mostrava algo contra o que elas resistiam. Elas não se seduziam com esta possibilidade e colocavam um limite para suas teorias.

A importância da fantasia na vida sexual dos histéricos aparece de forma marcante neste texto sobre o caso

Dora (Freud, 1905b). Freud afirma que "[...] os histéricos se afastam do caminho da satisfação buscado na realidade e refugiam-se na atividade fantasística, num processo de introversão da libido" (p. 25). Cada histérico tem seu próprio teatro privado, sendo que os fantasmas histéricos são, no dizer de Freud, heteróclitos (Freud, 1899, *Carta 125*), ou seja, estão sempre dirigidos ao outro, fundamentalmente ao pai, como vemos em Dora.

A presença do Édipo negativo – a ligação de Dora com a Sra. K. – será percebida por Freud tardiamente, e não sem consequências graves para o trabalho: a interrupção do tratamento por parte de Dora. Após essa interrupção, Freud repensará criticamente o manejo da transferência neste processo e advertirá que o seu erro fundamental foi não ter observado o amor ginecofílico de Dora pela Sra. K. Afirma então: "[...] essas correntes masculinas, ou melhor, ginecofílicas de sentimentos devem ser consideradas típicas da vida erótica inconsciente das jovens histéricas" (Freud, 1905b, p. 56).

Com estas observações Freud está, evidentemente, abandonando uma concepção natural do Édipo – dual, poderíamos dizer – e está se aproximando da pergunta sobre o lugar da outra mulher na histeria, temática que Lacan vai retomar e desenvolver[13].

Neste momento, vai-se fazendo claro que o conflito histérico tem a ver com a identidade sexual. É o recalque, como mecanismo fundamental da estruturação histérica, que se instala como consequência do complexo de Édipo.

Os desenvolvimentos posteriores sobre o Édipo e sua dissolução vão mostrar caminhos diferentes no desenvolvimento

13 Ver capítulo 5, "A identificação histérica".

da menina e do menino. A sexualidade infantil atravessa diferentes momentos do desenvolvimento libidinal, com o predomínio das zonas erógenas correspondentes, chegando até a genitalidade. Os homens, neste momento, apegam-se ao órgão genital – fálico –, e seguem caminhos que acompanharemos em outros capítulos[14]. A mulher encontra-se com a predominância do clitóris que, para Freud, seria o componente masculino de sua sexualidade que ela deverá recalcar, descobrindo assim em si a mulher[15].

Este será, então, um segundo momento de instauração do recalque. Se, em um primeiro momento, como vimos no desenvolvimento do *Rascunho K* (1896b), instala-se o que mais tarde vai-se chamar recalque primário, este segundo momento edipiano dará origem ao recalque secundário. A diferenciação entre recalque primário e secundário será trabalhada por Freud nos textos de Metapsicologia (1915).

Até agora, a teoria do esquecimento prevalece, e lembremos que Freud tinha chegado à teoria do recalque a partir dos esquecimentos, ainda que o caráter do esquecido tenha mudado: no início, os esquecimentos eram consequência de um ato voluntário; agora, são efeitos da motivação inconsciente.

No entanto, recordemos que, no historial de Dora, o objetivo do tratamento para Freud era "preencher as lacunas da memória", fazendo consciente o inconsciente. Procurava-se assim produzir um texto coerente, em substituição ao fragmentado texto trazido pela histérica, totalmente esburacado pelos efeitos da amnésia.

No entanto, os obstáculos no tratamento vão mostrando a Freud que algo precisa ser reformulado na teoria, e que

14 Ver capítulos 4 e 6, "A fase fálica" e "Histeria nos homens".

15 Ver capítulo 10, "Histeria e erotismo feminino".

nem tudo que produz sintomas é da ordem do esquecido pelo recalque. Há fantasmas inconscientes que nunca foram conscientes, e que não podem ser "relembrados", mas sim construídos. No caminho conceitual, seguido por Freud, o relembrar dos acontecimentos esquecidos vai tendo espaço menor. No texto *Recordar, repetir e elaborar* (1914a), o conceito de *compulsão à repetição* produzirá uma inflexão importante na sua teorização. Este texto abrirá novos caminhos que Freud desenvolverá a partir de 1920: uma nova dualidade pulsional; a construção como instrumento fundamental no processo de cura (Freud, 1934); uma reformulação do conceito de transferência e da neurose de transferência e uma limitação do âmbito regido pelo princípio do prazer, que aparecerá formulado em *Mais além do princípio do prazer* (1920).

Por outro lado, a figura da mãe não tem, no historial de Dora, nenhum lugar de importância. Só será apontada por Freud como uma "psicose de dona de casa". Os desenvolvimentos posteriores vão incluindo a relação pré-edípica com a mãe como um lugar fundamental na histeria (Freud, 1932).

Neste momento do desenvolvimento conceitual, o traumático não tem um lugar de prevalência. Apesar de que Freud (1905b), em uma nota de rodapé no historial de Dora, afirma não ter abandonado a teoria do trauma, mas apenas visto as suas limitações (p. 25)[16].

O exógeno da sexualidade, no primeiro momento da conceituação, estava presente como sexualidade que o

16 O abandono da teoria da sedução por um adulto perverso como fator determinante na gênese de uma histeria não deve servir para recusar a existência de frequentes abusos sexuais dos quais são vítimas as crianças, com graves consequências para seu desenvolvimento psíquico. Sobre este problema, ver o livro *Cena incestuosa: abuso e violência sexual*, de Renata Udler Cromberg, nesta mesma coleção.

adulto perverso introduzia no mundo pré-sexual da criança. No término da obra de Freud, o exógeno aparecerá nos cuidados maternos que satisfazem necessidades da criança e, ao mesmo tempo, erotizam o seu corpo. Neste período intermediário, encontramos a sexualidade exógena presente na alteridade que introduz um "a mais de prazer", constituindo a pulsão. Em *Três ensaios de uma teoria sexual* (1905a), o quentinho do leite introduz um quê a mais de prazer, erotizando a boca e dando lugar ao surgimento da pulsão oral, ou seja, o exógeno não desapareceu: está presente na própria origem da pulsão. No entanto, a ênfase, neste momento, está colocada no desejo e na fantasia, chegando Freud (1905b) a falar da "constituição autística da fantasia" (p. 46).

O traumático – no sentido de excitações excessivas, impossíveis de ser processadas no primeiro momento da conceituação – estava como "montante de afeto da representação intolerável", que, não encontrando caminhos de elaboração, traumatizava o eu. No último momento da conceituação, surgirá como intensidade, produzida pela tensão das necessidades, com relação às quais o bebê está impotente e depende de outro para satisfazê-las ou para fazer algum processamento. Neste momento do historial de Dora, a ideia da magnitude do estímulo, que irrompe e ameaça fragmentar o eu, não tem prevalência.

O modelo, agora presente, parece ser o mesmo que aparece na *Interpretação dos sonhos* (1900). Nele, o desejo inconsciente entra como "sócio capitalista", ou como aquele que aporta uma parte de investimento para a constituição do sonho, isto é, mais um modelo de complementação do que de oposição. É uma ideia de "*quantum* suficiente" e não de "*quantum* excessivo".

O recalque primordial e o recalque propriamente dito

Em 1915, Freud escreve dois textos, que fazem parte da Metapsicologia: *O recalque* (1915a) e *O inconsciente* (1915b). Ambos são importantes na conceituação do recalque.

Neles, Freud afirmará que o recalque é uma forma de fugir de algo interno, e que aquilo de que se foge é sempre o "desprazer".

Quando se percebe que a satisfação de uma pulsão vai produzir desprazer, esta é recalcada. Mas como é possível que uma pulsão que procura a sua satisfação, ou seja, o prazer, produza desprazer? Há, dirá Freud, diferentes interesses no interior do psíquico: o que é prazeroso para um lugar produz desprazer em outro. "A função do recalque é rejeitar algo da consciência e mantê-lo afastado dela" (Freud, 1915a, p. 141).

A necessidade de ancorar a teoria do recalque dentro da constituição histórica do aparelho psíquico fez com que Freud introduzisse o conceito de recalque primário.

No texto *O recalque*, Freud (1915a) vai distinguir três momentos do recalque:

- o recalque primordial denega a admissão na consciência do representante da pulsão, estabelecendo, então, a fixação entre a pulsão e o representante-representativo psíquico da pulsão, fazendo com que este se mantenha imutável, ligado à pulsão.
- o segundo momento, ao qual Freud vai-se referir como um "esforço de dar caça"; nele, a defesa vai atrás do derivado do representante-representativo recalcado e de tudo o que ficou ligado a ele por associação.

- o terceiro momento é o do retorno do recalcado, que dará origem aos sintomas.

Como Freud explica neste texto o funcionamento do mecanismo do recalque? Para que algo se recalque, dirá Freud, são necessárias uma dupla força – uma atração desde o recalcado – e uma repulsão desde a consciência. No entanto, como seria o início? Vê-se, então, a necessidade de pensar outra forma do recalque, o recalque primordial.

O recalque primordial constitui os núcleos do inconsciente que são a fonte de atração dos conteúdos recalcados posteriormente. Este recalque primordial surge como contrainvestidura para se proteger do traumático. Freud (1926) afirmará em *Inibição, sintoma e angústia*: "É possível que fatores quantitativos como a intensidade hipertrófica da excitação e a ruptura da proteção antiestímulo constituam as ocasiões imediatas dos recalques primordiais" (p. 90).

O trauma conduz à fixação, que deixa a pulsão ligada a seu representante de forma inalterável.

Le Guen (1993, p. 76) propõe diferenciar:

1) recalque primordial, cuja aparição é concomitante à diferenciação entre o eu e o id;
2) recalques primários, anteriores ao conflito edipiano e à constituição do supereu;
3) recalques secundários: pós-recalcamentos, exercidos pela ação do supereu.

Para este autor, a função do recalque primordial é significar a mudança que representa a passagem a outro modo de funcionamento psíquico, marcado pela diferença das tópicas. Afirma Le Guen que "[...] as defesas arcaicas protegem contra o trauma, os recalques primários criam conflito em que, sem ele, sobreviveria o trauma. Já os recalques secundários administram os conflitos articulando-os" (p. 82). Os recalques secundários recaem sempre sobre o retorno do recalcado, sobre uma moção pulsional que leva a marca de um desejo infantil recalcado.

A representação inconsciente é, para Freud, representação-coisa sozinha. Para que haja pré-consciente, é necessário que a representação-coisa seja acrescida de um novo investimento, dado pela ligação com a representação-palavra. Quando este lhe é retirado, a representação torna-se recalcada.

Até aqui, tratamos da representação; falta ainda acrescentar o caminho do afeto. Este fator quantitativo da pulsão pode seguir, segundo Freud, três caminhos: 1- a pulsão pode ser sufocada, e não há nada que se faça sentir como afeto; 2- quando há um processo de transformação do fator quantitativo da pulsão, os processos são registráveis para a sensação; surge então uma tonalidade afetiva; 3- o *quantum* da pulsão se transforma em angústia.

O recalque recai sempre sobre a representação; já o afeto não se recalca. Ele tem sucesso quando consegue eliminar o desprazer. No entanto, ele só pode ser estudado quando fracassa, dando lugar aos sintomas. Afirma Freud que, na histeria de conversão, o recalque tem êxito, já que elimina o desprazer. No entanto, fracassa à medida que a transformação da pulsão em energia somática precisa ser feita permanentemente. Na *belle indifférence*, o êxito do recalque seria total, já que nela desapareceria o desprazer.

O recalque na fobia, segundo Freud, fracassa. Quando o *Homem dos lobos* substitui o amor ao pai pelo medo do lobo, o desprazer não desaparece. Por isso, faz-se necessário o segundo passo: evitar o lobo.

No historial de Dora, a partir da cena em que ela é beijada pelo Sr. K. na loja, surgem sintomas conversivos: asco e pressão no peito; aparece também um sintoma fóbico: não poder encontrar-se com casais de namorados. Neste caso, a fobia é um sintoma que aparece numa histeria. Sintomas fóbicos podem aparecer também numa neurose obsessiva ou numa esquizofrenia.

No início da conceituação freudiana, a fobia aparecia ligada à neurose atual. Em 1898, no texto *A sexualidade na etiologia das neuroses*, Freud fala das fobias histéricas, afirmando que elas se incluem nas psiconeuroses e podem ser explicadas pelo conflito psíquico. Aos poucos, passa a chamá-las de "histerias de angústia".

O recalque é, tanto na histeria de conversão quanto na histeria de angústia, o mecanismo fundamental. Em ambos, o primeiro momento é o mesmo: nele se separa a representação do afeto, e a representação se desaloja da consciência. Na histeria de conversão, o afeto transforma-se em expressão no corpo, e, na histeria de angústia, transforma-se em angústia.

Às vezes a histeria de angústia apresenta-se misturada a sintomas conversivos; outras vezes, como no caso do pequeno Hans descrito por Freud (1909a) em *A análise da fobia de um menino de cinco anos*, há uma histeria de angústia pura. As histerias de angústia mais frequentes aparecem nos momentos mais precoces da vida.

No historial de Hans, Freud (1909a) afirma:

> Na histeria de angústia, há um trabalho psíquico incessante, desde o início, que tende a voltar a se ligar psiquicamente à angústia liberada. Esse trabalho não consegue a reversão de angústia em libido, e também não consegue moldar-se aos

> mesmos complexos dos quais provém a libido. Sendo assim, não lhe resta outra alternativa a não ser bloquear cada uma das ocasiões que possa fazer aparecer a angústia por meio de barreiras psíquicas, da índole das precauções, inibições, proibições. E são estas construções protetoras as que nos aparecem como fobias. (p. 94)

A teoria explicativa da fobia de Hans mudará em função das transformações do conceito de angústia. Em 1909, Freud dará a seguinte explicação: num primeiro momento, Hans, saindo à rua, longe da mãe, precisou se haver com a pulsão libidinal amorosa que o ligava a ela, e que agora, na sua ausência, ficara sem objeto e transformara-se em angústia. No segundo momento, quando ele sai novamente à rua, essa pulsão retorna na forma de angústia, mas, desta vez, liga-se a uma representação substituta, que era o cavalo. Hans diz ter "medo de cavalo". A catexia ligou-se a uma representação substitutiva, associativamente ligada à representação recalcada. Tal substituição deu-se por deslocamento. Sobre esta representação não recai a ação do recalque, por estar a certa distância da representação recalcada. Com isto, diz Freud, o sujeito consegue um controle sobre o recalcado, e a representação substitutiva agirá como uma contracatexia do eu. E a angústia só apareceria no momento em que Hans visse o cavalo, ou seja, no momento que um perigo pulsional fosse projetado para o exterior e, com isso, pudesse ser controlado e evitado. Neste momento teórico, para Freud, a angústia surge como transformação da libido.

O recalque e a segunda tópica

Em 1926, no texto *Inibição, sintoma e angústia*, Freud fará a sua última reformulação da teoria do recalque. Nos textos anteriores, tinha-se ocupado, fundamentalmente, em teorizar o que se recalca; agora, ocupa-se das instâncias recalcantes. Foi justamente na teorização sobre o recalque que as limitações da primeira tópica fizeram-se claras para Freud. A constatação de que as defesas do eu eram inconscientes fez com que a separação consciente/inconsciente não correspondesse mais à distinção entre o recalcado e o recalcante. Freud substitui então a primeira pela segunda tópica, começando a pensar em termos de instâncias psíquicas: eu, id e supereu.

No jogo de forças que se cria entre as instâncias, Freud (1926) refere-se ao recalque afirmando: "O recalque parte do eu que, eventualmente, pela pressão do supereu, não quer acatar uma investidura pulsional originada no id" (p. 87).

O recalque encarrega-se de bloquear a representação que era portadora da emoção desagradável; no interior da tópica, as relações são complexas; existe o poder do eu, mas também as suas servidões em relação ao supereu e à realidade externa.

O eu tenta conduzir o acontecer anímico na direção do princípio do prazer. Para isso, quando tem de impedir o desenvolvimento de uma moção do id, emite um *sinal de angústia*. É a própria investidura pré-consciente do representante psíquico da pulsão que precisa ser desalojada, convertendo-se em angústia.

O sintoma é a formação substitutiva da pulsão que sofreu o efeito do recalque. Na formação substitutiva, já não se deixa perceber a satisfação. Freud, neste momento da conceituação, percebe os limites do princípio do prazer, sob cuja ordem tinha pensado anteriormente todo o funcionamento do sintoma e do recalque. Agora inclui o princípio de realidade, afirmando que o recalque trabalha sob influência da realidade exterior, mas também acrescenta que o sintoma opera de acordo com o caráter de compulsão. É assim que o conceito de automatismo de repetição (Freud, 1914a) se faz aqui presente na formação dos sintomas. A ideia é a de um eu "administrador", um eu organizado, que estará presente em todas as negociações que serão feitas em relação ao sintoma, esse "estrangeiro", esse "corpo estranho" que o eu tentará retirar do isolamento e incorporar na sua tentativa de síntese.

O supereu é a instância que solicita o recalque. No entanto, Freud (1926) alerta que não devemos superestimar o papel do supereu no recalque, afirmando que "[...] fatores quantitativos, como a intensidade hipertrófica da excitação e a natural desproteção frente aos estímulos constituem as ocasiões imediatas dos recalques primordiais" (p. 90-91). Freud retoma aqui o desenvolvimento que fizera sobre o traumático em *Mais além do princípio do prazer* (1920). Novamente, como já tínhamos assinalado a propósito do *Rascunho K*, Freud considera dois eixos: o do conflito entre as representações e o do traumático.

O complexo de castração

Em 1926, Freud retoma a análise da zoofobia histérica infantil do pequeno Hans, agora colocada como efeito do complexo de Édipo completo: a relação amorosa com a mãe e a relação amorosa e hostil com o pai, ocorrida no nível da organização libidinal fálica. Isto leva Freud a afirmar que não se encontra agora com o recalque, mas sim com um conjunto de recalques.

Entre 1909 e 1926, o complexo de castração foi ganhando um caráter estruturante: à ameaça de castração e à angústia de castração, colocadas no início, foram se anexando a teoria da castração, o complexo de castração e a recusa da castração, sendo que o complexo de castração, a partir dos textos *Consequências psíquicas das diferenças sexuais anatômicas* e *Dissolução do complexo de Édipo* (1924 e 1925), adquiriu um papel central na estruturação do sujeito e da própria neurose infantil. Freud (1926) afirmará que "[...] o motor do recalque é a angústia frente à castração iminente" (p. 103).

Referindo-se a Hans, Freud (1926) afirma que o conteúdo – ser castrado pelo pai – experimentou o recalque, sendo substituído por ser mordido pelo cavalo:

> A angústia da zoofobia é uma angústia de castração, vale dizer uma angústia realista, a angústia frente a um perigo que ameaça efetivamente e que se considera real [...] Aqui, a angústia cria o recalque e não, como se pensava antes, o recalque criaria a angústia. (p. 104)

Assim, a reconceituação do recalque vem acompanhada de uma reformulação da teoria da angústia, passando de uma teoria econômica – mera descarga quantitativa – postulava a transformação direita da libido em angústia, separada da representação, para uma angústia sinal, isto é, "o próprio afeto adquirindo o caráter de representação" (Laplanche, 1970, p. 17).

Histeria, neuroses obsessivas e fobias são aproximadas por Freud, já que todas elas têm a sua origem na dissolução do complexo de Édipo, e o motor do recalque, em todas elas, é a angústia da castração. Isto colocará para Freud uma interrogação: como pensar a neurose nas mulheres, já que, nelas, não existe angústia da castração propriamente dita?

Em *Inibição, sintoma e angústia*, Freud (1926) vai afirmar que o desvalimento biológico do *infans* gera um desamparo psíquico. O aumento da tensão – da necessidade – deixa o bebê impotente diante das quantidades excessivas de estímulo, que só poderão ser acalmadas pela presença da mãe. A angústia surge, então, na separação, pela ausência da mãe, pela ausência do objeto. Isto faz o bebê repetir a vivência do nascimento, isto é, a perturbação econômica das quantidades de estímulos. Na fase fálica, a angústia da separação aparece como medo de perder os genitais, o que lhe impediria de juntar-se à mãe no coito e, com isso, ficaria exposto à tensão desprazerosa da necessidade.

> O perigo que, na fase de imaturidade do eu, aparecia como medo da perda do objeto, vai aparecer, na fase fálica, como medo da castração, e, no período de latência, como a angústia frente ao supereu. Nas mulheres, a perda do amor de objeto é mais presente; por isso a histeria tem mais afinidade com a feminilidade. (p. 135)

Afirma Freud:

> A perda de amor como condição da angústia tem, na histeria, um papel semelhante ao da castração na fobia; e da angústia frente ao supereu na neurose obsessiva. (p. 136)

Freud discute a teoria de Otto Rank sobre o trauma do nascimento, já que, para este, todos os ataques de angústia são tentativas de descarregar, por ab-reação, a angústia do nascimento. Com isto, Rank retira do jogo o complexo de Édipo, propondo, como terapêutica, a ideia da catarse, do desgaste, mais do que a ligação significante. Freud dá importância ao nascimento como primeira experiência de separação que, para a mãe, na equivalência filho/falo, aparece como castração, abrindo, aqui, uma brecha para o posterior desenvolvimento da teorização de Lacan sobre o Édipo ampliado[17].

O recalque e a defesa

O termo *recalque* foi usado pela primeira vez na "Comunicação preliminar", em 1893. Nos *Estudos sobre histeria*, ambos os termos aparecem indiferenciados. A partir de 1897, o termo *defesa* é usado por Freud cada vez menos. No historial do Homem dos Ratos, afirma Freud (1909b), que há duas classes de recalque: o da histeria e o da neurose obsessiva. Em *Inibição, sintoma e angústia*, Freud (1926) chama de *defesa* todas as técnicas que o *eu* usa para administrar os conflitos, sendo o *recalque* um método particular da defesa que consiste no afastamento da representação da consciência, quando se trata de histeria. Na neurose obsessiva, os processos patológicos ficam isolados, mas permanecem na consciência. Nesta se faz "[...] uma regressão das moções pulsionais a uma fase anterior da libido, o que não torna supérfluo o mecanismo do recalque" (p. 153).

Voltemos ao início do capítulo, nos exemplos já colocados. No desencontro entre o prazer no rosto de Elizabeth e as dores nas suas pernas, ou entre a gestualidade erotizada e a ingenuidade de Gabriela, abriu-se uma brecha em que o recalque aparece como pivô desta transformação. A histérica, cindida pela ação do recalque, organiza dois discursos: o da defesa e o do desejo. A defesa não elimina o desejo: pelo contrário, este está presente no próprio exercício da sedução, na gestualidade erotizada e no sintoma conversivo.

[17] Ver capítulo 4, "A fase fálica".

Em Elizabeth, o desejo pelo cunhado e, evidentemente, o desejo edípico pelo pai estão nas dores nas suas pernas, assim como no prazer estampado no seu rosto. No entanto, este desejo está para ser decifrado. O desejo está presente na mensagem que a histérica envia, por intermédio do seu corpo, no seu sintoma portador de uma intencionalidade possível de ser decodificada, mesmo que ela não saiba o que está expressando. Com essa mensagem que o seu corpo envia, mobilizam os outros. Segundo afirmação de Riviera (1990), "[...] a histeria fala pelo corpo todo, com a carne, como o afirma Lacan; no entanto, escuta por um lugar essencialmente diferente, o lugar da defesa" (p. 108), que no caso de Gabriela aparece como defesa contra o desejo dos homens que ela transforma em agressão.

Esses dois discursos se fazem presentes também na divisão do corpo pulsante, hipererotizado na sua totalidade e, ao mesmo tempo, deserotizado na zona genital, o que se mostra na frigidez, no vaginismo, na impotência ou na ejaculação precoce; os obstáculos da mulher para ser penetrada ou dos homens para penetrar são expressão de como o recalque, na histeria, age sobre o material edípico e sobre a fantasmática fálica[18].

[18] Ver capítulo 4, "A fase fálica".

3
Corpo histérico e sintoma

Na origem e no desenvolvimento do conceito psicanalítico de histeria, suas manifestações corporais têm um caráter central. De todos os quadros psicopatológicos, a histeria é aquele em que os sintomas corporais são mais notórios e frequentes. Um determinismo complexo, que envolve tanto fatores traumáticos quanto conflituais, leva a que o sofrimento desemboque, na histeria, em sintomas corporais chamados conversivos.

O conceito de conversão ocupa um lugar importante nas concepções psicopatológicas desenvolvidas por Freud entre 1893 e 1896, que permitem delimitar e organizar conceitualmente o campo das psiconeuroses[19]. Ele fornece a base explicativa para o mecanismo de formação dos sintomas da histeria e permite diferenciá-la da neurose obsessiva e

[19] Ver Green (1964) "Neurosis obsesiva e histeria: sus relaciones en Freud y desde entonces. Estudio clínico, crítico y estructural".

de quadros alucinatórios agudos, originados igualmente em um conflito defensivo.

O sintoma histérico conversivo diferencia-se, também, para Freud, do sintoma somático, que funciona como signo de doença orgânica, assim como do sintoma da "neurose atual", atribuído à perturbação ou disfunção no processamento da excitação sexual[20].

O *conversivo* constituirá, ao longo de um período significativo na obra freudiana, condição *sine qua non* para o diagnóstico do quadro e base para a descrição e análise da neurose histérica. Seu lugar marcante, ainda hoje, na teorização psicanalítica, evidencia-se pela conservação quase universal, nos trabalhos psicanalíticos contemporâneos sobre o tema, da palavra *conversão*, para além das sucessivas elaborações críticas que sofreu o conceito.

Não é possível conceber e situar o estatuto teórico do "corpo que está em jogo na histeria", nem compreender sua disponibilidade e o uso que o histérico faz dele, sem relacioná-lo com outros conceitos metapsicológicos centrais na reflexão psicopatológica, como o de *corpo erógeno*, mas também corpo *expressivo, simbólico, pulsional, desejante* etc. Esses conceitos foram operando rupturas progressivas na teorização freudiana e a levaram longe de suas origens no campo da medicina. Esse movimento, que envolve o debate epistemológico e a reelaboração teórica, se encontra presente e aberto nas correntes atuais do campo psicanalítico.

20 As neuroses "atuais", cuja causalidade está situada no presente, e que incluem principalmente a neurastenia e a neurose de angústia, resultam de práticas sexuais inadequadas ou insuficiências psíquicas; seus sintomas não são decifráveis simbolicamente nem remissíveis a uma história, como os da histeria. A concepção freudiana das neuroses atuais serve, contemporaneamente, como modelo para a compreensão das afecções psicossomáticas.

Mas de que corpo se fala nas práticas e discursos que tomam como objeto a histeria? Existe um *corpo-soma*, o corpo dos anatomistas, que é objeto de observação e investigação desde a Grécia Antiga. Sobre ele, a medicina vai debruçar-se com seus aparelhos que ampliam cada vez mais o campo da observação.

Desde a invenção do microscópio, que lhe outorga uma inusitada potência visual, permitindo ver muito mais coisas do que se alcançava ver "a olho nu", até os sofisticados instrumentos atuais construídos a partir dos avanços tecnológicos, tornou-se possível conhecer e quantificar com precisão crescente aquilo que o corpo é, mas também aquilo que sobre ele poderá prever-se por meio dos estudos de genética. Ao longo dos tempos, as concepções médicas sobre o corpo mudaram e continuam a mudar, apoiadas em uma progressão de descobertas que parecem não ter limites, e que se desenvolve em velocidade crescente.

Mas o corpo-objeto da anatomia, cortado de cima para baixo pelos anatomistas em suas dissecações (em grego, *anatomne* significa isso: "eu corto de cima para baixo"), construído a partir das conclusões dessas investigações sistematizadas num saber médico, corpo-soma, o corpo biológico, do qual a medicina faz seu objeto de estudo, não é o único. Tem seus limites e o seu mais além, o *corpo erógeno*. Este opera como corte simbólico a partir dos diversos discursos que se entrelaçam na constituição fantasmática do corpo vivente, do corpo no nível da realidade psíquica.

Há, então, um corpo-soma, que é o corpo organismo ou o corpo biológico; há, também, uma imagem do corpo, que será construída no processo de construção do próprio eu: um corpo atravessado pelo simbólico, que é um corpo histórico, erógeno, sexual que se constitui à maneira da montagem de um quebra-cabeça, que vai sendo armado em cada história singular. É sobre esse corpo fantasístico, construído em cima de uma anatomia simbólica, que a histérica estrutura seus sintomas, e é justamente esse corpo que muitos médicos teimam ainda em desconhecer.

A partir da emergência massiva das neuroses histéricas, no século XIX, os médicos ficaram perplexos, intrigados ou desconfiados diante do sintoma histérico. Ele se parece muito com as manifestações somáticas de uma doença orgânica, mas não é igual. O visível, o que se dá a ver no sintoma motor histérico, não pode ser referido a um substrato ou funcionamento neurofisiológico: as regiões afetadas não correspondem às distribuições nervosas, mas aos recortes correspondentes ao que a linguagem de uso corrente, popular e não sábia, designa como "o braço", "a perna" etc. Não seguindo suas leis, acabará sendo irredutível a uma explicação médica. O clínico se perguntará, então: trata-se de uma simulação relativamente estruturada e habilmente disfarçada? Trata-se de uma enfermidade imaginária, explicável pela ignorância ou pela credulidade fácil a que foram acostumadas as mentes, por obra do obscurantismo religioso ainda não superado, e que as leva a menosprezar o caráter rigoroso das leis anatomofisiológicas que governam o corpo humano?

O desenvolvimento positivista da medicina e a vanguarda assumida pela neurologia, por sua vez, haviam erradicado do ideário médico as "teorias sexuais" primitivas referidas às andanças do útero insatisfeito, com a dimensão de verdade que nelas abria caminho. O curioso e aparentemente paradoxal é que, naquela antiguidade grega que soube reconhecer o papel da sexualidade, as manifestações corporais da histeria, sendo importantes e definitórias, não tinham a exclusividade e o esplendor que alcançaram na segunda metade do século XIX. Como assinala J. Birman (2001a), os impasses do dualismo psicofísico da psicologia introspectiva do século XVIII foram bastante agravados no século XIX, em virtude da aquisição de novos conhecimentos, que aumentaram ainda mais o intervalo entre os registros psíquico e somático. Dualismo exacerbado que induz ao aparecimento de histerias com frondosos sintomas corporais. A atenção cindida e a totalização imaginária por via de um saber operam também na complacência ou solicitação somática dos sintomas conversivos[21].

Era difícil para a medicina compreender seu próprio papel nesse estado das coisas, o lugar que cabia, nesse sentido, à idealização gerada por seus prestigiosos avanços, à expectativa criada pelo ativismo médico e os recalques fomentados por suas negações e desconhecimentos. O saber sobre a sexualidade em jogo ficou desterrado, sufocado ou destinado a ser sigilosamente sussurrado como fofoca de corredor.

É nos tempos de Charcot que as manifestações corporais da histeria alcançam esse apogeu. Como líder progressista na pesquisa neurológica, o prestigiado médico francês teve um papel muito importante na dignificação da histeria. Sabemos também que, apesar de não desconhecer a sexualidade como um fator causal de presença constante, nunca a reconheceu publicamente. Dedicou-se inteiramente a fazer uma descrição minuciosa dos sintomas e uma ordenação semiológica precisa. O corpo histérico serviu-lhe em parte

21 Ver Birman (2001a), *Mal-estar na atualidade: a psicanálise e as novas formas de subjetivação.*

como modelo, em parte como tela para pintar o quadro totalizador de sua própria teoria. Elas, as histéricas, souberam, por sua vez, recompensá-lo por sua dignificação como *doentes* por meio da adesão ao comportamento esperado.

Freud, que assistia a suas aulas, observa que algo importante está sendo percebido, representado e construído teoricamente, e simultaneamente recortado, depurado, censurado. Os médicos miram, fotografam. Seu olhar, seus aparelhos, suas explicações teóricas, vão modelando o corpo de uma histérica ideal, a histeria-tipo.

Nem tudo entra em suas formulações teóricas, em suas totalizações. Sobre a sexualidade dessas mulheres, sobre a causa sexual da doença, só se fala nos corredores, em voz baixa, no cochicho, segredando. Freud "espia" essas conversas com os ouvidos, como o *blauschen* das crianças, que tantas vezes aparece entre as lembranças infantis dos pacientes. "*C'est toujours la chose génital, toujours, toujours*", comenta Charcot, mas sempre em *off*. "Se o pensam, por que não o dizem?", pergunta-se Freud. A escuta de Freud estende-se ao campo coletivo, intersubjetivo, ao campo em que a problemática se descortina e se pode perceber uma divisão, uma tópica institucional, que separa um saber constituído – douto, consagrado, público – e em que não se sabe, ou melhor, renega-se um outro saber prático, mundano, formulado em linguagem ordinária e, às vezes, até grosseira, mas que não transcende o espaço da intimidade. A proibição de pensar a sexualidade, que Freud (1927a) estudará em *O futuro de uma ilusão* como elemento coadjuvante do discurso religioso, estende-se, afrouxada e cindida, mas persistente aos saberes leigos que sustentam a modernidade. Saber e desconhecimento, consciência e inconsciente, dissociação, recalque e recusa serão conceitos construídos por Freud para dar conta de uma problemática que envolve tanto o individual como o coletivo, o institucional e o sociocultural.

Nessa espécie de palco cênico em que se produz o discurso neurológico sobre a histeria, o corpo da histérica, observado, descrito e fotografado, tem, sem dúvida, lugar privilegiado, mas sendo ainda uma presença "bidimensional" que ofusca seu reconhecimento como lugar e meio de expressão e comunicação, a partir do qual só uma escuta poderá vir a introduzir o "tridimensional". A passagem que Freud fará do campo da mirada para o campo da escuta permitirá incluir o "espaço psíquico" como dimensão fundamental para uma nova concepção da histeria e da corporeidade que lhe concerne. O reconhecimento da presença de um "saber não sabido" do qual as histéricas são portadoras, no qual é um invisível o que ressoa na fala, e ao qual se acede pela escuta do analista, caminha com uma mudança de lugar do corpo histérico. A opção pelo relato, em vez do exame semiológico, somada à ideia de um saber inconsciente presente no paciente e à da transferência como instrumento fundamental da cura, permite reconhecer o corpo histérico como lugar em que se expressa o que vem de outro espaço, a "outra cena", cena inconsciente, lugar do fantasma.

Em outro bairro de Paris, no ateliê de Rodin, também modelam-se corpos, na argila e no mármore. O atravessamento da fronteira estabelecida entre corpo e espírito, e o papel da sensorialidade e, mesmo, da sensualidade, torna-se patente nas obras deste grande renovador da escultura. No campo das artes plásticas em geral, o corpo helênico, recuperado no Renascimento, passa a ser por vezes ornamentado, por vezes despido, ganhando uma presença dramática, especialmente no que se refere ao corpo feminino, nesse fim do século XIX.

Algo se estava produzindo na cultura da grande cidade, tendo como foco uma feminilidade gozosa, por momentos, mas, predominantemente, dramática e sofredora. Camille Claudel trabalha *o feminino* em profundidade, figurando afetos e vínculos por intermédio de esculturas individuais e grupais. Também em Viena, não muito depois, enquanto Freud decifra os sonhos e escreve os *Três ensaios de uma teoria sexual* (1905a), Klimt pintará o dormir e o sonhar das mulheres, e Egon Schiele desenhará, com uma liberdade nunca vista antes, *la chose génital*. Freud será excluído dos cenáculos acadêmicos, Schiele pagará com a denúncia e a prisão. Eles triunfam no que a histérica fracassa, mas isso não os poupa de serem punidos pelo cumprimento de seus desejos.

O mecanismo de formação dos sintomas histéricos

O texto de 1893, em que demonstra que "[...] a histeria se comporta em suas paralisias e outras manifestações como se a anatomia não existisse" (Freud, 1893b, p. 206) servirá a Freud para pôr em questão o conceito de "lesão ou alteração funcional ou dinâmica", que sustenta a concepção médica da *neurose* (doença do sistema nervoso – daí seu nome – sem lesão anatômica demonstrável)[22]. Para começar a elaborar um modelo válido da natureza possível de uma tal alteração, é necessário, diz o autor, "[...] que me permitam passar ao

22 Pode-se acrescentar que essa concepção organicista insiste em manter-se desde aqueles tempos de auge neuroanatômico e neurofisiológico até seu renascimento atual, apoiado nos avanços neuroquímicos, tendendo a difundir-se, ultimamente, até entre o público leigo.

terreno da psicologia, inevitável quando alguém quer se ocupar da histeria" (p. 207).

O ponto de partida de Freud é uma psicologia representacional e associacionista – que compartilha em boa medida com Janet, mas que inspira também Briquet, Charcot e Bernheim – pela qual a alteração que está em jogo concerne à *representação* do nosso próprio corpo e de suas partes, tal como é "desenhado" pela linguagem comum e informado por nossas percepções táteis e, principalmente, visuais. Para explicá-lo, Freud passa a considerar o caso de um determinado sintoma histérico, por exemplo a paralisia de um braço. Para essa psicologia das concepções, ideias ou representações psíquicas, tal paralisia reside no fato de que "[...] a concepção do braço não pode entrar em associação com as outras ideias que constituem o eu do qual o corpo do indivíduo forma uma parte importante". Ele afirma que a "lesão" ou alteração que se estava procurando "[...] seria, então, *a abolição da acessibilidade associativa da concepção do braço*" (p. 208, grifo do autor). O livre jogo está impedido pela presença e pela persistência de uma associação subconsciente[23] de grande valor afetivo, e se manterá enquanto essa valorização não se apague. Alguma circunstância ou condição psíquica seria a determinante desse estado das coisas. Lembremos que, para Charcot, tratava-se de uma ideia hiperintensa, formada no quadro descrito por ele como "histeria traumática", pelo impacto psíquico de um traumatismo. Para Bernheim, como vimos no capítulo 1, a

23 Strachey comenta que este termo é utilizado muito raramente por Freud, e que esta teria sido a primeira vez. Contudo, pelo texto em que J. D. Nasio analisa as ideias dessa época, trata-se de um termo compartilhado naquele momento com Janet, e que já vinha servindo como conceito em uma teorização bastante elaborada. Ver Nasio (1990) *A histeria: teoria e clínica psicanalítica*, p. 137-139.

sugestionabilidade – e a sugestão – operam um papel central na ideia em questão.

Para Breuer e Freud, entretanto, como vimos no capítulo sobre o recalque, cada acontecimento – cada impressão vivencial – carrega um certo valor afetivo, uma carga de afeto da qual o eu se livra por meio de uma reação motora ou um trabalho psíquico associativo.

> Se o indivíduo não pode ou não quer tramitar o excedente, a lembrança dessa impressão adquire a importância de um trauma e passa a ser a causa de sintomas permanentes de histeria. A impossibilidade de eliminação é notória quando a impressão permanece no subconsciente. (Freud, 1893b, p. 209)

No texto *As psiconeuroses de defesa*, Freud (1894a) inclui a histeria, como vimos, dentro dessa categoria, afirmando que o sintoma psiconeurótico é a consequência de uma defesa exercida pelo eu como tentativa de solução, falida, de um conflito psíquico. Esse conflito é desencadeado pela presença de ideias intensamente carregadas de afeto, nascidas frequentemente no terreno sexual, que entram em confronto com o conjunto das representações do eu e as tendências éticas e estéticas dominantes nele. A defesa opera separando a *representação* de sua *carga afetiva*, sofrendo esses dois componentes destinos diversos.

No caso específico da histeria, a representação é desalojada da consciência, deixando em seu lugar uma lacuna mnêmica, enquanto que o afeto ou a soma de excitação são *transpostos ao corporal*, mecanismo que propõe chamar de *conversão*. Essa conversão

> [...] acontece naquela inervação, motriz ou sensorial, que mantém um nexo, mais íntimo ou mais lasso, com a vivência

traumática. O eu conseguiu, assim, livrar-se da contradição; mas carregou-se com o lastro de um símbolo mnêmico que habita sua consciência como uma espécie de parasita, sob a forma de uma inervação motriz irredutível ou como sensação alucinatória constantemente recorrente. (Freud, 1894a, p. 51)

No entanto, a significação do sintoma histérico conversivo está longe de restringir-se à descarga.

O termo "conversão" é correlativo de uma concepção econômica: a libido, desligada da representação recalcada, é transformada em energia de inervação. Mas o que especifica os sintomas de conversão é sua significação simbólica: eles exprimem, pelo corpo, representações recalcadas. (Laplanche; Pontalis, 1979, p. 148)

Com isto a maior parte dos psicanalistas concorda: por meio desses sintomas, as representações falam.

A histérica sofre de "reminiscências", e o sintoma é uma forma de rememoração. As dores de Elizabeth nos pontos de apoio das pernas inchadas do pai doente são a lembrança dolorosa e enlutada desse período de sua vida e dos conflitos afetivos que a atravessavam. Podemos dizer que esses sintomas são marcas deixadas no corpo por fragmentos de um passado parcialmente esquecido, signos de uma história escrita pela metade.

O psicanalista uruguaio Jorge Rivera (1990) ressalta o custo subjetivo resultante da luta contra os afetos que se dá nos histéricos por intermédio dos versos do poeta Antonio Machado:

En el corazón tenía la espina de una pasión.
Logré arrancármela un día. Ya no siento el corazón[24]

[24] "No coração tinha o espinho duma paixão. Consegui arrancá-la de mim um dia. Já não sinto o coração".

Algo da ordem de uma transação verifica-se no resultado: o sintoma é a anestesia, é remédio, mas é, também, a enfermidade. A dor não é sentida, mas a enfermidade também não pode ser curada. Tampouco se pode amar. O recalque aparece na metáfora do espinho "arrancado". O corpo é o lugar ocupado, paradoxalmente, por uma impossibilidade. Há uma insistência presente no corpo de algo que está ausente, recalcado.

Essa supressão histérica do afeto pode vir a sustentar-se com alguma estabilidade, por exemplo, pela *belle indifférence*. O combate aos afetos estende-se, como se sabe, ao campo do prazer, sendo sua compreensão um desafio central para o trabalho psicanalítico.

Como consequência da defesa, afirma Freud, o traço mnêmico da representação recalcada não é aniquilado, mas se constitui em núcleo de um grupo psíquico separado. Produz-se, dessa maneira, uma cisão psíquica que não é primária nem resultante de uma debilidade constitucional na capacidade psíquica de síntese, como queria Janet, mas secundária a um conflito defensivo e a uma disposição especial para a conversão que não tem nada a ver com uma condição "degenerativa" pessoal ou hereditária.

O conflito psíquico e o enfoque dinâmico

A caracterização do conflito psíquico nas "Psiconeuroses de defesa" constitui uma maquete elementar e básica do aparelho psíquico pertinente a uma teoria geral das neuroses. A partir dessa maquete, começa a descortinar-se e expandir-se o *modelo dinâmico*, ao qual o conceito de conflito é inerente, mas também o *tópico* e o *econômico*, que aparece enunciado como hipótese auxiliar no fim do texto das *Psiconeuroses*.

Também estão prefiguradas as instâncias valorativas, que virão a ser diferenciadas como partes do eu, por meio dos ideais éticos e estéticos dominantes.

A partir da complexa edificação conceitual que gira em torno da pulsão sexual e do desejo infantil, o sintoma será concebido como resultante do conflito entre a pulsão articulada como desejo inconsciente e as forças repressoras que começam a discernir-se, como o eu e as instâncias ideais que fazem parte dele (ideal do eu, consciência moral, censura, princípio de realidade etc.).

O fenômeno conversivo dá testemunho do conflito histérico tensionado entre o desejo que está sempre presente e alguma outra coisa, que se opõe a ele, pertencente ao eu. O sintoma satisfaz a pulsão e realiza o desejo, ambos parcialmente. É uma forma substitutiva de satisfação da sexualidade infantil recalcada e uma forma, parcial, de realização do desejo infantil.

Uma concepção freudiana mais avançada traz à tona a concepção de sintoma como consequência da existência do recalque, mas também como efeito de seu fracasso. Consiste, assim, em última instância, em uma solução de compromisso. Envolve dois significados: um correspondendo à defesa, outro ao desejo, sendo o corpo o território em que se joga o conflito entre ambos. A significação de condenação, castigo ou estigmatização aparece em muitos sintomas expressando, assim, um triunfo da defesa.

Em um caso relatado por Piedimonte e Goldin (1976, p. 13), uma paciente apresenta a queixa de uma dor que se estende por toda a superfície do corpo que a obriga a andar curvada, com os braços encolhidos e sustentando-se precariamente sobre a ponta dos pés. No relato verbal, destaca-se a afirmação de que "[...] provém de uma família de pessoas muito *retas*, e que, portanto, não venha a pensar nada estranho a seu respeito". O analista aponta-lhe a oposição entre "retidão" e "[...] mostrar algo torto no corpo". Ela se lembra, então, de uma situação recente em que houve uma aproximação sexual incompleta com seu namorado, no interior de um carro. Depois de um breve esforço mnêmico, admite que a posição imposta pelo sintoma era semelhante à do corpo naquela circunstância. O sintoma expressa simbolicamente o castigo, a condenação estigmatizante por desejos e atos incompatíveis com a retidão familiar, valendo-se da capacidade do corpo de expressar metaforicamente o significado de "torto" ou "curvado" como "não reto". Mas perpetua também, metonimicamente, na posição do corpo, o momento privilegiado do cumprimento de seu desejo. Evidencia assim, por um lado, o recalque do desejo e, por outro, seu fracasso e o retorno do recalcado.

Determinismo associativo e simbólico: o caso de Elizabeth

O que Freud se propõe a fazer, por meio do relato do que considera a primeira análise completa, é iluminar a causa e a determinação da doença aí existente: *porque* a paciente teve de contrair uma histeria e *como* essa histeria adquiriu a forma de uma *abasia* dolorosa.

> Colocar-se questões como essas não havia sido, até então, algo comum entre os médicos. O habitual era dar-se por satisfeito com o expediente de considerar que a histérica era uma enferma por sua constituição mesma, capaz de desenvolver sintomas histéricos sob a pressão de uma excitação intensa, *não importando de que índole fosse essa excitação.* (Freud, 1895a, p. 159, grifos do autor)

Freud explora o tipo de nexo existente entre o sintoma e a situação evocada. Distingue duas modalidades: um determinismo *associativo*, em que o sintoma contém um elemento selecionado por contiguidade ou simultaneidade com o acontecimento traumático, e um determinismo *simbólico*, em que o sintoma dá figura a uma metáfora que, se fosse posta em palavras, permitiria simbolizar ou ressignificar a situação traumática ou a conjuntura subjetiva mais ampla em que se inscreve.

A associação por simultaneidade temporal opera, por exemplo, quando algum elemento, uma dor de origem somática que já está presente no momento de acontecer a situação conflitiva, passa a representá-la, perpetuando-se no sintoma. O sintoma "evoca", assim, um detalhe do momento crucial.

Na segunda modalidade, o nexo está assegurado por certas locuções ou expressões linguísticas usuais, que contêm termos alusivos ao corpo, suscetíveis a uma utilização metafórica, para figurar, por exemplo, um sentido moral, afetivo. Há a expressão ou tradução de certas ideias para suas versões em linguagem corporal: "não consigo cumprir meus objetivos" transforma-se em "não consigo dar um passo", como no sintoma de Elizabeth; "ter passado por uma situação humilhante ou ofensiva" expressa-se numa dor facial como a de "alguém que recebeu um tapa na cara". Também "ter de engolir algo" ou "não conseguir sair do lugar", entre outras expressões. Vale destacar que o conceito de *determinismo simbólico* – embora esta última palavra se refira especificamente à participação da linguagem, da expressão linguística, na formação do sintoma – já está abrindo o caminho para a significação mais ampla que a ideia de simbolização irá adquirir na psicanálise.

> Observando que a enferma concluía o relato de toda uma série de acontecimentos queixando-se do doloroso que tinha sido sentir, em todos eles, "quão sozinha estava"[25], e que [...] o mais doloroso para ela tinha sido o sentimento de sua impotência e a sensação de não ter conseguido "dar um só passo" na direção de seus propósitos, não poderíamos deixar de conceder a suas reflexões um papel no desenvolvimento de sua *abasia*, nem de supor que ela tenha procurado uma expressão simbólica de seus pensamentos dolorosos, achando-a na intensificação de seus padecimentos. E já na nossa comunicação preliminar, afirmávamos que um tal simbolismo poderia dar lugar a sintomas somáticos na histeria. (Freud, 1895a, p. 167)[26]

Vemos que as duas variantes no mecanismo de formação de um sintoma conversivo estão presentes no sintoma principal de Elizabeth. Na epicrise do caso, Freud formula, sinteticamente, o modo em que se articulam.

A astasia-abasia da enferma edificou-se sobre as dores preexistentes, possivelmente reumáticas, uma vez que se abriu para a conversão um caminho determinado.

25 *Alleinstehen*, sendo que *stehen* significa em alemão tanto "estar" quanto "estar em pé".

26 *Simbolização conversiva e somatização*: Essa fundamental intersecção entre história, corpo e linguagem presente na compreensão do sintoma histérico marca a profundidade da "ruptura" da psicanálise com a concepção médica do corpo. Permite diferenciar o sintoma conversivo não somente dos sintomas das *neuroses atuais* e dos sintomas somáticos próprios dos *transtornos orgânicos*, como também de outros transtornos corporais dependentes de um determinismo psíquico, como as *somatizações*.

Existem diversos traços diferenciais entre a conversão histérica e a somatização, a começar pela presença, nesta última, de compromisso orgânico (que costuma ser enunciada como o fundamental), o caráter sistêmico dos órgãos afetados – SNC e musculatura estriada sujeita a controle voluntário na conversão, sistema nervoso autônomo e musculatura lisa (ainda que isto não seja absoluto). Entretanto, o sintoma psicossomático jamais terá a significação simbólica, metafórica e linguística que caracteriza o sintoma histérico e que o inclui entre as formações inconscientemente determinadas como o sonho e o ato falho, tributárias do recalque psíquico. Diferente do somatizador, o histérico inscreve no corpo, transmite por meio dele o texto figurável, igual ao do sonho, de uma mensagem.

> Mas a enferma também criou ou aumentou a perturbação funcional por via da simbolização; ou seja, encontrou na abasia-astasia uma expressão somática de sua falta de autonomia, de sua impotência para mudar em algo as circunstâncias; as expressões linguísticas "não avançar um passo", "não ter apoio", constituíram pontes para esse novo ato de conversão. (Freud, 1895a, p. 188)

Podemos medir, a partir da consideração da formulação precedente, a magnitude do caminho andado no que se refere à causalidade e à determinação complexas do sintoma histérico. No entanto, a exigência teórico-clínica de uma dor de origem somática preexistente, a noção de perturbação funcional (questionada por Freud no texto sobre as paralisias) e a ideia de expressão *somática* falam da presença de um obstáculo epistemológico que dificulta a elaboração do estatuto do *corporal*, o qual assenta, para muitos autores, nas implicações do próprio conceito de conversão. Passemos, pois, a discuti-lo brevemente.

Discussão do conceito de conversão

A *conversão* implica um deslocamento e um salto para uma ordem de funcionamento diferente. Há um deslocamento, na

Também devem ser levados em conta outros aspectos: a natureza dos conflitos, a possibilidade de discriminar intencionalidade, a parcialidade ou totalidade dos objetos, o arcaísmo das ansiedades e defesas e a concepção do corpo em geral ou do fragmento de corpo (sua "forma" ou fantasia).

"É o caso, por exemplo, dos *vômitos histéricos*, eventualmente diferenciáveis nitidamente de manifestações similares pertencentes a formações patológicas distintas, como as que se observam, por exemplo, em psicóticos com fantasias paranoides de envenenamento, que se liberam de produtos daninhos expulsando-os dos próprios limites corporais. Os 'conteúdos' em jogo nesse caso são mais fragmentários, persecutórios e arcaicos que na histeria." (Paz, 1970, p. 199).

O conceito de somatização utilizado em psicanálise não tem correspondência com o termo que se utiliza nos DSM-III e DSM-IV, no item *distúrbio* ou *transtorno de somatização*, que assume explicitamente, nesses manuais, a função de substituir – com infelicidade – a denominação de Histeria ou Síndrome de Briquet.

ordem do representacional, para as representações do corpo, e há também, de fato, um salto na ordem do "energético" para a inervação corporal, manifestando-se em anestesias, paralisias, espasmos etc.

Uma coisa é falar de uma disponibilidade do corporal para a expressão, cindida e disfarçada, de intensidades afetivas por meio de sintomas corporais dotados de um sentido a decifrar. Outra é falar no salto, "misterioso", segundo o próprio Freud, que representa a passagem da intensidade do afeto, a energia psíquica, para a inervação somática. A conversão – daí o nome – é da energia psíquica para uma suposta energia somática.

Haveria, então, em Freud, uma concepção econômica da conversão como transformação, transmutação, transposição, mudança de estado, de energia psíquica libidinal para energia somática. Mas, simultaneamente, Freud sustentou, como vimos, a concepção simbólica de conversão: o sintoma é a expressão simbólica, disfarçada, de ideias reprimidas.

Monique David-Ménard (2000) pergunta-se por que Freud conservou, nas formulações sobre a histeria, a ideia de conversão, sendo que ela desempenha o papel de obstáculo "[...] na descoberta da própria ordem do inconsciente". Para a autora, dizer que Elizabeth transformou as dores do corpo em símbolo das dores de sua alma supõe uma oposição metafísica entre as duas ordens.

Entendemos que a conceituação da primeira operação defensiva diante do conflito, a separação da ideia do afeto, está sustentada em uma exclusão da dimensão corporal já presente nos termos em conflito. O corpo, inicialmente autônomo, independente e só secundariamente investido de uma função de descarga energético-afetiva e de expressão significativa – o corpo que só se torna falante nos sintomas – seria uma construção abstrata, facilitada pela estrutura epistemológica inerente ao saber médico. Assim, uma afecção puramente somática preexistente, uma dor de origem orgânica, por exemplo, possibilitaria, em um primeiro momento, uma *conversão por associação*, sobre a qual viria a sobrepor-se uma *conversão simbolizante* posterior.

No entanto, a psicanálise demonstrou, pela criação revolucionária do conceito de inconsciente, a vastidão do campo do psíquico, ao mesmo tempo definindo sob sua pertinência uma pluralidade de fenômenos e de manifestações. Pichon-Rivière (1970), procurando desenvolver a instrumentalidade clínica dessa concepção, postulou três áreas fenomênicas de manifestação das condutas: mental, corporal e do mundo externo. Seria válido, assim, falar que o afeto não abandona o campo do psíquico, mas a área da mente, para expressar-se na área do corpo, área pertinente, por sua vez, ao psíquico, mas sujeita a efeitos de desconhecimento resultantes de processos de cisão que envolvem dimensões culturais e individuais.

> O conceito de conversão inclui tacitamente um dualismo, ou seja, a conversão de um sistema, ou de algo que lhe pertence, em outro. Por isso essa palavra incomoda. Porque se consideramos que o que se passa no corpo é relacional, uma maneira particular de aproximação ao objeto incluído dentro de uma situação total, com uma fantasia determinada, desaparece a conversão. (Pichon-Rivière, 1970, p. 211)

Outro psicanalista argentino, José Bleger, dando continuidade a esse pensamento, denunciou o preconceito idealista fundado na proeminência e na anterioridade da mente (consciência) sobre o corpo como sede da racionalidade e de toda potencialidade de significação[27].

Como resultado da elaboração da pesquisa inicial com Elizabeth von R., aparece "uma outra ordem de realidade que escapa à alternativa do psíquico ou do fisiológico e que designaremos como ordem do corpo-prazer", como diz M. David-Ménard (2000, p. 30). Podemos pensá-lo como corpo desejante que, no caso de Elizabeth von R., corre descalço pelo chão frio ao auxílio do pai doente ou se levanta do divã ansiosamente para ir ao encontro do homem amado quando crê ouvir sua voz[28]. A ideia de um corpo desejante rasga, assim, o véu que o ocultava, tecido pela ideia de associação entre o anímico e o somático, transformando o sintoma em uma continuação da cena.

Como corpo dolorido, "intromete-se" no diálogo analítico (*mitsprechen*), gemendo, poder-se-ia dizer, quando o trabalho de rememoração na sessão se aproxima do núcleo da cena traumática. Corpo de prazer e de dor, privado de outras manifestações, inibido em qualquer outra função que não a de ser o símbolo comemorativo da emoção penosa ou prazerosa, ou ambas, vividas na oportunidade de experiências significativas e marcantes. Certo súdito de um rei, lembrava Freud como exemplo, não queria lavar a mão porque o soberano a tinha tocado.

> O nexo dessa mão com a ideia do rei era tão importante para a vida psíquica desse indivíduo, que ele se recusava a fazê-la entrar em outras relações. (Freud, 1893b, p. 208)

27 Ver Bleger (1963), *Psicología de la conducta.*

28 Ver Freud (1895a), *Estudios sobre la histería*, p. 162 e 169.

Disponibilidade do corpo na histeria

Os histéricos têm, além dos sintomas, uma peculiar capacidade de utilizar o corpo como veículo de comunicação e expressão, assim como um domínio da gestualidade corporal. "Por meio de uma adequada sincronização entre emoção, pensamento, linguagem e gesto, suscitam um impacto estético no interlocutor" (Liberman, 1966, p. 216).

Na presença do sintoma, quando o recalque se faz presente nos efeitos conversivos, a fala se ausenta, e a emoção dolorosa que o problema acarreta ao sujeito afetado parece apagar-se também. No entanto, o impacto estético permanece; se assim não fosse, não seria descrito como *belle indifférence*. As pacientes histéricas se fazem representar por seu sintoma, "[...] deixando também para seus corpos o cuidado de negociar por elas uma questão que são incapazes de assumir" (Perrier, 1979, p. 162). Do interlocutor dependerá também o modo de negociação e seu resultado.

Também podem ser atribuídos ao mecanismo de conversão, assim como ao fracasso do recalque e ao retorno do recalcado, certos fenômenos de quebra da harmonia, descrita no campo da comunicação e da expressão emocional. A voz de tom agudo, infantil ou em "falsete", assim como uma ênfase exagerada nas manifestações afetivas, produz um efeito de teatralidade e inautenticidade. Sejam episódicos ou constantes esses traços são invariavelmente alheios à autoconsciência. Eles geram um impacto desagradável no interlocutor por causa da sobrecarga de trabalho psíquico destinado à elaboração da ambivalência e contradição das mensagens.

A histérica implica-se nas situações por meio do corpo, afeta-se pelo corpo. O registro das posições do corpo é o lugar de referência pelo qual se compromete, sente a situação, ou seja, pela qual lhe dá sentido: quando não consegue processar, por essa via, o que lhe diz respeito, não sente ou, de alguma maneira, "tira o corpo fora".

A atenção para o corpo

Uma peculiar conexão com o corpo nas cenas evocadas caracteriza frequentemente o trabalho de rememoração da histérica: "lembro que estava no meio do quarto em tal posição, a luz suave da tarde vinha da direita" ou "aquela sessão em que eu estava sentada no divã, as mãos nos joelhos, olhando meus pés". Isso parece testemunhar um particular funcionamento da *atenção* nas situações significativas.

No historial de Elizabeth, no processo de rememoração pelo qual procuram, analista e paciente, reconstruir as diversas cenas a que remetem os sintomas, Freud constata que ela tende a ordená-las de acordo com a posição de seu corpo: sentada, de pé etc. Estava de pé, próxima à porta, quando trouxeram o pai, vítima de ataque cardíaco; ficou de pé, estatelada, diante do leito de morte da irmã. Essa cadeia de reminiscências poderia ser considerada uma prova convincente do nexo *associativo* entre as cenas e os sintomas,

> [...] porém, devemos levar em conta o requisito de que em todas essas oportunidades foi preciso que se registrasse, ademais, outro fator que dirige a atenção – e, em consequência, a ulterior conversão – ao estar de pé (ou ao andar, ou ao estar sentada). (Freud, 1895a, p. 165)

Portanto, a atenção dirigida paralelamente às partes do corpo que a solicitam – nesse caso por uma dor proveniente de uma primeira conversão anterior – dirige *a posteriori* a conversão (astasia-abasia).

"A origem da histeria consiste nesta relação atenta de um sujeito com seu corpo" afirma Monique David-Ménard (2000, p. 39). A conversão, como acabamos de ver, é uma consequência dessa orientação da atenção. O que para Freud são conflitos psíquicos convertidos em dores físicas pode ser enunciado, segundo esta autora, nos seguintes termos:

> [...] daquilo que constitui sua vida, um sujeito retém, para elaborar sua identidade, cenas ou roteiros, colocando em jogo seu corpo. Não todo seu corpo, mas alguns de seus movimentos, estados ou posições que, certamente, foram os seus no desenvolvimento empírico, mas que, por consequência desse investimento, sobreviverão naquilo que, desde então, toma valor de sintoma. Explicar a conversão é reconstituir a história desse investimento, e não mais procurar uma causa para os efeitos assinalados como sintoma. (p. 41)

Os acontecimentos evocados pelos sintomas são significativos porque envolvem também experiências de gozo real. Elizabeth desfrutava as caminhadas com seu cunhado, sentia prazer com isso. Esse gozo era tão real quanto proibido, tão delicioso quanto doloroso. Houve, na contemporaneidade, a que remete à narrativa, experiências de gozo real, ao mesmo tempo que proibido, de delícia e de dor, sendo o corpo o material significante desse gozo conflitivo.

Freud (1914b) certamente é um observador de posições corporais. Sua análise minuciosa, quase obsessiva, de cada detalhe do Moisés de Michelângelo o demonstra cabalmente. A escultura, que apresenta o condutor no cerne da tormenta anímica que atravessa diante do espetáculo da recaída de seu povo na idolatria, na descida do Sinai, é reconstituída passo a passo. O corpo revela o ponto mais íntimo do conflito, sua essência, sua alma.

Esse exemplo ilustra ricamente a potência de sua observação e uma parte da lógica que preside sua metodologia interpretativa, em um texto considerado, em certa medida com justiça, pré-psicanalítico. Pré-psicanalítico por referir-se a um conflito moral consciente que impõe uma árdua luta pelo domínio dos afetos que, se liberados, impulsionariam o líder para uma ação vingativa de consequências devastadoras para seu projeto.

Mas o texto permite visualizar, também, as dificuldades que Freud teve de superar para processar as rupturas necessárias no caminho de construção da psicanálise. Ele reconhece sua limitação pessoal para sentir uma emoção estética, a menos que possa remeter cada imagem a um conteúdo de pensamento, expressado por essa emoção. Por esse motivo desfruta menos da música. O modo judaico de interditar proíbe o gozo da divindade figurada em imagens[29]. Sua iconoclastia – sua possibilidade de resistir ao fascínio da imagem – é o que possibilita o acesso à tridimensionalidade da escuta.

Para o artista, é diferente. Rilke (2003), em 1905, fala das esculturas e dos desenhos produzidos por Rodin, e do que neles se apresenta como *silhueta*. Deles se ouve dizer que são eróticos.

> Eros, o deus, regressa a nós nestas folhas, nestes objetos [...], este Eros dulcíssimo, levíssimo [...] Era necessário que

29 Ver Goux (s/d.) "El inconsciente freudiano y la revolución iconoclasta".

surgisse sob a forma de corpos; pois o que deveria fazer a arte plástica para apoderar-se das coisas do espírito, quando todos seus recursos se encontram na esfera dos sentidos, do tangível? Quanto mais apaixonadamente tomar consciência de si mesma, tanto mais sensual necessariamente se tornará, tanto mais se evidenciará que ela somente pode representar o espírito através do corpo. Para o artista, continua sendo válido o que era verdadeiro para Dante: O corpo é, para ele, a alma. (p. 149-150)

Para o artista – e, agregaríamos nós, para a histérica – o corpo é alma e é sensual. Trata-se do corpo erógeno, marcado desde sua constituição pela presença e a ação do outro; corpo que é trabalhado, construído e reconstruído pela cultura em cada momento do devir histórico. Pela cultura, em geral, mas também, e mais especificamente, pelo artista, pelo cientista, pela tecnologia e pela própria histeria. Corpo-prazer, mas também corpo-sofrimento ou corpo-desprazer.

Este Eros não é sempre levíssimo ou dulcíssimo para o artista. Nem sequer para Rodin, menos ainda para Camille Claudel[30] ou para Schiele. E também não o é para o histérico, na inversão de afetos do histérico, no peso de seus sintomas e na amargura de sua vida e de suas reminiscências. Mas Freud ainda não tinha chegado até aí.

É a partir do caso Dora que Freud começa a explicitar uma concepção mais precisa e radical do corpo erógeno pelo reconhecimento da presença "marcante" da sexualidade infantil.

30 Que chega ao ateliê de Rodin no mesmo ano em que Freud chega ao laboratório de Charcot.

O sexual-infantil e o corpo erógeno: o caso Dora

Nesse historial clínico Freud mantém, inicialmente, as conclusões extraídas do caso Elizabeth, explicitando de uma forma mais geral a necessidade da participação do corpo na produção do sintoma histérico.

> Até onde alcanço vê-lo, todo sintoma histérico requer a contribuição de duas partes. Não pode produzir-se sem certa *solicitação somática*[31], outorgada por um processo normal ou patológico acontecendo no interior de um órgão do corpo, ou relativo a esse órgão. Mas não se produz mais de uma vez só – e está no caráter do sintoma histérico a capacidade de se repetir – se não possui um significado psíquico, um *sentido*. (Freud, 1905a, p. 37)

E é determinante, por outro lado, para a "escolha" da histeria como forma de neurose:

> Em todas as psiconeuroses os processos psíquicos são os mesmos durante um bom trecho, e só depois entra em jogo a "solicitação somática" que procura nos processos psíquicos uma saída para o corporal. (idem, p. 38)[32]

Contudo, a análise da cena do beijo e dos sintomas dela derivados conduz Freud à introdução de um ponto de vista mais firme e mais explícito para a concepção de *um corpo*

[31] É frequente o uso corrente da expressão *complacência somática* escolhida também por Laplanche e Pontalis (1979, p. 106).

[32] Este valer-se do corpo tem uma dimensão mais ampla do que a incidência pontual de diversos processos.
O investimento narcísico do corpo está presente. O segundo sonho de Dora mostra uma tentativa de elaboração nesse sentido, que se tentará desenvolver mais adiante. Os sintomas hipocondríacos presentes na Dora em idade madura testemunham, possivelmente, o fracasso dessa elaboração.

para o prazer que concerne à histeria, mesmo em se tratando de uma produção de prazer sujeita a obstáculo.

> Eu chamaria "histérica", sem vacilar, a toda pessoa, seja ela capaz ou não de produzir sintomas somáticos, em quem uma ocasião de excitação sexual provoca predominante ou exclusivamente sentimentos de desprazer. Explicar o mecanismo desse *transtorno do afeto* continua sendo uma das tarefas mais importantes, e ao mesmo tempo, uma das mais difíceis, da psicologia das neuroses. (p. 27)

À transformação do prazer em desprazer soma-se outro traço característico, o *deslocamento da sensação*: na cena do abraço, em lugar de sensações na área genital, produz-se a emergência do asco – sensação de desprazer na entrada do aparelho digestivo – e da pressão "alucinada" no tórax. Finalmente, e derivada do mesmo estímulo, instala-se uma *evitação* sistemática, uma verdadeira *fobia*, ao passar perto de qualquer homem envolvido numa terna ou animada conversa com uma dama. O evitado, inconscientemente, é voltar a perceber o signo corporal da excitação sexual masculina.

Verifica-se, na compreensão do primeiro sintoma, que, na conversão, o afeto se suprime e depois se desloca, ou, talvez, anule-se mediante o deslocamento para uma parte do corpo que não é aleatória, mas aquela que guarda uma relação simbólica com o conflito que motivou o deslocamento. Vemos, no entanto, que a explicação não se limita à expressão simbólica de um rechaço erótico indeterminado por meio de um registro oral-digestivo nem à conversão associativa ligada à presença do beijo. O que se manifesta, aqui, é uma estrutura específica do comportamento sexual próprio da histeria, com sua economia paradoxal do desejo e do prazer e seu recalcamento paradigmático da genitalidade, que, como sabemos, se confirma pelos sintomas menos sutis, como as frigidezes, vaginismos e impotências, e que se plasma, também, em fantasias de conteúdo erótico.

Os sintomas histéricos mostram-se, mais uma vez, *sobredeterminados*, semelhantes nesse sentido aos sonhos, por uma multiplicidade de significações e sentidos, diferenciáveis e compreensíveis a partir de níveis próprios de coerência e de inelegibilidade, reunidos e articulados pelas operações de deslocamento e condensação que caracterizam todas as produções do inconsciente. Não por acaso o nome inicial do historial de Dora era "Histeria e sonhos".

Entretanto, o avanço maior, no que se refere às concepções sobre a formação dos sintomas e a gênese da neurose, reside no papel que é atribuído à sexualidade infantil. Se a região orofaríngea da paciente adquire a qualidade de *zona histerógena*, apta para a expressão sintomática das fantasias e conflitos defensivos, é porque foi preparada para tal por uma história marcada pelas práticas sexuais autoeróticas orais e genitais da infância, entrecruzadas com observações (*cena primária*) e fantasias associadas à sexualidade dos pais e sua relação com as doenças que os afetaram[33].

No historial de Dora, a análise dos sintomas conduz a uma série de situações recentes, de caráter traumático, que são postas em relação com cenas infantis muito precoces ligadas à atividade autoerótica. A ação pulsional autógena determina a presença, numa região do corpo, de uma marca ou condição equivalente a uma "facilitação somática". Seriam, assim, situações "equivalentes a traumas".

33 Na parte final do capítulo, nos referiremos a algumas outras perspectivas avançadas na interpretação desse caso, referentes à impossibilidade do investimento erótico genital.

Ninguém porá em dúvida, acredito, que a mucosa dos lábios e da boca pode considerar-se uma *zona erógena* primária, visto que uma parte dessa satisfação conservou-se no beijo, o qual é considerado normal. Sua intensa ativação em idade precoce é, portanto, a condição para a posterior solicitação somática partindo do *tractum* de mucosa que começa nos lábios. (Freud, 1905b, p. 46)

As fantasias que a acompanham sofrerão, por sua vez, uma série de substituições no que se refere ao objeto parcial em jogo, que vão do seio materno, passando pelo mamilo da vaca, até o pênis, levando à produção de uma fantasia autogerada de *felatio*.

O trabalho da fantasia fará com que o objeto originário (mamilo) e o dedo, que ocupou seu lugar vicariantemente, cheguem a ser substituídos pelo objeto sexual atual, o pênis. (p. 47)

Ao longo da terapia se farão presentes alguns atos aparentemente casuais, como brincar com uma pequena bolsa, ou qualquer outro objeto de uso pessoal. Freud demonstra seu valor sintomático como derivados do inconsciente que conseguiram driblar o recalque. Por meio do sintoma e do ato sintomático, expressam-se assim, em Dora, fantasias masturbatórias que perseveraram no inconsciente após a renúncia à prática real dessa atividade.

O papel da simbolização na constituição do corpo erógeno

As diversas situações na história do sujeito a que se acede pela análise dos sintomas remetem, em sua sequência e seu conjunto, a uma outra cena que condensa e organiza as diferentes significações que envolvem o corpo, adquirindo uma configuração de fantasia. Elas são significadas e ressignificadas pelas expressões da linguagem que remetem ao corpo, aludindo metaforicamente às vicissitudes do posicionamento subjetivo. Essas expressões linguísticas operam uma seleção, dão-lhe uma configuração e um limite, e conferem ao sintoma sua forma. São as marcas significantes, inscrições desse gozo situacional que põe em jogo o corpo.

O sintoma surge quando falta a palavra para poder dizer de alguma significação inconsciente. O exercício da função do corpo no histérico, diferentemente da psicose, está garantido pela conservação da catexia pré-consciente, em que a representação-coisa está adscrita a uma palavra que a nomeia e, portanto, inscreve-a em um espaço onde regem certas leis da lógica, do tempo e do espaço. Por isso, a fantasia que subjaz ao sintoma se assemelha ao conteúdo latente do sonho. Nos psicóticos, a experiência do corpo reduz-se a um mínimo de mediação simbólica; seus restos são capturados pelo processo primário regido pela magia e pela onipotência. Falta, no psicótico, o sentido alegórico das palavras. No neurótico, a representação de palavra fica sequestrada do pré-consciente e impedida de se expressar, mas não deixa de existir como ente simbólico (Piedimonte; Goldin, 1976).

Com a introdução do simbolismo, pode-se dizer que fica redefinida a concepção do corpo, ou do corporal, abrindo para a ideia de corpo erógeno e deixando para trás a de um corpo afetado fisiologicamente, ou psicologicamente, na forma associativa. Essa mudança de perspectiva já está começando a abrir caminho, como vimos, no historial de Elizabeth von R. O novo objeto da análise será um investimento no qual não é possível abstrair a dor, a sensorialidade, a motricidade da história de um corpo de gozo, organizado pelos nós de sentido.

As perturbações histéricas podem ser concebidas como a colocação entre parênteses de certas coordenadas de seu corpo. Os sintomas corporais negativos, em particular – como a hipofunção ou a ausência total de sensação ou de percepção sensorial – podem ser encarados como falhas na simbolização do corpo:

> É somente a partir de um certo tipo de simbolização de seu desejo que o sujeito pode perceber seu corpo. A percepção nunca é sem antecedentes, nem independente da história de um gozo que nela se significa. (David-Ménard, 2000, p . 44)

Consideremos a sintomatologia de Dora a partir da cena do abraço. Como vimos, em lugar de sensações na área genital, emergem, por deslocamento, sensações de desprazer na entrada do aparelho digestivo. Para Freud, os desejos incestuosos recalcados encontram expressão e realização substitutiva pela via de uma regressão, uma viagem de retorno para a satisfação autoerótica. A reação de repugnância ao beijo, no caso de Dora, expressa regressivamente, na linguagem da oralidade fixada pelo "chupeteio" autoerótico, o desejo estimulado pelo contato entre os corpos e desautorizado e recalcado imediatamente. A partir dos pontos de fixação, o recalque é vencido quando se expressa e realiza autoeroticamente o desejo por intermédio do sintoma.

Vimos que, pela perspectiva do *Rascunho K*, "[...] não se deve supor que em cada repetição do ataque primário seja sufocada uma representação; trata-se em primeiro lugar de uma lacuna dentro do psíquico" (Freud, 1896b, p. 269). O que Freud delimita no caso como zonas erógenas auxiliares, elevadas à condição de zonas histerógenas, para as quais se desloca a sensação genital que não pode ser simbolizada, pode ser visto como "representação-fronteira", pela qual se faz uma tentativa de processamento elaborativo-libidinal da excitação sexual produtora de lacuna psíquica.

> O processo de sexualização cria um corpo erógeno – corpo atravessado por forças pulsionais e permeado pela alteridade – o que faz com que o comer, o beber, o andar, não sejam atividades apenas comandadas pela necessidade de sobrevivência, mas também pela fantasia e pelo desejo. No entanto, permanece um resto de corpo deserotizado, dessexualizado, que para a histérica aparece como uma grande ameaça, que a leva a tentar revesti-lo cada vez que possa reaparecer. (Alonso, 2000, p. 92)[34]

É o "corpo da lacuna", corpo das falhas que se tenta ocultar mediante a maquiagem para preservar a estabilidade da imagem especular que ameaça fragmentar-se.

Veremos que, nesse processo de sexuação, as vicissitudes da fase fálica e o complexo de castração associado ao confronto com a diferença sexual abrem a problemática da angústia de castração e as diferentes defesas que ela mobiliza.

Sexualidade infantil e fantasias

Com o reconhecimento da presença universal da sexualidade infantil, concomitante ao abandono da teoria da sedução como determinante fundamental na gênese das neuroses, as fantasias histéricas ganham, na teoria psicanalítica, um lugar relevante na determinação dos

34 Ver, mais adiante, as formulações referidas às perturbações psicopatogênicas da visão.

sintomas histéricos. Freud (1906) sintetiza esta nova posição teórica em *Minhas teses sobre o papel da sexualidade na etiologia das neuroses.*

As práticas sexuais infantis marcam a direção que seguirá a vida sexual após a maturidade. Nas neuroses, já não se trata, exclusivamente, de uma representação das lembranças, mas de uma atualização da atividade pulsional e da presença do "infantil" na sexualidade adulta. Os sintomas, diz Freud (1906), figuram a prática sexual dos indivíduos histéricos. Surgem, em alguma medida, diretamente das exteriorizações de um estado de excitação sexual; na neurose as zonas erógenas se elevam, por reforço de qualidades infantis, à significação de genitais: até os sintomas mais complexos se revelam como figurações "convertidas" de fantasias que tem por conteúdo uma situação sexual.

> Quem aprende a interpretar a linguagem da histeria pode perceber que a neurose não trata senão da sexualidade recalcada dos enfermos. Basta, para isso, que a função sexual seja compreendida em seu alcance justo, o delimitado pela disposição infantil. (p. 270)

A sexualidade e o infantil permearão, sempre, para o descobridor, a concepção psicanalítica das neuroses, para além das variações associadas às diversas reformulações teóricas.

Em *As fantasias histéricas e sua relação com a bissexualidade,* Freud (1908a) insere uma série de fórmulas destinadas a esclarecer progressivamente a natureza dos sintomas histéricos.

> Elas envolvem diversas versões não contraditórias entre si, mas diferenciáveis pelo grau de abrangência e completude, ou pela aplicação de diferentes pontos de vista:

1. O sintoma histérico é o símbolo mnêmico de certas impressões e vivências (traumáticas) eficazes.
2. O sintoma histérico é o substituto, produzido por "conversão", do retorno associativo dessas vivências traumáticas.
3. O sintoma histérico é – como o são também outras formações psíquicas – expressão de um cumprimento de desejo.
4. O sintoma histérico é a realização de uma fantasia inconsciente a serviço de um cumprimento de desejo.
5. O sintoma histérico serve à satisfação sexual e figura uma parte da vida sexual da pessoa (em correspondência com um dos componentes da pulsão sexual).
6. O sintoma histérico corresponde ao retorno de uma modalidade da satisfação sexual que foi real na vida infantil e desde então foi recalcada.
7. O sintoma histérico nasce como um compromisso entre duas moções pulsionais ou afetivas opostas, uma das quais se empenha em expressar uma pulsão parcial ou um dos componentes da constituição sexual, enquanto a outra se empenha em sufocá-los.
8. O sintoma histérico pode assumir a sub-rogação de diversas moções inconscientes não sexuais, mas não pode carecer de um significado sexual.

Entre essas diferentes definições, é a sétima a que expressa de maneira mais exaustiva a natureza do sintoma histérico como realização de uma fantasia inconsciente; e, junto com a oitava, é a que aprecia de maneira correta o significado do fator sexual. Muitas das fórmulas precedentes estão contidas nessa como estádios prévios. (p. 144-145)

As duas primeiras fórmulas referem-se à *vivência traumática*: apesar da ênfase posterior no caráter autógeno da fantasia sexual infantil, Freud sempre resistiu a abandonar a gênese traumática. Insistir no conceito de trauma pressupõe, possivelmente, manter a presença da realidade, marcar o papel de sedução do adulto sobre a criança, estabelecendo, com isso, um limite para a proliferação da explicação pelo imaginário e pela fantasia como mera produção autística. O traumático nunca é abolido na teorização freudiana. Muito pelo contrário, ele retornará com força, como vimos, após a virada da década de 1920[35].

Depois de uma breve justificativa, Freud enuncia uma nona fórmula antecipada pelo título do trabalho:

> 9. Um sintoma histérico é a expressão de uma fantasia sexual inconsciente masculina, por um lado, e feminina, por outro. (p. 146)[36]

A enumeração dessas diversas hipóteses constitui uma formidável síntese metapsicológica que esclarece a estrutura do sintoma histérico e pode estender-se às diversas manifestações psicopatológicas da histeria, como episódios de "grande ataque" ou as situações encenadas, em que se apresentam como vítimas de atentados, maus-tratos ou agressões sexuais.

Em *Generalidades sobre o ataque histérico*, escrito na mesma época que o anterior, Freud (1908b) afirma que estes padecimentos "[...] não são outra coisa além de fantasias projetadas sobre a motilidade, figuradas de uma maneira pantomímica".

35 Ver capítulo 2, "O recalque"; ver também Fuks, L. B. (2000), "A insistência do traumático".

36 Esse duplo posicionamento sexual será desenvolvido em profundidade no capítulo sobre a identificação.

O que merece ser enfatizado – em relação aos desenvolvimentos teóricos que acabamos de considerar – é a reavaliação da significação não somente da fantasia, mas da pulsionalidade que nela se articula e se atualiza, tanto no sintoma permanente como no ataque histérico.

A concepção inicial de conversão, como descarga motora e transposição "misteriosa" da energia psíquica para a inervação somática, aparece já plenamente subvertida não somente pela construção teórica de um "corpo expressivo", atravessado pela linguagem, capaz de emitir mensagens simbólicas desejantes, mas também pela de um "corpo pulsional" que, pelas ações pantomímicas, goza, atravessado por uma história atualizada de prazeres e sofrimentos. Já na *Carta 52* dirigida a Fliess, aparecia um esboço desse modo de pensar:

> O aceso histérico não constitui uma descarga, mas sim uma ação que conserva o caráter inerente a toda ação: ser um meio de se dar prazer. (Freud, 1896a, p. 280)

Uma economia de forças vivas em conflito

Em 1910, Freud estuda a "cegueira histérica", buscando esclarecer a concepção psicanalítica sobre a formação desse sintoma específico. Retoma as teorias dos neurologistas franceses: a de Charcot, baseada na presença de uma representação "hiperintensa" e a de Janet, centrada na insuficiente capacidade de síntese psíquica. Afirma que, em comparação, a psicanálise conduz a uma concepção mais firme e mais vital das perturbações psicógenas da visão. É uma concepção dinâmica que refere a vida anímica a um jogo de forças, que se favorecem ou se estorvam umas às outras.

Se, tal como demonstram diversos experimentos – "[...] os atacados de cegueira histérica são cegos somente para a consciência; mas no inconsciente continuam vendo" – é porque certas representações entraram em pugna com outras mais fortes que integram o eu, sucumbindo ao recalque. O determinante passa a ser, nesse trabalho, o campo pulsional. O conflito patógeno provém da oposição entre as pulsões a serviço da sexualidade e da consecução do prazer e aquelas cujo fim é a conservação do indivíduo, ou seja, pulsões do eu. As primeiras aparecem já na infância e estão sujeitas a uma série de transformações (domínio, restrição, redirecionamento para fins superiores) exigidas pela cultura e associadas às vicissitudes de cada existência individual. As neuroses devem ser referidas a múltiplas formas de fracasso nessa transformação.

> O eu se vê ameaçado pelas aspirações das pulsões sexuais e se defende delas por meio de recalques que, no entanto, nem sempre alcançam o efeito desejado, tendo como consequência a formação de substitutivos do recalcado ameaçadores e de penosas formações reativas do eu. (Freud,1910a, p. 213)

O sintoma neurótico compõe-se dessas duas classes de fenômenos.

As pulsões parciais, na busca do prazer, investem os mesmos órgãos e sistemas orgânicos que as pulsões do eu. A boca serve para beijar, tanto como para comer e para a expressão verbal, e os olhos não estão atentos só para os acontecimentos do mundo importantes para a conservação, mas também se comprazem na visão "[...] daquelas qualidades dos objetos que os elevam à categoria de objetos eróticos, ou seja, seus 'encantos'". Diante da exacerbação pulsional, impondo sua ação sobre e por meio do órgão envolvido, e a reação de recalque sobre ela, agudiza-se a "[...] dificuldade para servir simultaneamente a dois senhores", o que acaba perturbando a relação dos órgãos visuais e da visão com o eu e a consciência.

Seguindo essa lógica de conflito exacerbado,

> [...] a pulsão recalcada vinga-se da coerção imposta a seu desenvolvimento, intensificando o domínio sobre o órgão posto a seu serviço. E a perda do domínio consciente sobre o órgão é a substituição nociva da repressão fracassada, possível somente a esse preço. (Freud, 1910a, p. 214)

Há nisso tudo a execução de um castigo, executado por uma instância punitiva, como, na lenda, a cegueira que cai sobre o único vizinho transgressor do mandato que proibia espiar a beleza nua de *lady* Godiva. Mas há, por outro lado, uma atualização da pulsão, uns olhos que inconscientemente veem, que insistem e persistem no prazer escopofílico obtido na contemplação do objeto amoroso, e que ficam imobilizados, aprisionados na cena em uma espécie de "congelamento da imagem" no ponto mais agudo do conflito. A inibição da função e seu correlato, o olhar inconsciente, da mesma maneira que as paralisias dolorosas – como a de Elizabeth von R. – concretizam "[...] um resto de gozo ao qual o sujeito não pode nem aquiescer, nem renunciar" (David-Ménard, 2000, p. 41).

Já não há mais, aqui, descarga de afeto ou transposição de energia resultando em uma alteração somática, mas uma economia de forças vivas em conflito de oposições e interdições.

O sintoma a partir da virada da década de 1920

A partir de 1920 a concepção de sintoma começa a ser reformulada com a perspectiva do traumático. O conceito de trauma é relançado, não a partir do ponto de vista factual, mas em termos de intensidades no interior da vida anímica que não encontram tramitação ou processamento. Há um predomínio do modelo econômico no sentido de quantidades que não conseguem ligar-se às representações, ficando submetidas a um automatismo de repetição resultante da desfusão pulsional. A repetição é concebida como uma insistência vigente indefinidamente, até que algum acontecimento venha a permitir uma ligação.

As inovações de *Mais além do princípio do prazer* reordenam a problemática associada ao sintoma sem destituir a explicação anterior do sintoma neurótico da perspectiva do conflito e do princípio do prazer. O sintoma neurótico seria, assim, um dos modos de processamento do traumático não simbolizado; as intensidades seriam o motor de sua formação, e a instauração do recalque primário e a ligadura (*Bindung*), seu objetivo e modo particular de processamento. No interjogo dessas ordens diversas de funcionamento psíquico, produzem-se diferentes formas e graus de fusão e desfusão das pulsões de vida e morte. Elas se manifestam em um leque amplo de fenômenos que vão desde os episódios mais delirantes das histerias graves até os sintomas conversivos e as *petites-hystéries* em geral.

A intensidade do traumático e a vigência da pulsão de morte fazem-se presentes, contudo, na persistência e fixidez do sintoma e na restrição ou ausência de plasticidade psíquica.

A desfusão pulsional corre paralelamente à impossibilidade de simbolização. A compulsão à repetição é mais elementar e mais pulsional do que o princípio do prazer. No entanto, no processo transferencial, o *eu exasperado* do histérico, aferrado à aspiração de evitar o desprazer que produziria o levantamento do recalque, convoca à compulsão de repetição, colocando-a a serviço da resistência.

É nessa reformulação da década de 1920 que se apoiam os desenvolvimentos lacanianos referidos ao sintoma histérico, ao incluir em sua caracterização os circuitos de gozo não simbolizados e inscritos na superfície corporal, mas que não devem ser entendidos como correspondentes à realidade anatomofisiológica, mas pertinentes à ordem do real. Recuperam-se, assim, certas diferenciações explicitadas nos textos freudianos como representação limítrofe (representação-fronteira), índices de percepção (Freud, 1896a, Carta 52), diferença entre inscrição e acesso à figurabilidade etc.

O sintoma passa a ser considerado a partir de duas perspectivas: se de um lado é mensagem de um inconsciente recalcado, de outro é defesa contra intensidades pulsionais excessivas. Freud conceitualiza esse excesso como *traumático*, ideia presente no início de sua obra e retomada com força após a formulação da segunda teoria pulsional.

Para Lacan, esta dimensão será considerada da ordem do *gozo*. O sintoma se fará presente justamente onde faltar uma representação de castração que opere a interdição do gozo. David-Ménard (2000), por sua vez, analisa o autoerótico regressivo dos sintomas histéricos enfatizando a função defensiva que cabe a essa reativação libidinal em relação à angústia. Esta última pode vir a se desencadear a partir da configuração libidinal nova, resultante de uma progressão até o genital, que exige do sujeito a renúncia a uma parte de gozo. A permanência do autoerótico implica, nessa perspectiva, a afirmação de um gozo total e absoluto. A posição subjetiva que conduz à emergência do sintoma pressupõe um não desprendimento do objeto de gozo. Isto impede a criação de um vazio em que sejam acolhidos novos objetos e impossibilita, assim, o desenvolvimento de novos modos de erotização[37].

37 Ver capítulo 10, "Histeria e erotismo feminino".

4
A fase fálica

A fase fálica e o complexo de Édipo

O estudo dos sintomas histéricos e do perfil particular das relações intersubjetivas em que se entramava a vida emocional dos pacientes, articulado com as descobertas referidas à sexualidade infantil, conduziram Freud a atribuir o ponto de partida e as características da histeria às vicissitudes do desenvolvimento libidinal, resultando em uma inadequada resolução do *complexo de Édipo*. Este constituía a fonte dos desejos inconscientes incoercíveis e proibidos que, por um processamento defensivo complexo, acabavam por se expressar em sintomas conversivos. A partir dos estudos sobre as sucessivas organizações libidinais e as ideias sobre o primado do falo que se consolidam por volta da década de 1920, Freud estabelece como ponto de fixação da histeria a *fase fálica*, momento em que o complexo de Édipo atinge o grau máximo de intensidade, conferindo à atividade fantasística uma temática e um colorido em que a erótica genital e a questão da diferença sexual presidem a cena.

Comecemos pela concepção freudiana do complexo de Édipo. Entre os 3 e os 5 anos de idade, as relações de objeto infantis adquirem uma configuração triangular caracterizada por intensos desejos amorosos dirigidos ao genitor de sexo oposto acompanhados de rivalidade e desejos hostis em relação ao genitor do mesmo sexo. A relação do menino com o pai, marcada anteriormente por uma identificação amorosa idealizante, adquire agora uma forte tonalidade ambivalente, atravessada por temores de retaliação e sentimentos de culpa, derivados das intensas fantasias de possessão erótica da mãe, assim como de parricídio e usurpação do lugar paterno.

Presente com toda intensidade ao longo de boa parte da infância, o complexo mobiliza as energias pulsionais e as capacidades psíquicas da criança, sendo seu desfecho crucial para a configuração subjetiva futura do indivíduo. Cumpre, nesse sentido, uma função normativizante postulada como universal, dado que a renúncia pulsional e a interdição do incesto e do parricídio constituem a lei fundamental da cultura – instituindo a saída para a exogamia, regulada pelas regras de parentesco, pela linguagem e por outros dispositivos simbólicos complexos construídos pelas sociedades ao longo da história. É, assim, a base estruturante das sociedades e o eixo da socialização de seus membros.

A instauração do complexo exerce uma incidência estruturante da subjetividade individual. Sua resolução e o modo como se processa são decisivos para o tipo de escolha de objeto, para o acesso à genitalidade – visto que tal acesso não está garantido por processos de maturação biológica – e para a posição identificatória resultante do processo de sexuação. A resolução do complexo de Édipo tem um papel instituinte na tópica psíquica, dado pela diferenciação e estabilização do sistema "ideal de ego-superego".

Um Édipo mais complexo

A progressão das descobertas clínicas, somadas ao pressuposto teórico de uma disposição bissexual universal dos seres humanos, conduzem Freud a completar sua concepção do complexo de Édipo incluindo uma versão negativa dele que, entretanto, coexiste com a configuração inicialmente descrita. Nessa nova versão, o objeto de desejo é o genitor do mesmo sexo, e o rival, o genitor do sexo oposto. A ambivalência na relação com o pai adquire, assim, para o menino, um determinismo mais complexo que o da simples rivalidade.

Também acontecem reformulações no que se refere às semelhanças e diferenças entre o Édipo do menino e o da menina. Inicialmente é postulado para a criança do sexo feminino um complexo de Édipo equivalente e simétrico ao do menino. Os desenvolvimentos posteriores à década de 1920 conduzem, no entanto, ao reconhecimento de uma assimetria entre o Édipo do menino e o da menina. Os articuladores fundamentais deste giro teórico são os conceitos de fase fálica e de complexo de castração. É deles que nos ocuparemos a seguir.

Em 1923, em *A organização genital infantil*, Freud define com esse nome uma fase da sexualidade infantil que se manifesta por um profundo interesse pelos órgãos genitais acompanhado de uma intensa atividade autoerótica. Deparamo-nos, nessa fase, em contraste com as etapas autoeróticas iniciais, com uma escolha "quase" plena de objeto e uma unificação das pulsões parciais subordinada à zona erógena genital. Ela se diferencia, contudo, da genitalidade adulta pelo reconhecimento de um só órgão sexual, o masculino. Configura-se, portanto, mais do que uma primazia genital, uma verdadeira *primazia do falo*. Este, além de fonte de máximo prazer e interesse, constitui o ponto de partida, por efeito de uma espécie de extensão narcísica para além das fronteiras do próprio corpo, de uma concepção do mundo segundo a qual todos os seres são possuidores de tal órgão, crença esta conhecida como *premissa universal do pênis*.

A descoberta da diferença sexual anatômica que ocorre, por exemplo, por ocasião do nascimento de uma irmã, instaura no menino, segundo Freud, uma oposição entre crença e percepção que não chega a abalar totalmente o edifício narcísico construído sobre a premissa universal mencionada, dado que a entrada em funcionamento de operações de desmentido, faz prevalecer, inicialmente, a crença em detrimento da percepção que vem contestá-la. A ausência de pênis é explicada como um caso particular. Explicações como "foi cortado" ou "voltará a crescer" passam a ser suporte e expressão de uma não aceitação da diferença sexual, assim como são uma solução de compromisso, marcas de uma certa negociação em que se busca atenuar o impacto narcísico da constatação.

A interpretação da *ausência* do pênis como uma perda possível de acontecer coloca o menino na posição de alvo potencial de uma *ameaça de castração* acompanhada da angústia correspondente, o *medo da castração*.

A suposta perda do pênis ocorrida à menina assume, frequentemente, a significação de um castigo por desejar objetos proibidos, desejos que poderiam ser também os seus. À ameaça, formulada pelos adultos, de castigo pela masturbação ou por fazer xixi na cama, ambos expressões da excitação genital, soma-se a visão do genital feminino que torna representável a perda do próprio pênis. O confronto com a diferença anatômica e os perigos inferidos reativa representações ligadas às experiências de separação vivenciadas anteriormente. A criança adquire a representação de um dano narcisista por perda corporal, desde o momento da perda do seio materno após cada mamada, da perda cotidiana das fezes, e ainda da separação do ventre da mãe ao nascer. Poder-se-ia dizer que essas seriam as raízes do complexo de castração[38]. Porém, para Freud, só cabe falar de um complexo de castração quando esta representação de uma perda associou-se aos genitais masculinos ao aceder à fase fálica, tendo um efeito de ressignificação retroativa sobre as lembranças das separações anteriores.

Colocado, o menino, pela ameaça de castração, numa encruzilhada conflituosa entre o interesse narcisista pelo próprio corpo e o investimento libidinoso do objeto primordial – girando em torno de fantasias de crescente colorido genital – vence o interesse narcísico, levando ao aniquilamento do complexo edipiano.

Ulteriormente à declinação do complexo, o combate aos desejos edípicos remanescentes e recalcados será levado a cabo em nome do medo ao superego. No caso da menina, afirma Freud, esse combate se dará em função do medo de desagradar o objeto amado e da conseguinte perda de amor.

Os obstáculos para o reconhecimento da diferença sexual

"Só é possível apreciar corretamente a significação do complexo de castração se se leva em conta, ao mesmo tempo,

38 Esta concepção ganhará relevância no pensamento kleiniano.

sua gênesis na fase do primado do falo" (Freud, 1923c, p. 147). O horror neurótico despertado pelo genital feminino, manifesto no mito da cabeça da medusa (Freud, 1922), mostra-se como uma de suas consequências. A criança não generaliza, nem tão rápido nem com tanta boa vontade, o conhecimento de que as pessoas do sexo feminino não possuam pênis, a começar pela sua mãe. Pode chegar a construir teorias explicativas "muito rebuscadas" (*sic*), por exemplo, a de que o pênis tenha sido trocado por um filho. Associam-se a essa outras crenças insólitas.

Uma outra ordem de dificuldade para o avanço no reconhecimento e aceitação da diferença sexual havia sido considerada anos antes por Freud, residindo nos obstáculos colocados pelos adultos à investigação sexual infantil. A criança recebia explicações míticas como a fábula da cegonha, destinadas a preservar, no fundo para os próprios adultos, uma crença que caracteriza a infância como um período "inocente", alheio a todo pensamento, vivência ou desejo de caráter sexual. Por isso, falando das estranhas "teorias sexuais" elaboradas pelas próprias crianças, ele afirmava:

> Estas falsas teorias sexuais [...] possuem uma característica muito curiosa: mesmo que grotescamente falsas, cada uma delas contém um fragmento da verdade, no que se assemelham às tentativas dos adultos, que consideramos geniais, para decifrar os problemas do universo, que são tão complexos para a compreensão humana. O que há nestas teorias de correto e acertado se explica por sua proveniência dos componentes da pulsão sexual que já atuam no organismo infantil. (Freud, 1908c, p. 192)

É por isso que apareceriam teorias semelhantes em todas as crianças. Manifestam-se aqui o reconhecimento e a valorização freudiana da curiosidade sexual infantil, da produção de fantasias e da elaboração de crenças e "teorias" para a apreensão e elaboração de uma realidade complexa e contraditória imantada por desejos e defesas eróticos e narcísicos[39].

A relevância conferida por Freud a essas exigências colocadas ao intelecto da criança pelas vicissitudes da investigação sexual, dominadas inicialmente pelo enigma da origem dos bebês e, posteriormente, pelo da diferença sexual, levam-no a defini-las, naquela época, como *complexo nuclear*, que descreve nos seguintes termos:

> [...] as crianças se recusam a crer na teoria da cegonha; a partir dessa primeira tentativa de engano e rejeição começam a desconfiar dos adultos e a suspeitar que estes lhe escondem algo proibido, passando como resultado a manter em segredo suas investigações posteriores. Com isso, entretanto, a criança experimenta o seu primeiro "conflito psíquico", pois certas opiniões pelas quais sente uma predileção pulsional não são consideradas corretas pelos adultos, e contrapõem-se a outras defendidas pela autoridade dos pais, as quais, entretanto, não lhe parecem aceitáveis. Esse conflito psíquico logo pode transformar-se numa "dissociação psíquica". O conjunto de concepções consideradas "boas", mas que resultam numa cessação de reflexão, torna-se o conjunto das concepções dominantes e conscientes, enquanto o outro conjunto, a favor do qual o trabalho de investigação infantil coligiu novas provas, as quais entretanto não devem ser consideradas, torna-se o conjunto das opiniões reprimidas e inconscientes. Está assim constituído o complexo nuclear da neurose. (Freud, 1908c, p. 191)

[39] Ver capítulo 10, "Histeria e erotismo feminino".

Como não pensar, aqui, na perplexidade e na revolta do próprio Freud, analisadas no capítulo anterior, ao descobrir a duplicidade de versões dos neurologistas – a oficial e a privada – quanto ao papel da sexualidade na etiologia da histeria?

As consequências psíquicas do confronto com a diferença sexual: o Édipo assimétrico

Em 1925, Freud aprofunda a diferença do desenvolvimento sexual entre menina e menino, considerado por muito tempo como semelhante. No complexo de Édipo do menino, o objeto continua sendo o mesmo que no período precedente, pré-genital: a mãe. Para o caso da menina, este primeiro objeto de amor terá de ser mudado para o pai.

Freud postula aqui que a fantasia de desejo pelo pai detectável nas análises de mulheres, que constitui o núcleo do complexo do Édipo e culmina no desejo de ter um filho dele, não é um dado primário, mas uma formação secundária. Ela surge após uma longa pré-história, na qual a intensa ligação com a mãe e o predomínio erógeno do clitóris tem seu papel.

É a visão do pênis do menino que a leva, mediante comparação, a cair vítima da *inveja do pênis*, visto como um correspondente superior a seu próprio órgão. Imediatamente a menina estabelece um julgamento e uma decisão: "[...] viu isso, sabe que não o tem, e quer tê-lo!" (Freud, 1923c, p. 271). Abre-se aqui a possibilidade de uma bifurcação: a) A menina admite a ausência do pênis, porém conserva a esperança de chegar a tê-lo, igualando-se ao homem. Se ela não consegue superar esse *complexo de masculinidade*, terá sérios problemas no acesso à feminilidade. b) Opera-se uma não admissão do percebido que implica a *recusa* da castração e a afirmação da convicção de que possui um pênis, comportando-se como se fosse um menino. Se isto se mantém pode advir uma psicose.

Várias são as consequências psíquicas da inveja do pênis. Surge um sentimento de inferioridade como "marca" da ferida narcísica, recorrendo-se a um tipo de explicação, já considerada anteriormente, que associa o fato a um episódio pessoal, por exemplo, um castigo. Sobrevém, finalmente, a aceitação da premissa universal da castração feminina e produz-se uma identificação com a visão do menino de que o sexo feminino é um sexo mutilado (*sic*). A busca ulterior do pai como um restaurador de dignidade terá como finalidade compensar este sentimento de desvalorização.

Ferida em seu narcisismo pela comparação com o menino e tomada pela inveja do pênis, a menina opera uma vasta mudança no modo de viver sua sexualidade, que Freud entende como fundamentalmente *masculino*, pelo fato de ser o *clitóris* a zona erógena dominante, e os *fins ativos* a meta pulsional preponderante. Surge, agora, uma intensa contracorrente oposta ao autoerotismo clitoridiano que prepara a passagem para o erotismo vaginal[40].

Sobrevém, assim, a renúncia à forma anterior de gozo sexual, a rejeição do amor apaixonado e exclusivo à mãe – que é responsabilizada por não tê-la provido do pênis – e o

40 O papel adjudicado por Freud à passagem da sensibilidade erótica do clitóris para a vagina tem sido questionado. Diversos autores têm objetado o valor do prazer vaginal como indicador de saúde psíquica e acesso à feminilidade. De outra parte, a presença de prazer clitoridiano não é indicador, obviamente, de insuficiência feminina. Pesquisas biológicas mostram a inexistência de descontinuidade entre prazer clitoridiano e vaginal. Para alguns autores, o acesso à feminilidade centrado na transferência de capacidade orgástica do clitóris para a vagina corresponderia a uma ideia mítica da sexualidade feminina. Para Mary Jane Scherfey (*apud* Moustapha Safouan, 1976, p. 17), o essencial é a transformação da libido autoerótica em objetal, mais do que o clitoridiano em vaginal.

recalque de uma parte importante de seus impulsos sexuais ativos. A desvalorização associada à castração estende-se às outras mulheres, incluindo a mãe, o que torna possível abandoná-la como objeto amoroso, prevalecendo os sentimentos hostis acumulados em função da ambivalência que impregnava o vínculo com ela. A passividade torna-se dominante e as metas passivas fortalecem grandemente a virada para o pai. Tal avanço acaba com a atividade fálica e constrói o caminho para a *feminilidade*.

A inveja do pênis canaliza-se em desejo de pênis, de um pênis que receberá do pai, e que será, inicialmente, aquele que lhe havia sido negado pela mãe. Freud sublinha que, até esse momento, não se tinha posto em jogo o complexo de Édipo.

> Mas agora a libido da menina se desliza ao longo da equação pênis-filho, resigna o desejo de pênis para substituí-lo pelo desejo de um filho, e com esse propósito toma o pai como objeto de amor. A mãe passa a ser objeto dos ciúmes, e a menina se transforma em uma pequena mulher. (Freud, 1925, p. 274)

Segundo Freud, é por via do investimento do homem-pai como doador do filho que se iniciará um despertar da sensibilidade vaginal. De maneira coadjuvante, a descoberta do privilégio procriativo da mãe trará, também, como "herança", o reconhecimento da própria vagina. Acrescenta-se a isto, num momento posterior, um reinvestimento e uma reconciliação reparatória da imagem da mãe, que propiciam um avanço e fortalecimento da identificação feminina da menina.

Se a ligação-pai é malograda, poderá surgir uma identificação defensiva com ele – ser por não poder ter – e uma regressão ao complexo de masculinidade.

Cabe apontar, no entanto, que este malogro pode dar lugar também ao recalque do desejo ou do complexo em sua totalidade, conduzindo à inibição neurótica da sexualidade ou à frigidez, frequente na sintomatologia histérica.

Sintetizando: para Freud (1925), o confronto com a diferença sexual dá lugar, na menina, ao *complexo de castração*, que poderá resolver-se por três caminhos possíveis:

1. Um afastamento da sexualidade que resulta, frequentemente, em frigidez. Essa via configura o caminho da neurose histérica.
2. Um conjunto de vicissitudes que Freud denomina "complexo de masculinidade" e que resulta numa afirmação da falicidade com fortalecimento de uma identificação masculina que pode chegar até a assunção de uma posição homossexual.
3. Um acesso à feminilidade pela via do desejo de filho, denominada por Freud de *saída feminina*.

A terceira opção opera pela via das *equivalências simbólicas*, sendo algo que não corresponde a um mero deslocamento, mas a uma mudança da estrutura subjetiva e da posição do sujeito perante a sexualidade. Na passagem do "querer o filho" ao "querer o homem", avança-se no processo de reconhecimento das diferenças sexuais, e abre-se um campo de alocação do erotismo feminino[41].

Essa profunda transformação subjetiva definida como *saída feminina* tem uma significação estruturante equivalente à dissolução (*Untergang*) do complexo de Édipo no

[41] Ver o capítulo 10, "Histeria e erotismo feminino".

menino e marca, ao mesmo tempo, a assimetria dos percursos: é por causa do complexo de castração que o menino abandona o complexo de Édipo, e é pela mesma causa que a menina "ingressa" nele.

Sexualidade feminina, erogeneidade e castração: o supereu feminino

A diferença anatômica dos sexos impõe, para Freud (1925), a reflexão sobre a existência de uma distinção fundamental entre a castração consumada e a mera ameaça de castração. A primeira implica uma pressão relativamente menor para a saída do Édipo na mulher e a constituição menos completa, em consequência, do superego feminino; ele "não pode alcançar a força e a independência que lhe conferem sua significação cultural" (Freud, 1932, p. 120). A mulher conserva, na relação com a norma, o caráter pessoal e afetivo que caracteriza o vínculo com os objetos parentais. Falta, na menina, como motor da renúncia ao complexo de Édipo, a ameaça de castração, tão crucial no caso do menino. O impulso para a aceitação das normas está dado pelo temor à perda do amor dos pais e à frustração da expectativa anelante de receber um filho do pai. Isto é o que diz Freud.

Dio Bleichmar (1988) aponta a presença, no texto de Freud sobre as consequências psíquicas das diferenças anatômicas, de uma *naturalização* da diferença sexual. A "castração consumada" corresponde a uma leitura de sua anatomia realizada pela subjetividade da menina no contexto de uma teoria sexual infantil. É, portanto, algo da ordem da fantasia e susceptível de desconstrução, e não um dado último de análise.

Torna-se evidente, para diversos autores, a presença de um impasse importante nas elaborações freudianas, justamente no momento em que a articulação do complexo de castração com o complexo de Édipo adquiria um valor teórico decisivo na constituição do psiquismo e do processo de sexuação tanto do homem quanto da mulher.

> Nesse contexto, era de esperar que a mulher deixasse de ser estigmatizada como um "a menos" e passasse a ser vista como um ser de valor e dignidade "iguais" ao do homem, pois quando o *phallus* é olhado na sua dimensão imaginária e simbólica, não é privilégio exclusivo nem da masculinidade nem da feminilidade. Todavia, não é isto o que dizem os textos de Freud, ao menos em seu conteúdo manifesto. (Rocha, 2002, p. 130)

As afirmações freudianas referentes à sexualidade feminina têm sido questionadas. Aponta-se uma posição sexista de Freud, que incide na presença da hegemonia do falo/pênis em sua teoria, e que poderia dar suporte a uma desvalorização preconceituosa das qualidades intelectuais e éticas do sexo feminino.

Pesquisas psicossociológicas permitem uma penetração aguda na dinâmica dos preconceitos em relação ao superego feminino. Em 1982, Gilligan estudou uma série de pesquisas empíricas sobre o desenvolvimento do juízo moral em púberes de ambos os sexos realizadas uma década antes[42]. Nelas eram comparadas as respostas de adolescentes de ambos os sexos diante de uma situação padronizada que requeria posicionamento normativo. Por exemplo: um homem sem

[42] Ver Dio Bleichmar (1988), *O feminismo espontâneo da histeria: estudo dos transtornos narcisistas da feminilidade*, p. 119-127.

dinheiro para comprar um remédio rouba-o para salvar a vida de sua mulher. Ele deve ser punido? Por que sim? Por que não?

Os avaliadores concluíram que os meninos se encontravam em um estágio mais avançado de desenvolvimento do juízo, visto que podiam decidir com base em uma contraposição lógica de princípios – como a prevalência do direito a preservar a vida sobre o da defesa da propriedade, admitindo que o juiz, em defesa da lei, tivesse de condenar o infrator, mesmo que aliviando a pena em função da atenuante. As meninas sustentavam que o roubo deveria ser evitado por meio do diálogo entre as pessoas envolvidas, procurando soluções que respondessem pragmaticamente às necessidades de cada um. Os avaliadores entenderam que elas não conseguiam estabelecer julgamentos isentos de influências pessoais e escamoteavam o problema da condenação pela dificuldade de um posicionamento independente ou contrário à autoridade, demonstrando um estágio menos desenvolvido de sua capacidade de juízo moral. Gilligan mostrou que as pesquisas estavam metodologicamente viciadas pela tendência a avaliar com base na coerência entre perguntas e respostas, confirmada no caso dos sujeitos masculinos, tanto que as respostas dos sujeitos femininos não se sustentam por um fracasso na comunicação revelado pelo entrevistador ao não entender suas respostas.

Os juízos de Amy (menina de 11 anos) contém os princípios centrais de uma ética do cuidado, assim como os de Jake (menino da mesma idade) refletem a lógica da justiça". A visão do mundo dela,

> [...] longe de ser inferior, expressa uma profunda ética humanística" [...] "onde a descoberta do vínculo entre as pessoas impõe a responsabilidade pelo outro, a peremptoriedade da necessidade de uma resposta. (Dio Bleichmar, 1988, p. 126)

O que foi verificado, no estudo dessas pesquisas, é a presença de um preconceito dos avaliadores que lhes impede a escuta e identificação com os parâmetros usados para os adolescentes do outro sexo no entendimento do problema, que não são inferiores, mas diferentes, não podendo reconhecer o que eles aportam.

Tal fato mostra a importância do aprofundamento da pesquisa e da reflexão sobre as diferenças entre o masculino e o feminino abertos pela teorização psicanalítica e complementados por outras abordagens.

Voltando a Freud, o que está em jogo na fase fálica é o investimento fálico do pênis e sua significação narcísica. Falar de inveja do pênis ou de ameaça e angústia de castração é referir-se à privação ou destituição de valor que se põe em jogo nesta fase. Poderia dizer-se que há, frequentemente, no discurso freudiano, uma superposição, confusão ou igualação do pênis com o falo. A construção teórica freudiana orienta-se pela assimilação ou equivalência dada pela cultura que simboliza o falo por intermédio da forma do pênis.

A assimilação cultural falo/pênis gera-se e promove-se desde o império do patriarcado, passível de ser definido como um sistema em que a autoridade e a liderança são masculinas, dentro do qual a dominação sobre mulheres se apoia numa alteridade baseada não na diferença, mas na inferioridade. Os estudos sobre gênero, referência cada vez mais frequente nos trabalhos psicanalíticos, buscam processar as questões ligadas à produção cultural da diferença sexual[43].

43 Ver, também, as noções de multiplicidade e diversidade em contraposição a uma lógica de oposições binárias em Sigal (1997), *A organização genital infantil*, p. 66-67.

O conceito de significação fálica, quando é associado à série das *equivalências simbólicas*, transcende, a nosso ver, a questão da atribuição de superioridade ao depositário do falo. No texto sobre as transmutações das pulsões (Freud, 1917a), a ênfase está colocada na circulação e no intercâmbio a que estão sujeitos os objetos que fazem parte dessa série: criança – pênis – fezes – presente – dinheiro. Cabe ressaltar que "pênis" é um componente entre os outros da série. Esta dimensão de circulação e intercâmbio que se relaciona com a ideia de um "conceito inconsciente", o de "pequena parte separável do corpo", supõe um regime particular, um progresso no funcionamento do aparelho psíquico na economia libidinal[44].

Narcisismo e escolha de objeto na mulher: a mulher como objeto do desejo masculino

Freud destaca a fase pré-edipiana da relação com a mãe como fator de peso no processo de sexuação feminina. Seus efeitos se farão sentir na relação posterior com o homem.

Referindo-se a alguns casamentos infelizes, Freud dizia que eles eram resultantes de uma união amorosa construída inicialmente a partir de uma escolha de objeto baseada no modelo do pai. Nestes casos, após um tempo de convívio, fazia-se presente no relacionamento uma repetição compulsiva e inconsciente da relação hostil pré-edipiana com a mãe.

Pode ser interessante considerar a ocorrência, em mulheres, de relações homossexuais transitórias posteriores à ruptura de vínculos heterossexuais tormentosos. Tal fato

44 Trataremos esse ponto no capítulo 10: "Histeria e erotismo feminino".

aponta um caminho de reencontro com uma feminilidade valorizada. A frequência, nas últimas décadas, de episódios de homossexualismo feminino como o descrito anteriormente faz pensar em um fator associado à mudança nos ideais e modelos de feminilidade – como se as mulheres atualmente buscassem uma segunda sexuação possível na identificação com uma mulher em posição materna, que permita superar o abismo geracional interposto na relação com uma mãe educada conforme o modelo feminino clássico. Neste modelo, também vivenciado por suas mães, a possibilidade de desejo ativo e de escolha autônoma do objeto amoroso estava ainda fortemente limitada.

Freud (1914c), em *Introdução ao narcisismo*, referindo-se às diferenças entre homens e mulheres na escolha de objeto, dizia o seguinte:

> O amor de objeto pleno segundo o tipo de apoio é na verdade característico do homem. Exibe essa notável superestimação sexual que sem dúvida provém do narcisismo originário do menino e corresponde à transferência desse narcisismo sobre o objeto sexual. Esta sobrestimação dá lugar à gênese do enamoramento, esse peculiar estado que lembra a compulsão neurótica [...] Diversa é a forma que apresenta o desenvolvimento no tipo mais frequente, e provavelmente mais puro e mais genuíno, de mulher. Com o desenvolvimento da puberdade, pela conformação dos órgãos sexuais femininos até esse momento latentes, parece advir-lhe um acréscimo do narcisismo originário; esse aumento é desfavorável à constituição de um objeto de amor em toda a regra, dotado de superestimação sexual. Em particular, quando o crescimento a faz bela, estabelece-se uma complacência consigo mesma que a ressarce da *atrofia que a sociedade lhe impõe em matéria de escolha de objeto*. Essas mulheres só amam a si mesmas com intensidade equivalente àquela com que são amadas pelos

> homens. Sua necessidade não se sacia amando, mas sendo amadas, e se prendam ao homem que colma essa necessidade. (p. 86, grifos nossos)

Freud diz que tais mulheres possuem o máximo atrativo para os homens. Não só porque são belas, mas pelo narcisismo inexpugnável que conservam.

> Porém, ao grande atrativo da mulher narcisista não falta o seu reverso; boa parte da insatisfação do homem enamorado, a dúvida sobre o amor da mulher, o lamentar-se pelos enigmas da sua natureza, tem sua raiz nessa incongruência [entre os dois tipos] da escolha de objeto.

Vemos assim a complexidade dos caminhos pelos quais as mulheres "[...] viram polo de atração do desejo masculino".

A teoria lacaniana radicaliza este lugar da mulher enquanto *objeto-causa* do desejo masculino. As observações de Money mostraram que não somente homens, mas também mulheres se excitam diante de uma mulher nua ou em posição erótica. Para esse autor, o fantasma erótico feminino que aí se manifesta não pode ser atribuído nem à homossexualidade nem à identificação com o homem, já que o desejo se mantém heterossexual. Dio Bleichmar (1988), ao refletir sobre esta situação, nos diz que ela é uma consequência do próprio lugar que a teoria atribui à feminilidade, sendo esse o da posição psíquica de "objeto-causa de desejo". Segundo a autora, se o desejo da mulher se configura como "objeto que acorda o desejo masculino", então o lugar do desejo na mulher não é a sua "subjetividade". Se assim fosse, ela seria proprietária de um movimento ativo do desejo. O centramento está no corpo e não na subjetividade, e isto é o que facilita, no cenário erótico, que seja o corpo de outra mulher que venha a dar figuração ao próprio desejo.

No entanto, aquilo que desde a cultura é marcado como o lugar da "devida feminilidade" é depois silenciado; quando se lê o fantasma erótico no qual a mulher não faz mais do que obedecer ao mandato, desconhece-se esta imposição e descobre-se na mulher um "defeito" - defeito suposto que a aproximaria de um destino homossexual: "[...] a presença da outra mulher no fantasma erótico feminino mostra o caráter objetivado da figuração do desejo enquanto desejo feminino" (Dio Bleichmar, 1993, p. 143).

Freud falava do narcisismo voltado sobre o corpo da mulher pós-pubescente, como ressarcimento pela *atrofia* no terreno da escolha de objeto. Essa palavra evoca uma ideia de impossibilidade, mais que de recalcamento, imposta pela sociedade. Este centramento da identidade feminina no corpo e nas capacidades de reprodução produz como efeito o *lugar oposicionista da histérica* que "[...] não aceita a carência de órgão, de significante, nem o famoso lugar de objeto-causa do desejo e rivaliza o tempo todo pelo falo com aquele que supõe que o tem" (Dio Bleichmar, 1993, p. 143). No entanto, isto não se deve ao fato de que seja insuficientemente feminina, mas sim ao de que, desde seu *narcisismo de gênero*, desde sua mais profunda feminilidade, "[...] não quer ser reduzida a um corpo que excita" (p. 143).

O problema é que a histérica só consegue valorizar seu ser mutilando seu prazer. Para a autora, o sintoma histérico é o grito desesperado de uma busca de reconhecimento. A confusão que é feita na cultura entre feminilidade e sexualidade leva a mulher a tentar negociar a situação de poder, colocando em jogo seu corpo, único poder que ela própria e os outros lhe reconhecem. Torna-se necessário assim diferenciar

> [...] que a feminilidade-masculinidade é uma normativa, uma legalidade presente no desejo inconsciente e no Ideal de Eu de todo homem-mulher, de todo pai-mãe, de nossa cultura que ritualiza e dá forma à sexualidade de toda menina-menino na direção desigual que conforma o que entendemos como diferenças sexuais. (Dio Bleichmar, 1993, p. 144)

O conceito de gênero distingue-se assim do conceito de sexualidade. É uma total produção simbólica, que tem o poder de torcer os destinos traçados pela anatomia.

Nesta série de enunciados, a questão da superposição ou diferenciação entre *identidade de gênero* e *sexuação*, e entre *feminilidade* e *sexualidade*, apresenta-se como um eixo que continua a orientar a pesquisa e o debate sobre essa problemática.

A importância da relação pré-edípica com a mãe: revisões do complexo de Édipo

No trabalho sobre "A sexualidade feminina", Freud (1931), além de retomar e reafirmar as ideias dos trabalhos de 1923 e 1925 sobre a fase fálica e o complexo de castração, valorizará a fase pré-edípica centrada na relação com a mãe, tanto do ponto de vista das vicissitudes no desenvolvimento da sexualidade feminina quanto do ponto de vista da gênese da histeria[45].

Essa fase envolve uma relação primária dual, complexa, de apego ambivalente com a mãe, sendo mais intensa, duradoura e conflituosa na filha mulher do que no filho

45 As superposições conceptuais desses dois aspectos são analisadas no capítulo sobre "Histeria e erotismo feminino".

homem. Trata-se de um amor apaixonado que exige exclusividade, estando propenso a ciúmes possessivos na presença de outras crianças e interesses. Não se trata de um triângulo invertido, não tendo o pai ainda, na subjetividade da criança, a importância que chegará a ter com a entrada no Édipo. Parte do caráter intenso e tumultuado da relação edipiana com o pai pode conter componentes recalcados e deslocados do vínculo pré-edípico com a mãe.

Esta relação se manifesta em desejos orais, sádico-anais e fálicos. Entremeadas com fantasias prazerosas em que se expressam esses desejos, a criança experimenta intensas vivências persecutórias que são expressão da ambivalência e hostilidade que impregna o vínculo e que resultam do mecanismo de projeção, facilitado, segundo Freud, pela imaturidade da organização psíquica infantil. Surgem fantasias de ser envenenada ou assassinada que podem constituir, mais tarde, o núcleo de uma paranoia. A oralidade, por outra parte, tem sido considerada por Abraham, e admitida por Freud, como ponto de fixação potencial e auxiliar da fixação fálica, na gênese da histeria.

A relação pré-edípica da menina com a mãe envolve idealização e processos identificatórios maciços de ambas as partes, apoiados na semelhança corporal, impregnados da agressividade inerente aos vínculos narcísicos e causadores de marcantes dificuldades para os necessários movimentos de diferenciação (Dio Bleichmar, 1988).

Segundo Freud (1931), o desprendimento do vínculo pré-edípico dá-se sob o signo da hostilidade. Diversos fatores cooperam entre si para esse desfecho: a frustração da exclusividade desejada, o caráter intrinsecamente insatisfatório do amor infantil carente propriamente de metas e condenado ao desengano[46], e o efeito do complexo de castração já considerado. O papel da mãe em relação à vida erótica da menina recebe especial destaque. Ela foi não só objeto central de desejos e fantasias, mas, também, iniciadora das excitações sexuais por meio dos cuidados corporais, razão pela qual será fantasiada e lembrada frequentemente como sedutora. Mas também será lembrada como proibidora a partir de sua oposição à atividade autoerótica. O efeito desses conflitos subjaz, muitas vezes, ao caráter hostil da relação na adolescência, e também se transfere, inconscientemente, para a relação com o marido.

É importante a posição da mãe em relação à sexualidade. A mãe da histérica é uma mulher que não aceita sua própria condição feminina nem o papel que lhe é dado na sociedade nem no casal. Identificando-se com um discurso fálico e androcêntrico, transmite para a filha uma visão desvalorizada da figura feminina. Idealiza em forma manifesta ou latente um modelo virginal, reagindo em forma repressora diante das manifestações auto e aloeróticas de sua filha mulher, temendo a realização de um destino de "mulher vulgar" de baixa autoestima.

Nas formulações kleinianas, discutidas já por Freud no trabalho de 1931, a articulação teórica realiza-se baseada em um ordenamento diferente e numa distinta relevância dos elementos em jogo. No contexto do vínculo primordial com a mãe, a vida psíquica gira totalmente em torno da relação emocional primitiva com o seio da mãe, objeto de defesas arcaicas e origem de intensas angústias persecutórias e depressivas, que podem vir a ser expressas mais adiante

46 Ver Freud (1931), *La sexualidad femenina*, p. 233, e Freud (1919), Pegan a un niño: contribución al conocimiento de la génesis de las perversiones sexuales, p. 185.

por meio de queixas como ter sido preterida na atenção da mãe ou ter recebido pouco alimento. Para Klein, a fantasmatização fálico-edipiana constitui uma superestrutura defensiva destinada a conter as ansiedades psicóticas. É teorizado um Édipo precoce, animado pelos movimentos pulsionais e fantasias correspondentes aos estágios oral e anal do desenvolvimento pulsional e configurado com base em uma constelação de objetos parciais.

> As tendências edípicas são liberadas em consequência da frustração que a criança experimenta com o desmame, e que fazem sua aparição no final do primeiro ano de vida e começo do segundo; são reforçadas pelas frustrações anais sofridas durante a aprendizagem dos hábitos higiênicos. A seguinte influência determinante dos processos psíquicos é a diferença anatômica entre os sexos. (Klein, 1928, p. 179)

O pênis do pai será inicialmente fantasiado pela criança como habitando o interior do ventre materno assim como os bebês. Como defesa contra a ambivalência que domina o vínculo com o objeto primário, serão deslocados e projetados sobre o pênis e sobre a figura do pai os aspectos cindidos e idealizados do seio materno ao mesmo tempo em que os aspectos persecutórios ficam associados à figura da mãe. Essa distribuição imaginária é o motor da mudança da criança em direção ao pai.

Para Freud, como vimos, essas vicissitudes da fase anterior assim como as queixas e fantasias referidas a privações precoces só ganham relevância a partir de sua ressignificação retroativa. Este último processo ocorre na fase fálica pelo confronto com a diferença sexual e o complexo de castração resultante, o qual subjaz como significado inconsciente daquelas reclamações.

O falo e a castração na leitura lacaniana: um Édipo em três tempos

Os conceitos de falo imaginário e simbólico possibilitam a Lacan uma reformulação do processo de constituição subjetiva e aportam novos parâmetros para analisar o modo de organização histérica.

A leitura lacaniana revaloriza a significação do falo estendendo-a à relação primária com a mãe. Esta relação deixa de ser considerada como "pré-edípica", passando a constituir-se como momento primeiro de um Édipo estruturado diacronicamente em três tempos.

Num primeiro tempo, que corresponde à relação dual narcísica, é necessário e suficiente, para ser gostado e amado pela mãe, ser o falo que a completa. Ser aquilo que a mãe deseja, o que nela ficou configurado e simbolizado inconscientemente como significante de seu desejo a partir de sua passagem pela castração e pelo Édipo durante sua própria infância, e que Freud conceitualizou como a passagem do desejo de pênis para o desejo de filho.

O falo imaginário seria não apenas o pênis, mas tudo aquilo que produz completude e perfeição. A identificação com esse falo confere completude imaginária e perfeição valorativa. Uma leitura intertextual permite reencontrar esses elementos na obra de Freud (1914c), no processo de narcisização e idealização de "Sua Majestade, o Bebê", por parte dos pais, postulado na *Introdução ao narcisismo*, e que seria indutora de um "ato psíquico novo": a primeira representação unificada e ideal do próprio corpo, correlativa da instauração do eu e de sua identificação com o eu ideal.

Para Lacan, este processo se manifesta

> [...] nessa experiência privilegiada que temos descrito como fase do espelho, que lhe abre uma nova possibilidade: a de situar o falo como objeto imaginário, com o qual a criança deve identificar-se para satisfazer o desejo da mãe, e que se enriquece com essa cristalização do eu sob a forma de imagem do corpo. (Lacan, 1982, p. 91)

Nessa relação dual narcísica, mãe e criança constituem uma unidade que produz narcisismo satisfeito para os dois componentes da díade. Por outro lado, a tensão agressiva que, em alguns momentos, impregna a relação deriva da dimensão especular inerente à díade narcísica, associada às falhas na capacidade simbólica materna ou das figuras que lhe dão apoio ou suporte no âmbito familiar.

No segundo tempo, no interior ainda da relação primordial, a criança descobre que a mãe é incompleta, que algo lhe falta. Ela mesma é colocada no lugar do falo que falta à mãe. É o que também "[...] vai acontecer quando a criança, ao descobrir a diferença dos sexos, descobre também que sua mãe não tem *phallus*, e que deseja nele outra coisa que ele mesmo" (Lacan, 1956-1957)[47]. Ela se dirige a um outro, que supostamente o tem. Intervém dessa maneira o pai, privando a criança do objeto de seu desejo: ser o falo da mãe. Prepara-se, assim, a passagem do ser para o ter. É importante nesse segundo tempo que a mãe realmente se volte para o pai, que o deseje.

A *castração simbólica* começa a ser operada no segundo tempo e implica que a criança reconheça que falta algo à sua mãe que deve ser procurado em outro lugar. O falo é identificado nesse momento com a figura do pai da criança.

47 *Apud* Bleichmar (1984) *Introducción al estúdio de las perversiones: la teoria del Édipo en Freud y Lacan*, p. 57.

O pai interditor-castrador presente nesse segundo tempo do Édipo priva a criança de sua identificação com o falo, e priva também a mãe do objeto fálico. O pai é, também, a lei que regula o desejo materno, ou seja, a mãe deixa de ser fálica, de ter o poder único e exclusivo de impor "sua" lei, a lei de seu desejo. Até esse momento a criança não deseja por si mesma; está alienada do desejo materno, do desejo que lhe vem da mãe.

A castração simbólica completa-se pela intervenção de um pai simbólico, instância equivalente ao pai morto da história mítica da horda primitiva na teorização freudiana da origem da cultura, a quem se atribui a criação da lei e que é representado pela figura do totem que preside a identificação dos indivíduos do clã e os constitui como seus membros. Nas culturas tribais, muitas delas subsistindo na contemporaneidade, tal instância se faz presente na figura do "ancestral". Na condição de significante presente no discurso materno é designado na teoria como o "Nome-do-pai"[48].

A castração simbólica opera uma transformação na subjetividade da criança, conceituada como *metáfora paterna*: o Nome-do-pai inscrito no Outro (lugar do código) substitui o desejo materno, induzindo a aparição da significação fálica. Essa operação é concebida como desalienante visto que, ao liberar a criança da sujeição ao desejo materno, abre para ela a possibilidade de ser sujeito de um desejo próprio passível de sucessivos deslocamentos.

No terceiro tempo do Édipo, pela castração simbólica, o falo e a lei ficam estabelecidos como instâncias simbólicas que estão situadas para além de qualquer personagem.

48 Ver capítulo 7, "A loucura histérica".

O pai deixa de ser "a lei" ou o "autor da lei" para ser um representante dela.

> No primeiro tempo a criança é o falo da mãe sem sabê-lo, e esta, por ter a criança, é a mãe fálica. No segundo tempo, ambos deixam de ser o falo e de tê-lo, respectivamente, mas existe ainda uma personagem que o é: o pai. No terceiro tempo ninguém é o falo, ficando este instaurado na cultura para além de qualquer pessoa. Se pode ter, mas não ser o falo. (Bleichmar, 1984, p. 53-54)

A criança abandona a identificação com o Eu Ideal, imagem de completude, perfeição e onipotência, para passar a identificar-se com o Ideal de Eu. Este, concebido por Lacan como uma constelação de insígnias – e que permitem, portanto, definir um papel, um lugar e uma pertinência –, "[...] está orientado em direção ao que, no desejo do sujeito, representa um papel tipificante, o fato de assumir a masculinidade ou a feminilidade" (Lacan, 1982)[49]. Por esta identificação, "tendo" os emblemas identificatórios, poderá situar-se como membro da classe dos homens ou das mulheres. Essa passagem do ser ao ter é correlativa, na estrutura, à passagem do pai, uma vez aceita a lei do incesto, do papel de interditor proibitivo ao de doador permissivo dos emblemas que possibilitam a aquisição da identidade sexual.

O universo fantasmático da histeria, correspondente à sua fixação na fase fálica, envolve sempre uma dimensão conflitiva referida à diferença dos sexos e à identidade sexual. A instauração da problemática fálica, em termos de presença-ausência, remete à questão da totalidade e à

49 *Apud* Bleichmar (1984, p. 87).

falta como vicissitude do narcisismo, inscreve no nível do inconsciente a oposição fálico-castrado, mas possibilita – e impõe – a pergunta sobre ser mulher ou ser homem. A identificação múltipla, tal como se manifesta nas fantasias, será a tentativa de resposta histérica a esta pergunta, e se expressará, também, nas tramas relacionais que os histéricos estabelecem[50].

No desenvolvimento edípico normal, pretender-se-ia que a metáfora paterna fizesse renunciar a expectativa de ser aquilo que solucionaria a insatisfação materna. A mãe faria de seu desejo a bússola que orientaria a menina até o pai. No caso da histeria, nem o discurso da mãe nem o suporte real do pai ajudam a menina a fazer esta passagem; a castração simbólica, de alguma forma, fracassa, e a menina fica atrelada ao vínculo de idealização e, ao mesmo tempo, de ressentimento com a mãe.

Afirma Rosolato (1975), no seu texto *A histeria, estruturas psicanalíticas*: "Como todo neurótico, o histérico trata obstinadamente de ser o falo" (p. 293).

Segundo Joël Dor (2000) – autor que, dentro do pensamento lacaniano, faz um interessante ordenamento sobre o desejo na estrutura histérica –, deve-se remarcar a alienação subjetiva do histérico em relação ao desejo do Outro (p. 90). O histérico sente-se injustamente privado do falo; por isso, em vez de interrogar-se diretamente sobre o seu desejo, delega a questão do seu desejo para aquele que supostamente tem o falo. O outro, colocado no lugar do amo, supostamente sabe aquilo que o histérico se esforça em desconhecer. Segundo este autor, o histérico interroga e, ao mesmo tempo,

50 Ver capítulo 5, "A identificação histérica".

impugna permanentemente a atribuição fálica, mantendo-se numa permanente oscilação entre a ideia de que o pai tem o falo por direito, e que a mãe o deseja e, por outro lado, a ideia de que o pai só tem o falo porque o privou da mãe. Esta segunda ideia abre uma reivindicação de que a mãe pode ter o falo e tem direito a ele, o que faz dos histéricos "militantes do ter". Essa reivindicação percorre caminhos diferentes nos homens e nas mulheres.

> O caminho para as mulheres é o de se fazer homem, e o do homem, o de se atormentar, dando permanentemente provas de virilidade, mas em ambos a finalidade é a mesma: apropriar-se do atributo fálico do qual se acha injustamente privado. (Dor, 2000, p. 88)

O papel do pai na gênese da histeria

A resolução do complexo de Édipo consiste em que a menina descubra a diferença sexual, reconheça-se como valorizada e aceite a sexualidade como possível, deslocando o objeto. A função do pai nesse processo é dupla: se, por um lado, tem de interditar o incesto, deve, por outro, valorizar o feminino e admitir o desejo em seus deslocamentos possíveis. Conforme a interação entre a menina e o pai, será definida a alternativa entre ficar fixada e bloqueada na fase fálica ou avançar e desenvolver uma posição feminina.

A menina, decepcionada por não ter recebido o pênis da mãe, vai buscá-lo no pai com a fantasia de que lhe será dado por ele. A menina busca-o como doador idealizado, como substituto da mãe que não irá defraudá-la. Não o busca como representante da lei, mas como aquele que compensa o que lhe faltou ou lhe foi negado.

O pai deve promover e facilitar uma passagem, uma remodelação das expectativas, ressignificando a incompletude como função de uma lei simbólica. Na histeria, o pai não teria operado esta passagem: ser um representante da lei aí onde é demandado para ser um dador que obture o rombo narcísico aberto pelo complexo de castração.

É importante que a representação da lei não se realize só no plano da censura, e sim no da possibilidade de abertura de um espaço de criatividade lúdica que mantenha o erotismo e permita a reelaboração fantasmática. A conflitiva edipiana não resolvida presente no pai pode facilitar o bloqueio do jogo e o sobreinvestimento compensatório. O pai pode assustar-se com o jogo sedutor da criança, afastando-a, o que é vivido como rejeição e reforça na filha o sentimento de desvalorização, levando-a a ativar o complexo de masculinidade ou o recalque.

A menina tem vivência de que, no caminho de sua feminilização, a atração erótica pelo pai é algo deplorado por ele. Segundo Piedimonte e Goldin (1976), "[...] era objeto de amor de seu pai enquanto não se jogava como homem ou mulher, mas como ativo ou passivo" (p. 95). Quando a menina se mostra atraída por ele, ele lhe diz, fobicamente, "não, não era assim como eu lhe queria, não é isso o que queria de você, isso é algo que seria melhor que não tivesse tido; você se confundiu" e isto será repetido por ela, sempre, a todos os homens que, seduzidos, se lhe aproximem.

Há uma *idealização* do pai que sustenta a ilusão de que receberá dele o falo, ao mesmo tempo em que participa do narcisismo adjudicado. A castração paterna não aceita ameaça desde o horizonte como *desilusão-decepção*, forçando-a a reconstituir, erguer e manter a imagem fálica.

Uma impotência sexual paterna ou uma insuficiência vital produzida por uma enfermidade, assim como uma frustração excessiva quanto à transmissão de uma herança masculina, operam como fatores que abalam a excelência fálica do pai e mobilizam a filha a restituí-lo no lugar idealizado. Uma situação fraca ou equívoca do pai em relação a alguma ordem de legalidade trará um resultado equivalente. A defesa diante dessa situação poderá conduzir a um sobreinvestimento fálico da filha conduzindo-a, às vezes, ao desenvolvimento de uma missão preservadora ou restauradora do valor familiar que implique o sacrifício de um projeto pessoal.

A menina dirige-se ao pai em busca de completude e dignidade. Coloca-se aqui, mais uma vez, a questão da resposta à demanda: o pai deve dignificar o feminino em lugar de falicizar a filha. A incompletude presente na lógica fálica, ressignificada como diferença, conduz ao feminino. A incompletude presente na lógica fálica, igualada ao não valorizado, ao indigno, conduz ao modo de ver histérico[51].

51 No capítulo sobre "Histeria e erotismo feminino", retomamos e desenvolvemos outros aspectos da problemática aqui considerada.

5
A identificação histérica

Como descrito nos capítulos anteriores, a fixação na fase fálica, o recalque como forma central da defesa, a fantasmática que gira ao redor da diferença dos sexos e um fracasso na passagem edípica caracterizam a estruturação histérica. Veremos, neste capítulo, como a problemática identificatória tem um lugar de operador central em relação aos itens anteriores.

Na fenomenologia clínica algumas figuras insistem. O triângulo repete-se nas relações amorosas, sendo os homens casados ou comprometidos as escolhas mais frequentes para as histéricas. Os homens impossíveis são objetos amorosos uma vez que se situam como "objetos proibidos". Homens como substitutos da figura paterna, o professor, o chefe do trabalho, o padre da Igreja, homens que trazem consigo os ecos da triangulação edípica (Édipo positivo), catexias de objetos parentais aos quais a histérica não consegue renunciar. Freud enfatizou esse aspecto em seus historiais: Elizabeth e o seu cunhado, Lucy e o seu patrão, Dora e o Sr. K.

São frequentes na clínica, também, as situações em que as histéricas se detêm nas preliminares do encontro sexual, adentrando na noite com conversas nas quais a sedução está presente, o erotismo põe-se em jogo e fisga o desejo, mas o autoerotismo prevalece, postergando, às vezes indefinidamente, o momento da relação sexual. No caso de escolhas amorosas de homens impossíveis que têm a seu lado uma mulher, é importante não se esquecer do outro personagem do triângulo, a mulher. Aquela que, quando sai do jogo, faz com que o circuito se desequilibre e faz com que o investimento libidinal no personagem masculino não se sustente. Não são poucas as vezes que escutamos uma mulher reclamar durante anos insistentemente porque o seu amado não desfaz o seu casamento anterior, mas é suficiente que ele o desfaça para que deixe de ser um homem interessante. Na cena do lago, em *Análise fragmentária de uma histeria*, não foi no momento em que o Sr. K. diz a Dora "[...] minha mulher não significa nada para mim" (Freud, 1905b, p. 24), justamente o momento em que ela descarrega sua mão irada sobre o rosto dele, rejeitando o beijo?

Por outro lado, quando tratamos da histeria, deparamo-nos com uma genitalidade postergada, ou evitada, ou carente de brilho, ou sede de sintomas como a frigidez, a impotência ou a ejaculação precoce. Genitalidade difícil de ser assumida em virtude de um fracasso na identificação.

O histérico tem uma relação de objeto total com uma certa exclusão do genital: "tudo menos isso". Está inserido em uma situação triangular com relações genitalizadas, sem regressão nem desfusão das pulsões, mas sofrendo com a impossibilidade de "assumir" a genitalidade por um posicionamento identificatório problemático, que não lhe permite manter uma identificação estável. Como diz Perrier (1979), o histérico estaria em

> [...] uma situação triangular na qual o sujeito tenta, através da identificação heterossexual, parcial e inconsciente, alcançar o objeto homossexual do seu desejo, ou seja, o genitor do mesmo sexo, com o qual não pode identificar-se diretamente. (p. 238)

O histérico apresenta-nos uma pergunta: o que eu sou? Sou homem ou sou mulher? E ainda, quando não se devam esquecer as dificuldades dos processos de identificação necessários à solução dessa interrogação, são diferentes os caminhos que se percorrem na procura por uma resposta, tendo sido a pergunta formulada por uma mulher ou por um homem.

O fracasso identificatório que essa interrogação põe em jogo coloca o sujeito histérico no interior das relações amorosas, numa verdadeira "sala de espelhos". De um lado, a histérica busca ser desejada e, nesta mesma medida, investida como objeto de amor do outro. Será uma "boa paciente" para o analista, uma ótima crente para o padre, uma aluna exemplar para o professor, procurando assim uma "dignidade" como mulher, que compensa o seu sentimento de menos valia. Ao mesmo tempo, ela escolhe homens acompanhados de uma mulher porque nesta procura tenta encontrar a feminilidade, um espelho no qual se buscar como mulher.

A dificuldade em assumir a genitalidade é testemunha de um fracasso em termos de identificações edípicas. Estas identificações se efetuam no seio da triangulação com o genitor do mesmo sexo, e permitem definir o lugar no processo de sexuação e confirmar a identidade de gênero. No entanto, cabe perguntar-se o que de mais primitivo, pré-edípico, prepara o terreno para esse fracasso identificatório.

Em um caminho progressivo de complexização, o tema da identificação atravessa toda a obra freudiana, desde a correspondência com Fliess, na qual a identificação aparece como um mecanismo que tenta dar conta do surgimento dos sintomas histéricos, até os últimos textos, nos quais, a partir de 1923, as identificações são pensadas por Freud como estruturantes do aparelho psíquico, ou seja, nesse percurso, se num primeiro momento as identificações permitem explicar o surgimento dos sintomas, posteriormente elas serão imprescindíveis para entender a própria conformação do sujeito psíquico.

Poderíamos assinalar no texto freudiano quatro variedades de identificação:

- identificações primárias;
- identificações narcisistas;
- identificações secundárias edípicas;
- identificações histéricas.

Identificações primárias

As identificações primárias são as mais difíceis de discernir no texto freudiano. Elas são explicitamente tratadas por Freud em *O ego e o id* (1923a), mas já estavam presentes em trabalhos anteriores como *Luto e melancolia* (1915c) ou *Psicologia das massas* (1921).

Para Freud (1921), a identificação primária localiza-se na "pré-história do complexo de Édipo". O menino toma "[...] o pai como objeto, no lugar do ideal, o que não indica uma atitude feminina passiva em relação ao pai; pelo contrário, é ativa, e o pai está colocado no lugar de modelo" (p. 99). Freud afirma:

> A psicanálise conhece a identificação como a mais precoce exteriorização de uma ligação afetiva com outra pessoa. Desempenha um papel na pré-história do complexo de Édipo. O menino manifesta um particular interesse em relação ao pai; quer crescer e "ser" como ele, fazer suas vezes em todos os terrenos. Digamos simplesmente: toma o pai como seu ideal. (p. 99)

A identificação primária é, para Freud, uma identificação "direta", "imediata" e anterior a qualquer catexia de objeto. É imediata porque não resulta da "perda de um objeto" anteriormente investido libidinalmente. É tributária dos mecanismos incorporativos ligados à pulsão oral, ou seja, consiste em uma incorporação "canibal", por devoração, o que pressupõe a aniquilação do objeto como tal. É uma identificação da ordem do "ser".

O "ego ideal" é, portanto, o seu herdeiro. As identificações primárias estão relacionadas com a formação do caráter. Em *O ego e o id*, Freud (1923a) afirma que

> [...] os efeitos das primeiras identificações, as produzidas na idade mais precoce, serão universais e duradouros. Isto nos reconduz à gênese do ideal do ego, pois atrás deste se esconde a identificação primária do indivíduo, a de maior valor; a identificação com o pai da pré-história pessoal. (p. 33)

Acrescentando em nota ao pé da página, ressalva:

> Talvez seria mais prudente dizer identificação com os genitores, pois o pai e a mãe não se valorizam como diferentes antes de ter notícia da diferença dos sexos, da falta de pênis.

As identificações primárias constituem o chão sobre o qual poderão acontecer as identificações narcisistas e as identificações edípicas. Elas serão retrabalhadas pelas identificações posteriores, o que permitirá que se construa um verdadeiro “mosaico” identificatório.

Identificações narcisistas

Em um dos textos da Metapsicologia, *Luto e melancolia*, na proposta de distinguir a forma normal e patológica do processamento do luto, Freud (1915c) faz uma excelente descrição das identificações narcisistas. A propósito do processo vivido na melancolia, ou nessa situação de luto melancólico, Freud afirma que “[...] a sombra do objeto caiu sobre o eu”, ou seja, o objeto perdido reconstitui-se no eu, e o eu modifica-se de acordo com o objeto (p. 246).

Essas identificações narcisistas são identificações mediatas, sucedendo-se a uma carga de objeto abandonada. Elas se dão a partir da perda de um objeto narcisicamente escolhido, com o qual se tem uma relação ambivalente. A perda desse objeto dá lugar a uma regressão à fase oral canibalística e a uma identificação consequente com o objeto incorporado. A incorporação traz como resultado um jogo sadomasoquista, no interior do psiquismo; nele, uma parte sádica fica identificada com um objeto idealizado, e outra parte é torturada e perseguida a partir de sua identificação com o objeto perdido.

As identificações narcisistas são identificações maciças, produzidas a partir de mecanismos incorporativos. Elas agem como um pivô que transforma a catexia investida no objeto em componentes do psiquismo. Nesse sentido, elas são o paradigma das identificações como estruturantes do psiquismo[52].

52 Ver, sobre o tema, Belmonte Lara, Del Valle, Kargieman e Saludjian (1976), *La identificación en Freud*, e Korman (1996), *El oficio de analista*.

No texto *Uma lembrança infantil de Leonardo da Vinci*, Freud (1910b) trata também das identificações narcisistas, desta vez em relação à constituição da homossexualidade. O menino ligado à mãe no Édipo, chegada a puberdade, quando deveria substituir a mãe por outro objeto, identifica-se com ela e busca objetos que substituem a ele próprio. Leonardo amava os jovens aprendizes com os quais tinha uma ligação erótica, amorosa, inconsciente, da mesma maneira com que sua mãe o tinha amado, ou seja, perpetuava com eles a relação dual arcaica que sua mãe mantivera com ele quando, abandonada pelo pai, colocara o filho como objeto sexual. Esta relação é repetida por Leonardo no elo com seus parceiros, deixando fora o terceiro, e mantendo-se numa posição identificatória na qual o objeto investido é o próprio eu. Amar o outro como a mãe o amou é amar-se a si próprio. Amor homossexual que mantém recalcada a relação incestuosa com a mãe.

Identificações secundárias edípicas

As identificações edípicas, assim como as narcisistas, são identificações secundárias. Elas se iniciam no seio da triangulação edípica, sob a primazia fálica e num espaço psíquico que já processa a diferença dos sexos. Nelas é possível diferenciar o objeto de catexia amorosa do objeto de identificação, ou seja, a menina ama o pai e se identifica com a mãe, ao contrário do menino. Elas não são maciças, e sim relacionadas a um traço parcial do objeto. Nesse caso, predominam os mecanismos "introjetivos", e não os incorporativos.

Como Freud (1923a) afirma em *O ego e o id*, "[...] quando o objeto sexual tem de ser abandonado, surge frequentemente no seu lugar aquela modificação do eu que encontramos na melancolia, e que é descrita como uma reconstrução do objeto no eu" (p. 31). Entretanto, no luto somos abandonados pelo objeto, ainda quando "fazer o luto" é abandonar o objeto, e deste abandono ativo surge a possibilidade, para o sujeito, de não ficar preso na identificação melancólica.

Na situação edípica, abandonamos o objeto por ser este um "objeto proibido". No fim do complexo de Édipo, o menino, confrontado com a ameaça de castração, precisa fazer uma escolha entre perder o objeto ou perder seu pênis. O narcisismo triunfa, e o objeto incestuoso é abandonado. Com o abandono do objeto de amor incestuoso, a mãe, é também abandonado o objeto paterno. Produz-se, então, um desprendimento da ligação de rivalidade com o pai por meio de uma identificação com a lei paterna, mas também há uma identificação com o pai desejado do Édipo negativo, pelo mecanismo de identificação com o objeto perdido. Resumindo, há uma identificação com a lei e uma outra com a figura, os emblemas do pai[53].

Como existem o Édipo positivo e o negativo, a identificação é sempre dupla. Como Freud afirma em *O ego e o id*, "podemos admitir como resultado da fase sexual dominada pelo complexo de Édipo a presença no eu de uma sedimentação que consiste no estabelecimento destas duas identificações entrelaçadas" (p. 35). Ainda quando prevalece no menino a identificação masculina, e na menina, a feminina.

A perda do objeto vê-se compensada pelo ganho narcisista, que implica a identificação com o pai, constituidora do narcisismo secundário e, ao mesmo tempo, estruturante

53 Já vimos as vicissitudes do Édipo na mulher, no capítulo 4, "A fase fálica".

das instâncias do supereu e do ideal do eu. Na identificação, introjeta-se o pai modelo, mas também o pai proibidor. O supereu que surge da introjeção da instância parental internaliza a lei paterna e, com isso, a lei social, a proibição do incesto, a interdição.

Essa passagem feita pela dissolução do complexo de Édipo na ontogênese é tratada por Freud na passagem da "natureza à cultura" (Lévi-Strauss) por intermédio do banquete totêmico, na descrição que o autor fará no texto *Totem e tabu*. Freud (1913) afirma:

> [...] acreditamos que eles não só odiavam e temiam o pai, como também o veneravam como modelo, em realidade cada um querendo ocupar o seu lugar. Desta maneira, o ato canibalístico se tornou compreensível como uma tentativa de se assegurar a identificação com o pai, incorporando uma parte do mesmo. (p. 144)

Os processos identificatórios no Édipo não se limitam à sexuação. Jean Florence (1994) afirma: "O totemismo, cujas regras proíbem o incesto e o canibalismo entre os membros de um mesmo totem, funciona na identificação em vários sentidos" (p. 129). Ao recalcar o incesto e o canibalismo, o indivíduo adquire uma identidade e fica inserido no sistema das trocas linguísticas, econômicas e sexuais com seus semelhantes. A identificação com um totem lhe garante a individualidade e a socialização. O totem é o pai morto, *Urvater*, instalado retroativamente no lugar da lei e do ideal.

Mais adiante, Florence (1987), afirma que

> [...] a identificação totêmica ou simbólica (com um traço ideal, paterno) opera o luto do objeto edipiano, a renúncia a uma relação pulsional ambivalente, enquanto a identificação

neurótica falha justamente nisso, conservando a relação incestuosa no inconsciente e fazendo o sujeito sofrer. (p. 130)

Identificações histéricas

O sintoma e a identificação

Freud reconheceu a existência das identificações a partir da clínica da histeria. Ele estava empenhado em desvendar o mecanismo de constituição dos sintomas neuróticos, fundamentalmente histéricos, e, indo atrás do mecanismo dos sintomas, encontrou-se com as identificações, chegando até mesmo a afirmar que, na base de todo sintoma histérico, existe uma identificação inconsciente que se origina num desejo, com raiz nas pulsões sexuais ou agressivas. É exemplo disso a identificação com a prostituta (a mulher da rua), que está presente ainda quando recalcada na origem da agorafobia. Ou a identificação com um morto, que permitirá explicar o espasmo tônico "na crise histérica". Essa situação Freud descreveu nas cartas a Fliess.

O sintoma histérico, assim como o sonho, conduziu Freud até o desejo inconsciente, até o sexual, o pulsional, mas também o remeteu à instância recalcante, o que fica claro na exigência de castigo, ideia que antecipa a instância superegoica da segunda tópica. Freud (1897b) define:

> Uma das manifestações do luto consiste em se acusar pela morte acontecida (o que denominamos melancolia) ou se castigar de maneira histérica, identificando-se com os mesmos estados que eles [os que morreram] sofriam, de acordo com o princípio de expiação. (p. 296)

A análise dos sintomas vai também mostrando a Freud os aspectos múltiplos – e por momentos contraditórios – presentes nas identificações histéricas, consequência do fato de que estas pegam traços de diferentes lugares e os juntam pelo mecanismo da condensação. Nos casos em que as identificações são demasiadamente numerosas, hiperintensas e inconciliáveis entre si, pode acontecer uma fragmentação do eu, com a consequente alternância, na consciência, das identificações singulares. Esse é o processo que acontece nas personalidades múltiplas, segundo o afirma Freud, em *O ego e o id* (p. 32).

A concepção de um eu único – coeso –, da psicologia da consciência, não se pode manter. O estudo dos sintomas vai mostrando a Freud a forma na qual esse eu sofre os efeitos dos movimentos do desejo, sendo então uma espécie de entretecido, na qual desejos contraditórios e traços que pertencem a pessoas diferentes estão presentes. Jean Florence (1994) no seu texto "As identificações", afirma:

> Não há sintoma que não seja motivado por um romance, quer dizer, um conjunto de relações entre personagens, entre uma pluralidade de personagens. A identificação neurótica é uma identificação romanesca, é um modo de pensar inconsciente que modifica o eu. (p. 118)

E mais à frente:

> O eu [...] de um drama cujos verdadeiros motivos não se pode chegar a adivinhar, a não ser seguindo o jogo das identificações. (p. 119)

A bissexualidade, afirmada por Freud para todos os sujeitos, atualiza-se dramaticamente no ataque histérico.

Traços da pessoa amada e também do rival, a atividade e a passividade, o homem e a mulher, a vítima e o violentado, apresentam-se simultaneamente nos sintomas. No texto *As fantasias histéricas e sua relação com a bissexualidade*, Freud (1908a) afirma que o sintoma histérico esconde duas fantasias recalcadas, uma de caráter masculino, e outra, feminino. Ambas são figuradas plasticamente no ataque histérico de uma moça que, com uma mão, puxa seu vestido, enquanto, com a outra, segura-o contra seu corpo, sendo ao mesmo tempo a mulher violentada e o homem que violenta.

Essa complexidade faz com que o ataque histérico requeira uma interpretação igual à que se realiza com os sonhos, uma vez que o ataque histérico é incompreensível à primeira vista como consequência do trabalho de condensação, que permite que duas fantasias opostas e múltiplas identificações convivam no mesmo sintoma. A isto se acrescenta o fato de que, às vezes, a fantasia pode ser figurada invertendo a sequência temporal, como no exemplo mencionado por Freud, no qual, numa fantasia, uma moça representa-se sentada lendo num parque, um senhor aproxima-se, e juntos vão a um lugar no qual se realiza uma troca íntima. Esta fantasia pode ser expressa num ataque histérico, que começa com uma crise convulsiva que representa o coito, e depois a moça se traslada para outro quarto, onde começa a ler um livro (Freud, 1908b).

A complexidade da trama fantasística que suporta o sintoma e que remete a uma multiplicidade identificatória encontra uma excelente ilustração na análise de um dos sintomas da *petite hystérie* da jovem Dora, retrabalhada por Freud em *Psicologia das massas*. Nesse texto, vemos que Dora, a partir da rivalidade edípica, quer ser a mãe e quer receber aquilo que o seu pai dá para sua mãe. Quer, por exemplo, "as gotas" – os brincos que o pai deu para a mãe. Esse desejo fica recalcado, e o lugar da mãe com o qual Dora se identifica é o do sofrimento. Dora compartilha com a mãe o "corrimento vaginal", doença sexualmente transmitida, que lhe permite sentir-se objeto do desejo sexual do pai. Freud (1921) afirma: "Você quis ser sua mãe, agora o é no seu sofrimento" (p. 100).

Por outro lado, a tosse nervosa presente em Dora remete-nos a uma identificação dela com o pai, tipo de identificação na qual Freud esclarecerá que, nela, o sujeito se apropria de qualidades do objeto de amor passando do objeto de amor ao de identificação por um movimento de regressão. Ainda em *Psicologia das massas*, Freud (1921) afirma que "a identificação substitui a escolha do objeto. A escolha do objeto regride até a identificação" (p. 100). Nesse caso, a identificação faz-se com o sintoma da pessoa amada, com alguém com quem se mantém uma ligação sexual ainda quando imaginária. No entanto, há outras variedades identificatórias possíveis, como explicitaremos mais adiante ao tratarmos do exemplo do internato.

A "Bela Açougueira": identificação histérica e desejo insatisfeito

É na *Interpretação dos sonhos* (1900), na análise do sonho conhecido como "A Bela Açougueira", que Freud trata mais claramente da identificação histérica. Em um momento no qual tenta explicar para a paciente a sua teoria de que o sonho é uma realização de desejo, ela sonha o seguinte:

> Desejo dar uma comida, mas não tenho na minha despensa mais do que um pouco de salmão defumado. Disponho-me a

> ir às compras, mas lembro que é domingo de tarde, e todos os mercadinhos estão fechados. Pretendo chamar pelo telefone algum provedor, mas o telefone está quebrado. Em consequência, devo renunciar ao desejo de dar uma comida. (p. 165)

Esse exemplo mostra a histérica ocupando, na situação transferencial, uma posição que lhe é típica; a paciente, por meio do seu sonho, questiona a própria teoria, o saber do analista, e, em última instância, recusa a possibilidade de que o analista veja confirmada sua teoria, ou seja, de que o desejo do analista se realize.

A fim de trabalhar o tema da identificação histérica, acompanhemos a análise do sonho que Freud e a sua paciente foram fazendo. Seguem ao relato do sonho as seguintes associações:

1. O marido da paciente tinha lhe falado uns dias antes de sua intenção de emagrecer e de sua decisão de não aceitar convites para jantar fora.
2. O marido lhe diz também que um pintor quis retratá-lo, e que ele teria afirmado que a bunda de uma moça era bem melhor que sua cabeça.
3. Em terceiro lugar, ela, que está apaixonada pelo seu marido e gosta de caviar, pediu que ele não lhe trouxesse caviar para poder continuar "brincando com ele" daquilo que ele não oferece.

Abre-se aqui um tema importante no desenvolvimento contemporâneo sobre a histeria: o do desejo insatisfeito. Clinicamente, este se mostrará com aspectos que podem ser mais sombrios, quase paranoicos, como na queixa de Dora, ou tratados com mais humor, como no exemplo da "Bela Açougueira". Outro exemplo engraçado que ilustra a necessidade histérica de manter o desejo insatisfeito é o relatado por L. Israël (1994), da senhora que sempre afirmava que queria comer carne e, no momento em que é convidada para jantar numa churrascaria, pede peixe. O desejo insatisfeito conduz, na teoria freudiana, à frustração pela falta de pênis, própria do complexo de castração, insatisfação que tem como destinatária a mãe, por não tê-lo dado a ela. No interior da teorização lacaniana, o desejo insatisfeito presente no sintoma protege o sujeito contra os perigos de um gozo absoluto e enlouquecedor.

Na análise do sonho da "Bela Açougueira", após um pequeno silêncio, expressão da resistência, as associações continuam. Conta a paciente que, no dia anterior, encontrou-se com uma amiga da qual sente ciúmes porque o seu marido a elogia bastante, apesar de ela ser magra e ele gostar das gordinhas. Esta amiga lhe falou que estava querendo engordar, e perguntou-lhe quando a convidaria para jantar. Aqui Freud (1900) cruza o comentário do marido, o propósito de não aceitar convites para jantar para não engordar, e a sugestão da amiga de que a convidasse a jantar, e diz a sua paciente: "Você deve ter pensado: vou convidá-la para jantar justamente para que você engorde e meu marido goste mais de você?" (p. 166). Assim, o sonho expressa o "desejo de não realizar o desejo de sua amiga". É o desejo da sonhadora, que "à amiga lhe seja negado um desejo".

Interrogada sobre o salmão, ela responde: salmão é o prato preferido dessa amiga, e é justamente aquele do qual ela se priva, da mesma maneira que a paciente de Freud se priva do caviar. As duas têm um desejo insatisfeito, mas ela não sonha que não se realiza o desejo da amiga. Sonha que não se realiza o "seu desejo", ou seja, sonha-se "identificada com a amiga". As duas preferem manter vivo o desejo em vez de satisfazer à demanda alimentar, o que certamente nos faz pensar na anoréxica, que não come para poder ter um desejo. Diante de uma mãe que "entucha" comida ou "embucha" demanda, a única forma de abrir uma brecha para desejar é recusando o alimento. O desejo insatisfeito, portanto, protege também do esmagamento da possibilidade de desejar, que pode sucumbir ao poder absoluto do Outro.

A identificação, diz Freud, é um aspecto muito importante na constituição dos sintomas histéricos. Identificação não é imitação; a imitação é o caminho, o instrumento, mas o ato psíquico que anda por ele é bem mais complexo, é a

> [...] apropriação na base da mesma reivindicação etiológica, que expressa um "igual a" e se refere a algo comum que permanece no inconsciente. Trata-se de uma "comunidade sexual"; neste caso, o "desejo do açougueiro". No sonho, ela se põe no lugar da amiga e se identifica com ela mediante a criação de um sintoma, o desejo denegado. (p. 168)

A histérica apropria-se do sintoma de outra mulher, ao mesmo tempo em que delega a outra mulher o seu papel de mulher, fazendo-se representar por outra mulher.

O essencial no trabalho de Freud é ter referido a identificação ao desenvolvimento do inconsciente, diferenciando-a da imitação. Freud esclarece a "comunidade inconsciente", que está na base da identificação histérica, com o exemplo da sala de um internato no qual uma moça tem uma crise, ao ter recebido uma carta da família que lhe reativa uma dor de amor. As outras pessoas que sabem dessa causa também entram em crise. Neste caso, a identificação não se faz com alguém ao qual se está ligado sexualmente. A situação é sexual, mas a pessoa com que se faz a identificação não ocupa o lugar de objeto do desejo sexual para o sujeito em quem se está produzindo o processo identificatório.

O processo de identificação seria feito por meio do seguinte pensamento, que se mantém inconsciente: se por uma causa como esta ela tem uma crise, eu poderia ter uma igual, já que tenho os mesmos motivos.

> Um dos eus teria percebido no outro uma importante analogia num ponto, criando então uma identificação nesse ponto e, influída pela situação patógena, essa identificação se desloca ao sintoma que o primeiro eu produziu. A identificação pelo sintoma passa a ser, assim, o início de um ponto de coincidência entre os dois 'eus' que deve manter-se recalcado. (p. 101)

A identificação com a amiga é uma tentativa de se tornar objeto de desejo de um homem:

> [...] ela se põe no lugar da amiga no sonho porque esta última ocupa o seu lugar no desejo do marido, e porque quer apropriar-se do lugar que a amiga ocupa na estima de seu marido. (p. 168)

A identificação histérica efetua-se numa situação de desejo. É uma identificação com alguém que está colocado na mesma situação de desejo. A sonhadora identifica-se com a amiga que é desejada pelo seu marido, da mesma forma que ela o quer ser. Interrogando, na identificação, a amiga: o que tem uma mulher além das formas do corpo que o homem deseja? Ao mesmo tempo interrogando o desejo do homem: o que ele deseja na amiga magra?

É, portanto, atrás do enigma do desejo entre homens e mulheres que a histérica anda. Identificada pelo desejo insatisfeito com a sua amiga magra, encontra um lugar de perspectiva de onde pode interrogar-se sobre o que um homem deseja numa mulher. Simultaneamente, encontra um lugar para interrogar-se sobre o que é uma mulher. Dessa forma, a identificação lhe permite ir atrás não só do enigma do desejo, mas do enigma da feminilidade. Os dois, ao mesmo tempo, tentam ser resolvidos pela identificação, dirá Serge André (1987), no seu livro *O que quer uma mulher?*

Os desenvolvimentos lacanianos deixaram claro como, a partir da identificação com a amiga, ela tenta acessar o mistério da feminilidade, tenta apreender o feminino por meio do olhar masculino. No sonho da bela açougueira, cria-se uma identificação com o objeto desejado pelo homem, para desse lugar interrogar-se o desejo do homem em relação à mulher.

No sonho da "Bela Açougueira", a paciente mantém o desejo não satisfeito porque, por intermédio dele, satisfaz o desejo de "ser desejada" pelo marido, em identificação com sua amiga. O sonho é uma realização de desejos, concluem Freud e sua paciente.

Dora: as identificações imaginárias e o enigma da feminilidade

A mobilidade identificatória da histérica mostra-se com clareza na clínica. A histérica desloca-se no seio da estrutura edípica, ocupando lugares diferentes. A situação intersubjetiva configura-se como triângulo de objetos de amores e rivalidades, de sedução, tentação e perigo. A identificação oscilante com os diversos personagens e figuras da constelação edipiana, incluído o falo, pode explicar – no entendimento de Rafael Paz (1970) – algo presente na descrição de Jaspers, que se refere à personalidade histérica como carente de núcleo, estando constituída por uma série de máscaras diversas e cambiantes.

Na montagem permanente de triângulos amorosos, a histérica mostra, no dizer de Perrier (1979), que

> [...] continua sendo tributária dos mecanismos de identificação imaginária que estão feitos para abordar, sem resolver, a pergunta sobre a diferença entre os sexos. Ela se identifica com o homem porque necessita participar no seu desejo, para buscar, como ele, a mulher no seu mistério. Ao mesmo tempo, aliena imaginariamente sua pergunta de mulher numa mulher diferente dela, a quem recrimina por não ser tão íntegra e sem falhas como ela sabe ser. (p. 166)

E prossegue:

> [...] dessa forma, fica manifesta, de acordo com a teoria freudiana, a fantasia bissexual da histeria; é suficiente que uma situação sexual exemplar se ofereça em um casal, para que ela engenhosamente se coloque "no meio", parte participante e parte excluída – em relação aos outros dois. Graças ao suporte de uma dupla identificação possível, manter-se-á com mais ou menos verbo e felicidade num desejo insatisfeito, ao abrigo de uma frigidez que é sua salvaguarda e garantia do seu ambíguo desinteresse. (p. 166)

Trata-se, portanto, do entorno ideal para manter um equilíbrio narcisista possível.

Tudo isso nos remete a histórias edípicas em que algo fracassa na relação desejante do casal parental que a histérica tenta reparar com o seu sintoma. No casal dos K., Dora fica afônica quando o Sr. K. não está, e recupera sua voz em sua presença, como se, pelo sintoma, ela dissesse: "eu não falo quando não está, mas falaria na sua presença", o que seria o mesmo que dizer "eu sou melhor esposa que a Sra. K., já que esta adoece quando ele está presente e sara quando ele se ausenta, ou seja, foge, pela doença, do encontro sexual". Em relação ao casal paterno, ela gostaria de receber as joias que o pai dera à sua mãe, e de que esta não gostara, como se afirmasse novamente que seria melhor esposa que a mãe. Há nisto uma rivalidade com o lugar materno, mas ao mesmo tempo é como se o sintoma da histérica reparasse a frigidez materna. A filha tenta reconstituir uma cena primária idealizada, mas não encontra no entorno uma referência.

A releitura do historial de Dora que Lacan (1966) faz em *Intervenção sobre a transferência* retoma a interrogação que Freud reconhecia depois da interrupção do tratamento, que deveria ter sido explorada nesta análise: qual o segredo da lealdade que Dora mantinha em relação à Sra. K.? Seguindo esse caminho, Lacan afirma que se teria chegado por ele ao valor real do objeto que a Sra. K. era para Dora: "[...] o mistério da feminilidade" (p. 42).

Para Lacan, a histérica faz-se de homem à medida que tende a cercar a feminilidade à maneira masculina. Será na lembrança que Dora tem de sua infância que Lacan encontrará a "matriz originária" daquilo que para ela seriam o homem e a mulher. Nessa lembrança, Dora, sentada no chão, suga o seu polegar ao mesmo tempo em que, com a mão direita, segura o lóbulo da orelha do irmão. O polegar que Dora chupa vale como um *terceiro termo* que se acrescenta ao irmão e à própria Dora e os constitui como casal. Segundo Lacan (1966),

> [...] para Dora poder fazer o reconhecimento da feminilidade, ser-lhe-ia necessário assumir o próprio corpo. Pela falta desta assunção, Dora permanece aberta à fragmentação funcional

> (para nos referirmos ao suporte teórico da fase do espelho), que constituem os sintomas de conversão. [...] Mas, para esse acesso, ela teria contado com um único roteiro, que, segundo nos mostra a imagem original, lhe oferece uma abertura em relação ao objeto: o companheiro masculino. (p. 43)

Era seguindo o circuito que passava pelo irmão, ou seja, identificando-se com os homens que giram ao redor do feminino, que ela procurava decifrar o mistério da própria feminilidade.

Dora quer ser amada pelo pai como a Sra. K., mas, para ser objeto do desejo masculino, terá primeiro de se identificar com o pai ou com o irmão, a fim de esclarecer qual o valor que tem a mulher nesse desejo masculino. Assim, a relação de Dora com a Sra. K. não é um desejo homossexual; a Sra. K. é, para Dora, o "modelo da própria feminilidade".

A fragilidade que a histérica vive, para se sustentar sozinha no lugar da feminilidade, leva-a a inserir-se nesse jogo de espelhos, condenando-se permanentemente a essa construção de triângulos ou de quadriláteros.

Num outro historial, escrito por Freud em 1895, Elizabeth von R. vive desde muito cedo uma relação com o pai na qual ocupa um lugar "especial". A menor das três filhas mulheres substitui o filho homem que o pai não teve, o que a torna "seu amigo e confidente". O pai a motiva intelectualmente, chama-a, brincando, de impertinente e respondona e, ao mesmo tempo, insiste em que será para ela difícil encontrar marido. Elizabeth, por sua vez, descontente com a sua condição de mulher, tem planos ambiciosos para o futuro: quer fazer formação musical e não se mostra disposta a sacrificar sua liberdade em um casamento. Coloca-se, portanto, longe do que eram os ideais femininos de sua época: a passividade, a submissão e o destino de ser mãe. Inteligência e esperteza, características que compartilha com Dora, deixam-na, no que se refere aos traços de gênero dominante no momento, mais próxima de um homenzinho. Desse modo, estabelece-se a aliança com o pai, que a vê efetivamente como um homenzinho, e ela tem um apego imenso por ele e considera seu amor o bem mais precioso que tem. Na juventude, durante a doença do pai, ela se converte em uma enfermeira dedicada, função que compartilha com outras histéricas na obra de Freud: Anna O. e Dora. Função em que, no dizer de Serge André (1987), a histérica tenta "reparar o Outro", e em que, ao mesmo tempo, consagra-se à demanda do Outro. Dessa forma, ambos mantêm a aliança fálica.

Morto o pai, ela se faz herdeira do lugar paterno, impondo-se como objetivo de sua vida dignificar a família, mantendo sua unidade e sua felicidade. Elizabeth é uma "servidora" da falicidade, dirá S. André. Seu propósito encontra obstáculos no momento em que uma das irmãs se casa e seu cunhado resolve morar fora da família. Trata-se de um momento de fragilização do ideal de ego, pois pensa que "não conseguirá dar um passo no cumprimento de seus objetivos". Essa frase estará, segundo Freud, na base do sentido simbólico de seus sintomas – as dificuldades para andar[54]. Fica claro, no entanto, que até aqui, seja no lugar de filho homem, seja no lugar de herdeira do papel do pai, Elizabeth mantém-se longe do lugar feminino.

Quando a segunda irmã se casa com um homem sensível e que sabe cuidar das mulheres, Elizabeth pensa que seria

54 Ver desenvolvimento no capítulo 3, "Corpo histérico e sintoma".

capaz de renunciar à sua liberdade para casar-se com um homem como esse. Esse pensamento quebra a identificação fálica mantida até então e abre um caminho em direção à feminilidade, até então colocada de lado.

> Até então, Elizabeth se achava capaz de prescindir do apoio de um homem, mas agora apoderava-se dela um sentimento de fragilidade de mulher, uma nostalgia de amor, na qual, segundo suas próprias palavras, a solidez do seu ser começava a derreter-se. (Freud, 1895a, p. 168)

Freud, nesse momento, interpreta o surgimento do desejo de possuir um homem igual àquele como um "desejo pelo cunhado" e uma identificação com a irmã, remarcando a escolha do objeto heterossexual, assim como no caso de Dora.

Desenvolvimentos posteriores do próprio Freud – como os textos sobre o Édipo negativo e a temática das identificações – e elementos tomados da releitura feita por Lacan, desenvolvidos neste capítulo, nos permitem ver que a irmã de Elizabeth era, para ela, aquela que detém a feminilidade. Na identificação com ela, Elizabeth procurava colocar-se no lugar de objeto do desejo masculino, da mesma forma em que o fazia a "Bela Açougueira" ao se identificar com a amiga no sonho. No dizer de S. André (1987), "[...] o desejo de Elizabeth é o de ser amada pelo seu pai como a irmã é amada pelo cunhado" (p. 130). A irmã morta teria produzido, para Elizabeth, o mesmo efeito que a frase do Sr. K. para Dora "a minha mulher não significa nada para mim", ou seja, retira-se do jogo uma peça fundamental, aquela sobre a qual se suporta o acesso ao mistério da feminilidade sob a ótica masculina. Elizabeth, privada da referência feminina necessária, não encontrou mediação suficiente para se colocar como objeto do desejo masculino. Mediação que é claramente encontrada no sonho da "Bela Açougueira", na identificação com a amiga. Quando se quebra o equilíbrio narcísico necessário, conseguido a partir da existência do triângulo amoroso, surgem os sintomas.

Todas estas situações clínicas nos permitem ver com mais clareza o sentido da afirmação de Perrier (1979), mencionada anteriormente. Para o autor, o histérico não consegue assumir a genitalidade por um fracasso no nível das identificações edípicas que o deixam na metade do caminho carregando a interrogação: sou homem ou mulher?

Voltemos, então, à história familiar na qual se apoiaria esta organização do psiquismo. A histérica é filha de uma outra histérica que não conseguiu valorizar a sua própria feminilidade e, em consequência disso, teria transmitido à filha um sentimento de *menos valia* em relação ao corpo. Chegado o momento do reconhecimento das diferenças entre os sexos, esse sentimento se tornaria um obstáculo à aceitação da castração. A histérica, por sua vez, seria filha de um pai que, assustado com a possibilidade de que o reconhecimento da sexualidade de sua filha o conduza ao incesto, não consegue acompanhá-la no processo de sexuação, incluindo uma dimensão lúdica necessária. Assim, não abre espaço para os jogos de fantasia, nos quais a filha poderia ir modelando a figura feminina ideal a ser assumida no futuro. Ao mesmo tempo, esse pai é seduzido pela possibilidade de ver sua filha numa posição de filho, o que viria a reparar seu falicismo falido.

Da identificação com o falo à quebra da imagem especular

No processo de desenvolvimento, a descoberta da castração materna produz efeitos diferentes no menino e na menina[55]. No menino, surge o medo de perder o pênis, enquanto na menina surge a vontade de ter um pênis, ao qual se atribui um valor fálico; ou, diante da impossibilidade de tê-lo, o caminho é "aparentar sê-lo"[56] (posição fálico-narcisista). A histérica é filha de uma mãe que, inconformada com sua incompletude, solicita à filha que seja um remédio para sua carência, demanda à qual a histérica responde, levando ao extremo a posição fálico-narcísica. Assim, identifica-se de corpo inteiro com o falo e exibe este corpo para o olhar fascinado de alguém que se preste a esse jogo de aparências. Nessa identificação de corpo inteiro com o falo, vira a *girl-phallus*. As histéricas estão demasiadamente convencidas de sua fantasia de serem portadoras de um corpo-falo.

55 Ver capítulo 4, "A fase fálica".

56 A questão da feminilidade, quanto ao que é e ao que parece ser, tem dado lugar a interessantes desenvolvimentos. Joan Rivière (1929), da escola inglesa, desenvolveu o conceito de feminilidade como máscara contra a angústia. Em seu livro *A feminilidade como mascarada*, a autora trata de mulheres com características especificamente femininas, mas que, na análise, apresentam comportamentos discretamente exibicionistas, que conduzem a reconhecer nelas a existência de uma rivalidade intensa com os pais e um medo da vingança que temem que seja exercida pelos homens. Essas mulheres usam a feminilidade como uma máscara contra a angústia de se mostrar como castradas ou castradoras. O comportamento exibicionista serviria para revestir a máscara da feminilidade, exibindo ao mesmo tempo que ela não o é.

No pensamento de Piera Aulagnier (1990) sobre a feminilidade, as noções de "embuste" e "simulacro" são centrais na conceitualização do desejo feminino. No desejo do homem pela mulher, há uma certa dimensão fetichista. Ele precisa que ela encubra sua carência com enfeites para oferecer-se como desejável; a feminilidade aparece, portanto, como uma série de atributos que fazem a mulher desejável para um homem.

Para a autora, a descoberta da castração materna deixa descoberto para a menina que o desejo materno não se pode sustentar a não ser numa fonte que está "em outro lugar". A partir dessa descoberta, a menina só se poderá reconhecer como "objeto do desejo materno" enganando se quiser ser o suporte do desejo da mãe. "Ela deve renunciar a ser para parecer justamente o que não é" (p. 88). O embuste traslada-se do campo da relação com a mãe para a relação com o homem, e finalmente se dá no nível das insígnias das quais a mulher se recobre para ser objeto de desejo de um homem. O caminho da feminilidade normal será, segundo a autora, a passagem do "véu enganador" para o "dom" (ver o capítulo 10, "Histeria e erotismo feminino").

Esta posição, nos momentos em que obtém êxito, se constitui como uma das fontes da capacidade da histérica para o teatro, para a dança, para o predomínio do espetacular no diálogo. As meninas prodígios, atrizes como Shirley Temple, configuraram o ideal de menina-falo de meados do século XX. Basta ver, nas fotografias da época, a forma como a atriz segura a estatueta, quando premiada pelo Oscar, para ver que sua posse premia ao mesmo tempo a obra e o corpo, corpo que metaforiza o conjunto da obra. Estar, entregar-se, mergulhar no papel, de corpo inteiro, parecem frases centrais do discurso construído pela histérica.

> O fato de estar inteira e de continuar inteira por todos os meios, a protege da questão que a ameaça: o dilema do *ter* e a falta no ser. (Perrier, 1979, p. 165)

No entanto, nem sempre a histérica pode preservar a imagem especular que lhe garante o narcisismo fálico. Ela vive uma situação pendular em que os momentos de êxito se alternam com outros de quebra catastrófica, que a fazem cair na impotência. Rosolato afirma:

> O histérico, portanto, persegue e deseja esse drama, repetido e cíclico, que consiste em alcançar uma unidade que se desagrega. Nessa relação, vivida pateticamente, da tentativa de união colocada em questão, uma e outra vez se realiza a ruptura que quebra o todo, fragmentando-o. Em oposição, o obsessivo está em posse de uma unidade que preserva e mantém. (Rosolato, 1975, p. 287)

"Um rosto desencaixado", "um corpo desengonçado", "um estar em pedaços", "desfazer-se em prantos", "estar em cacos", aquilo que o cubismo de Picasso veio representar magistralmente com sua *Mulher que chora*, que tem se mostrado na descomposição e na fragmentação da postura corporal e dos movimentos em algumas encenações recentes de *Fräulein Elsa*, de Schnitzler, são expressões discursivas ou manifestações artísticas nas quais se põe em jogo esse *fantasma do corpo despedaçado*, do *corps morcelé* ao qual se refere Lacan. Ele o define como um antecedente do fantasma de castração como mutilação de uma parte do corpo, e que seria uma de suas variantes. Esse fantasma surge nas cenas "desgarradoras" que integram a trama e as vicissitudes pelas quais atravessam as relações amorosas dos histéricos.

Fazem parte de uma estética do desespero, que veio substituir, na linguagem dramática, aquela outra, de romantismo elegante, do *spleen* e da languidez, das situações em que a notícia de um abandono ou de um deslize descoberto provocava um desmaio seguido, às vezes, da apressada busca dos "sais". Nessas situações, a defesa do eu – o recalque – operava "a tempo" de impedir que "a roupa se rasgasse", cindindo a consciência pensante que abandonava a cena, enquanto o corpo caía e jazia delicadamente, e a emoção impregnava os espectadores no palco da vida. O colapso fálico era relativo muito mais à bela morte de um cisne do que ao despedaçamento de um corpo, de um rosto.

Assim, a função de preservação da imagem especular pode ser entendida como motivo central da defesa, e o sintoma conversivo, como fracasso da defesa e retorno do recalcado sob a forma de um "fantasma de fragmentação", ativado pela angústia de abandono ou de perda do objeto amoroso. O colapso ou a ruptura revelaria, dessa forma, a articulação entre a unidade narcísica especular da imagem corporal e a representação imagética do falo, ou, em outros termos, uma identificação corpo-falo, tratando-se de uma identificação fálica, presente na estruturação histérica. Uma analisanda, nos momentos de sua análise em que ficava em contato com algo que era da ordem da fragilidade, tomada de angústia, levantava-se do divã e mostrava ao analista seu corpo inteiro, grande falo ereto, com o qual tentava reconstruir sua potência e deixar o analista hipnotizado pelo seu próprio olhar da suposta completude do corpo.

A unidade narcísica especular, tendo como suporte a imagem corporal, também se faz presente no plano da idealização do objeto feminino, sendo um exemplo *princeps* a imagem sublime do corpo "branquíssimo" da Sra. K. condensado, no segundo sonho de Dora, com o quadro da Madona, diante do qual a histérica tinha ficado longamente absorvida em uma contemplação fascinada.

Cabe à imagem especular narcísica um lugar importante dentro do conjunto ou rede de representações do corpo que estão sujeitas ao efeito dos deslocamentos que fazem parte do mecanismo de formação do sintoma conversivo. Algumas das representações dessa rede têm um caráter mais recortado, relacionado a uma parte ou órgão do corpo, uma origem mais primitiva no desenvolvimento psíquico, um conteúdo referido a uma "inervação corporal" (ou, mais bem colocado, à sensação desta).

Em pacientes psicóticos, essas representações corporais aparecem sobrecarregadas por efeito da retração narcisista secundária a partir das catexias de objeto. Essas representações, quando articuladas com o pensamento e o discurso, prevalecem nos enunciados. Freud (1915b) refere-se a esses enunciados, no artigo "O inconsciente", usando também o termo equivalente de "linguagem hipocondríaca". Toma como exemplo uma paciente de Tausk que foi levada para a clínica depois de uma querela com seu namorado, e que se queixava de que "seus olhos não estavam direitos, mas tortos" (*verdrehen*). Na sequência expunha em linguagem ordenada, as seguintes reprovações a seu amado: "é um hipócrita", um *augenverdreher*, expressão que significa "simulador", mas que, na versão literal, seria "entortador de olhos"; "ela está vendo o mundo com outros olhos". Freud afirma que, em se tratando de uma histérica, esse pensamento poderia ser metaforicamente expresso por meio de um espasmo dos músculos oculares, por uma torção convulsiva dos olhos. Ao mesmo tempo, o pensamento verbalizado que permite interpretá-lo estaria ausente da consciência por efeito do recalque.

Na situação do ataque histérico, a ruptura da representação unificada do corpo faz-se fortemente presente. Poderíamos mencionar um exemplo anedótico de uma secretária que trabalhava num ambulatório psiquiátrico. Ela afirmava poder auxiliar no restabelecimento das pacientes histéricas nos momentos de crise, transportando-as para o interior de um banheiro. Diante da objeção colocada por um grupo de residentes que diziam ter tentado a manobra salvadora sem o resultado esperado, a funcionária respondeu: "era óbvio que ia falhar, vocês a levaram para um banheiro sem espelho. Elas precisam do espelho para poder recompor a maquiagem antes de voltar para a sala de espera". Fica evidente, nesse exemplo, a necessidade tanto da restituição da imagem especular quanto da recomposição dos traços da identidade feminina, colocada em questão no contexto do ataque histérico.

6
Histeria nos homens

O reconhecimento da histeria masculina não tem a antiguidade de séculos que tem a histeria feminina, nem mobiliza a produção de imaginários expressos na fertilização de teorias que caracterizam os discursos sobre ela. O fato de a etiologia da histeria ter sido ligada ao útero, durante séculos, contribuiu para que ficasse de fora a possibilidade de se pensar na histeria nos homens.

Só no século XVII, quando a sede da histeria se translada do útero para o cérebro, e quando as teorias cerebrais substituem as teorias vaporosas, abre-se um espaço possível para pensar a histeria nos homens. Charcot, no século XIX, reconhece a histeria nos homens e descreve alguns casos; no entanto, para mostrar as formas "puras", encontra sempre a referência em casos de histeria em mulheres. Quando interrogado sobre por que, nas reuniões das terças, geralmente apresentava mulheres histéricas, respondia que os homens histéricos podiam ser encontrados maltrapilhos nas ruas, ou seja, marginalizados pela cronificação do alcoolismo.

Freud relata como seus colegas zombaram dele, após dar uma conferência em 1886, na Associação Médica de Viena, na qual tinha sustentado a existência da histeria em homens, como se "desconhecesse que os homens não têm útero". Nessa mesma ocasião, Meinert desafia Freud a apresentar um caso clínico que dê fundamento à sua afirmação. Em resposta a esta colocação, Freud, no mês seguinte, apresenta "Um caso severo de hemianestesia num homem histérico", no qual descreve uma histeria pós-traumática, conforme a nosografia de Charcot, com agravamentos a partir de episódios de caráter emocional, mostrando um exame semiológico minucioso, seguindo o modelo de seu mestre.

Este paciente hemianestésico, o caso do pequeno Hans e a análise da vida e da obra de Dostoiévski são os três casos de neuroses histéricas em sujeitos masculinos que Freud analisa ao longo de sua obra. Dois deles correspondem a histerias de conversão, sendo o caso Hans uma histeria de angústia, designada por Freud como uma zoofobia histérica infantil. Complementando esta casuística, deveríamos acrescentar a loucura histérica do pintor Christoph Haizmann, analisada por Freud no trabalho *Uma neurose demoníaca no século XVII*, escrito em 1923.

O reconhecimento da histeria em homens não se faz, até os dias de hoje, sem resistências e reservas, tanto dos homens que dela sofrem quanto dos médicos que a diagnosticam, e não são poucas, até hoje, as tentativas de empurrá-la para o lado das mulheres[57]. A identificação que se fez da histeria com as mulheres faz com que, muitas vezes,

57 Ver capítulo 10, "Histeria e erotismo feminino".

chamar um homem de histérico seja tomado por este como uma ofensa, como se lhe dissessem que não é um homem.

A dificuldade de os homens aceitarem a existência da histeria neles próprios faz com que a disfarcem. Tanto Joël Dor quanto Lucien Israël enfatizam a função de disfarce que tem os traumatismos honrosos. Assim, em muitos homens, a histeria não aparece claramente revelada como tal, e sim ocultada atrás da "honra", da "heroicidade" e da "coragem". Esconde-se atrás das "síndromes honrosas" (invalidez) adquiridas ao servir a pátria ou a sociedade, ou por ferimentos infligidos por um agressor reconhecido como responsável e condenado pela opinião pública, pelos tribunais e pelas companhias de seguro.

Para o homem está menos em jogo o corpo do que a imagem ou, em todo caso, a imagem está menos ligada ao corpo do que para a mulher. O "honroso" ou a desonra não estão ligados ao corpo, e sim ao narcisismo. O caminho conversivo parece não ser tão frequente na histeria masculina, apesar de que se pode perceber uma mudança nos dias de hoje, quando o corpo masculino mais enfeitado – objeto da moda, fisiculturismo etc. – aparecem com mais força, favorecendo a via conversiva para o homem.

Foi após as guerras, e no seio das longas discussões sobre as neuroses traumáticas, que a histeria masculina se fez mais presente e mais aceita. No entanto, saber que a histeria se encontra muitas vezes sob o nome de "neuroses traumáticas" não quer dizer que estas sejam sempre histerias. As neuroses traumáticas servem também para que se revelem certas paranoias, e os próprios traumatismos graves são capazes de ter, como consequência, importantes distúrbios psíquicos.

Atualmente os homens têm encontrado um espaço maior para expressar o seu sofrimento neurótico, assim como para pedir ajuda terapêutica. As mudanças acontecidas no meio cultural e as representações diferentes do masculino fizeram os sintomas se diversificarem. O alcoolismo não é mais quase a única via de expressão da histeria no homem.

Os sintomas: conversões e crises de cólera

Conversões

Os sintomas conversivos são frequentes entre os homens histéricos; aparecem como queixas de mal-estares gastrointestinais, lipotimias, desmaios, taquicardias, episódios ansiosos com alterações do funcionamento cardíaco, quadros de fadiga com dores difusas e ideias hipocondríacas. Ao contrário das mulheres, não são tão frequentes cefaleias, anestesias ou paralisias.

Crises de cólera

A cólera é a forma favorita de expressão da histeria nos homens. O ataque histérico (charcotiano) descrito nas mulheres tem o seu equivalente na crise de ira no caso do histérico masculino. Em relação a isto, costuma-se dizer que as histéricas são encontradas nos consultórios médicos, e os histéricos nas delegacias, onde chegam como consequência das brigas, quebradeiras e violência contra as mulheres. Estas crises de cólera revelam a impotência diante das dificuldades da vida cotidiana e, ao mesmo tempo, têm uma função catártica, ou seja, são expressões de impotências, mas também são descarga libidinal.

No ataque de ira do homem histérico, o objeto externo, geralmente uma mulher, é alvo direto da agressão em um primeiro tempo. Como consequência deste fato, o objeto feminino ficaria em uma posição degradada (castrada). Em um segundo tempo, ocorre um ato de expiação. Para Freud, essa expiação é resultante de um sentimento de culpa perante a mulher agredida, bem como perante o pai que interdita e pune o ato impulsivo, tanto pela sua significação agressiva quanto pela significação erótica do ato. Segundo Joël Dor, o centro gravitacional do movimento expiatório reside na necessidade de reinstalar a mulher no pedestal da idealização, enfatizando mais a figura da mãe fálica que a do pai castrador.

Na análise do "caso" Dostoiévski realizado por Freud, o ciclo da transgressão à expiação autopunitiva gira em torno da paixão ou compulsão pelo jogo. A mulher seria exposta, nesse caso, à penúria da miséria, resultante das perdas no jogo, e a expiação se daria pelo pedido suplicante de perdão e das promessas de nunca mais jogar, jamais cumpridas. Por outro lado, uma vez perdido "tudo", tornava-se possível para Dostoiévski a retomada da atividade literária. Como se fosse necessário acalmar, inconscientemente, o sentimento de culpa, para poder exercer uma atividade sublimatória importante.

Histeria masculina e parricídio

Freud (1928) caracterizava Dostoiévski como neurótico, tomando como ponto de partida seus ataques "epiléticos". Estes correspondiam a sintomas histéricos cuja significação inconsciente estava associada a fantasias parricidas. Eram expressão de um fracasso na tentativa de domínio de suas pulsões sadomasoquistas. O ego perde sua unicidade, parte dele realiza uma produção sublimatória que se mostra insuficiente, e parte se vê forçada ao recalcamento e à produção de sintomas. Após um período inicial na vida e na obra de Dostoiévski, durante a qual acontece uma produção rebelde e criativa, aparece uma submissão a figuras de autoridade nos campos, na qual é decisiva a relação com o pai, como a autoridade política (czar) e com a fé em Deus, acompanhada de um enfraquecimento de sua possibilidade de suportar o conflito e de um empobrecimento de suas próprias ideias.

> Se definitivamente não se pronunciou pela liberdade, e tornou-se reacionário, deve-se a que a culpa humana universal, a culpa do filho sobre a qual se edifica o sentimento religioso, havia alcançado nele uma intensidade supra-individual e permaneceu indomada ainda para uma grande inteligência. (p. 181)

A história dos sintomas de Dostoiévski teria atravessado as seguintes etapas: 1) a presença, na infância, de sintomas neuróticos mais benignos; 2) a ocorrência de um acontecimento traumático fortuito: o assassinato do pai – "A fantasia tornou-se realidade, e então são reforçadas todas as medidas de defesa" (p. 183). A angústia traumática, na situação da morte real do pai, provém da realização do desejo parricida fantasiado; 3) a aparição, na juventude, dos primeiros "ataques", caracterizados por intensa angústia de morte, seguidos de estados letárgicos. Para Freud, esses ataques significavam a identificação com um morto, ou "com alguém que vive e cuja morte se deseja" (p. 180); punição, conforme a lei do Talião, de um desejo homicida centrado na figura paterna, segundo a sequência: desejo parricida – culpa – castigo[58].

A questão do parricídio, no desenvolvimento freudiano, está inserida na problemática mais geral do complexo de Édipo. Para o menino, a relação com o pai é essencialmente ambivalente: ele quer ser como o pai e também quer eliminá-lo. Posteriormente entra em jogo a possibilidade de uma punição por este desejo, sob a forma da castração, associada ao desejo concomitante de possuir a mãe. Ambos os desejos são recalcados em prol da preservação da virilidade, perdurando no inconsciente e constituindo a base do sentimento de culpa.

A presença de uma bissexualidade intensa possibilitaria escapar do conflito pelo caminho da feminilidade: ocupar o lugar da mãe e ser amado pelo pai. Esta saída implica, no entanto, a castração como consequência lógica da posição assumida. Torna-se necessário de novo, para preservar a virilidade, encarar a renúncia pulsional aos desejos edipianos, tanto em sua configuração positiva quanto negativa. Só que esta última adquire, no caso analisado, uma significação particular na gênese das neuroses.

Para Freud, a angústia de castração é normal. O reforço patógeno provém da angústia diante da atitude feminina, sendo, portanto, condição da neurose a existência de uma forte inclinação bissexual. O grande valor concedido por Dostoiévski às amizades masculinas, assim como sua conduta tenra com os rivais no amor pelas mulheres, falam da presença de uma forte homossexualidade *latente*. Tanto

58 Freud alude, neste texto, a uma ideia que reaparece em outros textos: afirma que o parricídio é o crime principal e primordial tanto da humanidade como do indivíduo (p. 180).

Lucien Israël como Joël Dor se referem às condutas homossexuais *aparentes*, frequentes nos homens histéricos jovens. Estas são caracterizadas, no entanto, como "jogo", paródia ou mascarada destinada a "tranquilizar" o sujeito em relação à diferença dos sexos e à angústia da castração, ou seja, ocorrem como tentativa de escape pelo caminho da feminilidade, que Freud postulava como início do movimento defensivo.

O recuo ao lugar filial masoquista de Dostoiévski, pela retomada da religiosidade, fala de uma dificuldade para ocupar o lugar do pai e exercer a sua função; no entanto, ele consegue isto sendo líder por intermédio de sua produção literária e da elaboração ideativa de importantes inovações no campo da cultura. Freud articula estas questões com a constituição do supereu; o menino tenta liberar-se da passividade diante do pai, mas, como ele se identifica com o pai, constitui-se no próprio psiquismo o supereu, ao qual o eu se submeterá passivamente.

> Dentro do eu se gera uma grande necessidade de castigo, que em parte está pronta como tal para acolher o destino e em parte encontra satisfação no maltrato pelo supereu (consciência de culpa). (p. 182)

O masoquismo moral assim constituído implica tanto a punição do desejo parricida quanto a realização regressiva do desejo passivo amoroso do Édipo negativo[59]. O masoquismo moral em Dostoiévski provém da existência de um pai muito violento e um componente feminino muito forte.

59 Ver no capítulo 8, "Histeria, depressão e masoquismo", o desenvolvimento do caminho masoquista dentro da histeria como resultado da incidência do sentimento de culpa.

O significado do ataque epilético em Dostoiévski seria o seguinte: "Você quis matar o pai para ser o pai, agora você é o pai, mas o pai morto" (p. 183). Este é o mecanismo típico presente na histeria.

Perturbações da sexualidade

A impotência é frequente no homem histérico. A mulher é por ele idealizada, colocada no pedestal, e a demanda desta não é recebida pelo homem histérico como o desejo de uma mulher por um homem; pelo contrário, ele toma esta demanda como uma solicitação de que prove a sua virilidade, como uma exigência de responder eficazmente, e não como um jogo amoroso; por isso, a presença do terror de "fracassar" no ato sexual é permanente.

Filho de uma mãe que na infância o solicitou para suprir todas as suas insatisfações, ele quer ser para ela o fetiche que a garante como mãe fálica, "[...] contra vento e maré é ainda a criança preferida de uma mãe sonhada" (Israël, 1994, p. 170). Com a impotência, o histérico responde inconscientemente à demanda da mãe, mostrando que é só a ela lhe importa conservar e que seu desejo só se mobiliza em relação a ela.

Parece que a cultura, por meio das atribuições estabelecidas pelo sistema de gênero, coloca o "sentir" como questão da mulher. Para ela, o fracasso consistiria em não sentir – frigidez –, enquanto que, do lado do homem, fica o agir – penetrar; portanto, para ele a falha estaria em não poder exercer o poder de penetrar. Lucien Israël (1994), fazendo referência aos "Don Juans", lembra-nos do fracasso no primeiro encontro; preparada a cena nos mínimos detalhes, chegado o momento a ereção não se faz presente. Depois de alguns encontros, tudo volta ao normal; no entanto, o histérico relata: "eu *lhe* fiz amor maravilhosamente" (p. 167), ou seja, exclui-se; ele está lá para dar, e não para receber, mas não por ser generoso, ele foi pago de antemão com o reconhecimento. Busca um amor renunciando ao prazer. Afirma Israël que os histéricos são ocasionalmente impotentes, mas permanentemente frígidos: não sentem.

O medo da morte, muito presente neles, é decodificado nos dias de hoje como pânico. Sentem muito medo da morte e pouco desejo pela mulher; se têm medo da mulher, este aparece pouco na consciência. Quando tratados com antidepressivos, aliviam-se do medo da morte e, então, faz-se presente a preocupação com os efeitos secundários do medicamento: diminuição da libido e impotência.

O uso do álcool e das drogas para o histérico faz uma ortopedia para o "ser masculino"; faz com que ele apareça como um homem lá onde não consegue estar como tal. O tóxico permite-lhe enganar a mulher para ele idealizada, cultuando a ilusão de que realmente tem o objeto fálico que ela espera. Atualmente o fisioculturismo tem uma função semelhante; o histérico oferece o corpo musculoso para a mulher gozar com a sua visão.

Inseguro, o histérico quer ser amado por todos; em relação às mulheres, ama a todas, e não quer comprometer-se com uma, porque isto implica aceitar a limitação, renunciando às outras; muitas vezes se vê envolvido em várias relações amorosas ao mesmo tempo, por não poder escolher. As escolhas lhe são sempre difíceis; no âmbito profissional, acumula atividades por não poder renunciar a nada. Quando escolhe, não fica satisfeito; sempre é melhor o que os outros possuem: o trabalho do colega, a mulher do amigo, o sapato que ficou na loja. Em uma posição de vítima, queixa-se do que não possui mais do que aproveita aquilo que tem. O histérico masculino comparte com a histeria feminina a insatisfação, assim como a sugestionabilidade; é alvo de todas as publicidades, está sempre em busca daquilo que o fará "o melhor", o mais querido, o triunfador; no entanto, quando chega o momento de se apropriar do conquistado, não o consegue, e repetidamente fracassa (neurose de fracasso). São sujeitos que, sem sabê-lo, constroem o seu infortúnio; parece que o triunfo mobiliza neles um mecanismo de autocastigo. À medida que eles não reconhecem a sua própria construção, atribuem a sua desgraça ao destino.

Ao permanecerem no lugar infantil em relação ao pai, os histéricos precisam confirmar permanentemente que são amados e reconhecidos por aqueles que estão em lugares substitutos do pai. Para isto, são gentis com todos. Falhas na função paterna, seja na função de interditor ou de modelo, deixaram-no desprotegido, e com dificuldades para se assumir como um sujeito desejante, com coragem suficiente para brigar por um espaço para seu desejo.

Ejaculação precoce

Neste sintoma, tem importância fundamental a representação do gozo da mulher, que é entendido pelo histérico como um submetimento e uma entrega ao poder fálico. Portanto, neste sintoma, se por um lado o histérico evita a angústia de castração, como na impotência, ao mesmo tempo goza precocemente por identificação com o gozo feminino imaginado. Abundam neles as fantasias de super-homens, que fariam gozar a todas as mulheres, precocemente, em demasia e repetidamente.

Segundo Pommier (1999), tanto a frigidez na mulher quanto a impotência no homem histérico aparecem "sobretudo quando as condições em que se encontram têm um laço com a sedução de uma maneira violenta, ou seja, quando esta passa a ser vivida como um intento de violação, tanto do lado masculino quanto do feminino" (p. 146). O que está em jogo é o pai da potência fálica, o pai totêmico que se constitui numa "plataforma giratória" entre duas vertentes: a defesa – no caso do sintoma neurótico – e a simbolização da potência fálica, por meio do trabalho, da sublimação ou de outros atos como solução para o gênero. É o desejo pelo pai que produz a defesa neurótica ou a simbolização pelo trabalho. Para Pommier, a violência da qual falamos, no ponto da crise de cólera, a violência do homem histérico, seja contra os homens ou contra as mulheres, é uma defesa vingativa contra o próprio desejo pelo pai, ou seja, vinga-se na mulher o seu desejo pelo pai, que o colocaria no lugar feminino. Entendemos que esta perspectiva retoma com força o desenvolvimento que explicitamos anteriormente, feito por Freud no caso Dostoiévski.

7
A loucura histérica

Freud (1895c) considerava os estados de loucura como uma possibilidade presente em qualquer pessoa, dada a dimensão conflitual inerente ao ser humano. No *Rascunho H*, em que compara a loucura obsessiva com a paranoia, afirma, citando Lessing: "Um homem que não perde a razão diante de determinadas coisas não tem nenhuma razão a perder" (p. 247).

Toda neurose, tal como aparece na obra de Freud desde suas elaborações iniciais, pode apresentar manifestações e estados passíveis de serem tomados por quadros psicóticos. No caso clínico de neurose obsessiva conhecido como o "Homem dos Ratos" (1909b), a obsessão do paciente em pagar uma dívida e o conjunto de ações que se julgava obrigado a realizar para saldá-la eram caracterizados por Freud como um certo tipo de delírio. Delírios também foram observados pelo autor em determinados quadros de fobia. Pensamos, no entanto, que é importante diferenciá-los da psicose. Falamos de manifestações ou estados de loucura que podem aparecer em qualquer neurose, mas que dependem da estrutura da própria neurose.

As *loucuras histéricas* fazem parte do extenso campo clínico pertencente à histeria. Dadas determinadas circunstâncias e durante um período variado de tempo, em geral passageiro, um sujeito histérico, que tenha ou não apresentado os sintomas característicos da neurose histérica, pode apresentar manifestações e condutas que venham a ser identificadas como estados de loucura.

Em toda histeria podem surgir episódios delirantes e alucinações. Como mostraram Freud e Breuer (1893-1895) nos *Estudos sobre a histeria*, basta encontrar os elementos recalcados para que a alucinação desapareça.

Coloca-se, então, uma questão importante a respeito do diagnóstico: como diferenciar quadros caracterizados por perdas de controle, atuações impulsivas, vivências estranhas, visões, premonições, alucinações e delírios histéricos, das manifestações e vicissitudes clínicas próprias das *psicoses*? Trata-se de uma questão de importância clínica e ética, visto que de um diagnóstico errado pode resultar em um destino de psiquiatrização, facilitando a cronificação de um quadro que poderia apresentar considerável melhora clínica a partir do processo terapêutico adequado.

A "psicose histérica" em Freud

A noção de *loucura histérica* ou *psicose histérica*, termos usados indistintamente nos tempos de Freud, não era nova. Segundo Trillat (1986), ela surgiu contemporaneamente ao nascimento do alienismo, e sua pré-história tem origens na corrente hipnótica que, sob diversos nomes, remonta à

Antiguidade. Tal noção ficará mais bem delineada em 1869, quando Moreau de Tours isola, sob o nome de "loucura neuropática", uma forma de delírio que constituirá o cerne da loucura histérica. Trillat sublinha a analogia existente entre o delírio da loucura histérica e os delírios tóxicos artificiais, como aqueles observados na intoxicação com haxixe, aproximando-os também dos estados de sonambulismo. "O caráter onírico desse delírio histérico vai-se tornar uma constante que se encontrará em todos os autores até o fim do século XIX" (p. 272). Para falar dele, Freud escolhe o termo "psicose histérica".

Laplanche e Pontalis (1979), no verbete *histeria* de seu *Vocabulário da psicanálise*, perguntam:

> Será necessário admitir como entidade específica uma *psicose* histérica que apresente especialmente alucinações, muitas vezes visuais, vividas de forma dramática? Freud, pelo menos a princípio, fazia disto um quadro a parte, e diversos casos dos *Estudos sobre a histeria* levantam para o leitor este problema nosográfico. (p. 212)

No *Rascunho H* (1895c) sobre "Paranoia", Freud distingue a *psicose histérica* da histeria e situa-a numa categoria separada da representação obsessiva, da confusão alucinatória (amência) e da paranoia. Define-a como um quadro em que as ideias indesejáveis, que foram submetidas à defesa, ganham poder e conseguem dominar a consciência. As formas clínicas são o *ataque* e o *état secondaire*. As alucinações são hostis ao eu. Em termos de resultado, trata-se do fracasso da defesa em oposição a seu sucesso parcial na conversão histérica e, principalmente, a seu sucesso "brilhante" na confusão alucinatória.

Em outras observações, a distinção entre a psicose histérica e a histeria não é evidente. Ao referir-se ao *delírio histérico* ou às *alucinações histéricas*, Freud descreve-os como sintomas psíquicos de alienação mental que aparecem no curso de uma histeria e respondem a um mecanismo de gênese equivalente ao dos outros sintomas histéricos. Contudo, um elemento diferencial é dado pelo mecanismo de *projeção*, atuando de forma análoga à que opera na produção onírica.

À medida que avançam a investigação clínica psicanalítica e a elaboração metapsicológica, a menção aos ataques, *états secondaires*, delírios e alucinações vão diminuindo nos relatos clínicos em favor da presença dominante das manifestações corporais, e o eixo conceitual da histeria tende a passar pela teoria do sintoma conversivo. Isso não impedirá que, a partir do trabalho acerca do caso Dora[60], a definição metapsicológica da histeria se torne independente da presença do sintoma conversivo.

Sustentando essa concepção metapsicológica estrutural, Freud se referirá, em diversas oportunidades, à *forma* da neurose como uma espécie de roupagem ou vestimenta que ela usa para se apresentar. E esta forma estará sujeita a variações em função do momento histórico, como ele sustentou, em concordância com Charcot, desde seus primeiros trabalhos.

Em 1923, em *Uma neurose demoníaca do século XVII*, Freud analisa documentos históricos referentes a uma série de vicissitudes que afetaram o pintor Christoph Haizmann, que giravam em torno de um pacto com o demônio e seu cancelamento por meio de um exorcismo no mosteiro austríaco de Mariazell, em 1677. No pequeno trecho introdutório ao caso, Freud (1923b) afirma:

60 Como vimos no capítulo 3, "Corpo histérico e sintoma".

Não nos deve espantar que as neuroses dessas épocas iniciais tenham-se apresentado com uma vestimenta demonológica, visto que as de nossa época antipsicológica se apresentam com uma vestimenta hipocondríaca, fantasiadas de doenças orgânicas.

E acrescenta, mais adiante:

A teoria demonológica daqueles tempos superou todas as concepções somáticas do período da "ciência exata". [...] Os demônios são para nós desejos maus, repudiados, derivados de moções pulsionais rejeitadas, recalcadas. Só desautorizamos à Idade Média sua projeção desses seres anímicos ao mundo exterior; para nós, eles nascem da vida interior dos enfermos, onde têm sua morada. (p. 73)

Acompanhemos a descrição desse caso de loucura histérica extraída dos relatos de "curas milagrosas" que abundam na história religiosa europeia. Consta nos documentos que o sujeito em questão teve convulsões por vários dias seguidos. Interrogado pelo pároco de sua cidade sobre algo que o pudesse estar oprimindo e sobre possíveis relações ilícitas com o Espírito Maligno, acabou confessando haver sido tentado, nove anos antes, pelo Demônio, em aparições sucessivas, e ter assinado um pacto com ele.

Os pactos realizados pelo pintor com o Demônio foram, a rigor, dois: um escrito com tinta, e outro, com sangue. Segundo os documentos, houve um primeiro exorcismo, que possibilitou uma cura temporária, a partir da devolução, pelo Diabo, do segundo pacto. Mas o homem apresentou, em pouco tempo, convulsões, visões e paralisia dos membros inferiores, das quais ficaria livre ao recuperar, em novo cerimonial religioso, o primeiro pacto, e ao optar, em seguida, pelo ingresso na vida monástica. O delírio inicial, rico em visões e alucinações, estava referido a tentações por parte do Diabo, o qual se lhe apresentava em diferentes personificações: ora se tratava de um respeitável burguês de idade madura e aspecto paternal, ora de uma figura francamente sinistra com garras, asas de morcego, chifres e cauda de animal; a figura era do sexo masculino, destacando-se a presença de um pênis de grande tamanho. A extravagância não acabava aí, pois a figura era provida, igualmente, de um inconfundível par de seios. O pacto visava, ao que parece, a recuperar e a aumentar a produtividade do pintor, abalada pela morte de seu pai e, com isso, a garantir a sua subsistência.

Apesar do caráter francamente "louco" de todas essas manifestações, Freud não hesita em falar de uma neurose histérica na qual o episódio de loucura desencadeou-se a partir da morte do pai. O abatimento afetivo e a inibição da capacidade de trabalho são interpretados como efeitos melancólicos de um luto patológico, cujo núcleo patogênico, como nos sintomas ulteriores, é uma complexidade de desejos e fantasias ambivalentes e inconscientes, dirigidos principalmente ao genitor.

O Diabo é, antes de mais nada, um substituto do pai amado e perdido, desdobramento da imagem de Deus, que cumpre geralmente esse papel para os homens, nas concepções religiosas. O pacto com o Diabo, tema central da invenção delirante nesse caso, provém de uma atitude erótica feminina em relação ao pai e figurabiliza – em forma distorcida, mas decifrável a partir de uma série de detalhes – a fantasia de ter um filho com o pai desejado. No entanto, a "revolta" contra a castração, inerente à posição feminina, conduz ao recalque dessa atitude, e se expressa na fantasia oposta de castrar o pai tornando-o mulher. "Desse modo, os seios do Demônio corresponderiam a uma projeção da própria feminilidade do indivíduo sobre o substituto paterno" (p. 92). Mas são, ao mesmo tempo, o indício da existência de uma fixação inconsciente pela mãe, e que contribui também para a hostilidade contra o pai.

> Se a negativa em aceitar a castração impossibilita nosso pintor de processar a nostalgia do pai, é compreensível que ele se volte para a imagem da mãe em busca de ajuda e salvação. Por isso declara que só a Santa Mãe de Deus de Mariazell pode salvá-lo do pacto com o Diabo, e recupera sua liberdade no dia da Natividade da Mãe. (p. 92)

No conteúdo do delírio emergente, após a cura temporária induzida pelo exorcismo, tornar-se-ão manifestas duas tendências presentes na vida anímica do pintor: uma favorável à expressão e à satisfação alucinatória de intensos desejos eróticos, e outra propensa à sua inibição, à sua condenação e ao castigo correspondente, por meio da imposição da renúncia a uma vida de prazeres mundanos, a qual acabará prevalecendo. Freud conclui sua análise destacando, também, a significação de busca de proteção contra o desamparo, derivada de uma posição infantil de dependência, realizada pela fuga na enfermidade e pela opção final por uma vida religiosa. Para responder a tais motivações e apontando para essas finalidades, a histeria permitirá "pôr em cena" sua reconhecida multiplicidade de recursos. Certos momentos psíquicos em que surgem as visões, assim como *états secondaires*, estados hipnoides etc. permitem "fabricar" os cenários e os materiais que servirão para tornar verossímil a projeção da fantasia na realidade. Em um desses estados, o pintor Christoph Haizmann teria confeccionado o pacto com o demônio, que apareceria "por milagre" na cena do exorcismo. "Os limites entre a neurose e a simulação – conclui Freud – são fartamente nebulosos" (p. 103).

Freud defende a validade de sua análise, mostrando os elementos desse caso análogos àqueles presentes na compreensão da psicose paranoica de Schreber (Freud, 1911). Por outro lado, em *Dostoiévski e o parricídio* (Freud, 1928), escrito cinco anos depois do texto sobre Haizmann, o tema da relação ambivalente com o pai e o papel determinante da morte deste aparecem como significações subjacentes aos traços de personalidade e aos sintomas neuróticos do grande escritor russo, considerados como sintomas de um quadro de histeria masculina[61].

Podemos lembrar que, no início do trabalho sobre as fantasias histéricas e a bissexualidade, Freud falava sobre a analogia que se descobre frequentemente entre as fantasias reveladas pelos sintomas neuróticos, a encenada nas montagens perversas e as que se manifestam nas invenções delirantes dos paranoicos. Essa analogia não suprime, de maneira alguma, as diferenças existentes entre os diversos quadros psicopatológicos. O delírio histérico do pintor Christoph Haizmann, defendido com propriedade por Freud como uma neurose histérica do século XVII, deveria ser considerado, com maior precisão psicopatológica, como um quadro de *loucura histérica*, pertencente efetivamente ao campo da histeria, rico em variedade de formas.

É surpreendente que, pouco mais de três décadas depois da publicação do estudo freudiano do caso, os psicanalistas Richard Hunter e Ida Macalpine, pertencentes à escola

61 Ver capítulo 6, "Histeria nos homens".

kleiniana, tenham realizado uma revisão completa da história de Haizmann[62] e invalidado o diagnóstico freudiano. "Para eles, o pintor era um perfeito esquizofrênico segundo a terminologia bleulero-kleiniana", destacam Roudinesco e Plon (1998, p. 325). Deixando de lado as críticas destes últimos à metodologia de Freud e às interpretações dos dois clínicos kleinianos, a pergunta que se coloca é: como entender e, principalmente, como contextualizar essa mudança de diagnóstico?

O que aconteceu nos campos psiquiátrico e psicanalítico, durante a primeira metade do século XX, para que as referências psicopatológicas e nosográficas com que se encaravam este e outros casos clínicos enquadrados desde os inícios da psicanálise como histerias mudassem para o lado das psicoses?

Histeria *versus* psicoses no campo psiquiátrico

Segundo E. Trillat (1986), depois de um período de expansão – por causa do investimento dos neurologistas e da aparição e desenvolvimento da psicanálise – que se estende até as primeiras décadas do século XX, a histeria começa a perder espaço e "[...] a ver uma parte de seu território ser pura e simplesmente anexada pelos psiquiatras" (p. 270).

Neurologistas e psiquiatras ignoram-se uns aos outros. Os mesmos sintomas tônicos e clônicos, que são examinados nos serviços de neurologia como histéricos, são diagnosticados,

62 Num volumoso livro que leva o título de *Schizophrenia 1677*, como informa a nota introdutória de Strachey ao texto de Freud (1923b, p. 70). Anteriormente, Hunter e Macalpine haviam realizado uma revisão semelhante do caso Schreber.

nos hospitais psiquiátricos, em virtude da influência de Kraepelin e Bleuler, como manifestações de "hebefrenocatatonia"[63] ou de "esquizofrenia".

O maior passo em falso é dado no momento em que a presença de perturbações especificamente mentais começa a ser utilizada como critério diferencial para distinguir histerias de psicoses. "Ora, nada é menos certo", afirma Trillat, "e a histeria inteira, em suas expressões motoras e em suas manifestações mentais, não está longe de pender para o lado da psiquiatria" (p. 271). Quando ressurgem os sintomas que haviam estado presentes frequentemente nas grandes epidemias histéricas de fins do século XIX, já não serão enquadrados no registro da neurose, mas no da psicose. Desde então, ressurge o nome *psicose histérica,* que Freud havia utilizado inicialmente e descartado depois, mas que foi sendo absorvido sob a pressão da história pela nosografia bleuleriana da esquizofrenia. A superposição do conceito de dissociação de Bleuler com o de cisão da consciência de Janet, Freud e Breuer, assim como a afirmação, por parte do psiquiatra suíço, de uma identidade essencial entre o pensamento onírico e o pensamento autístico do esquizofrênico, contribuem para gerar uma complicada confusão conceitual, dando fundamento teórico ao processo de absorção apontado[64].

63 Kraepelin havia incorporado a descrição da *catatonia*, realizada por Kahlbaum em 1874, ao quadro da demência precoce, proposto por ele como entidade clínica que reunia e unificava nosograficamente diversas afecções até esse momento dispersas e desconexas.

64 Isso se afasta do pensamento de Freud: "Na histeria, a alucinação da ideia do que é desejado com a [conseguinte] subjugação do eu tem lugar, como episódio de curta duração da crise, por uma regressão que vai desde a representação do objeto sobreinvestido até a percepção. Essa labilidade caracteriza a histeria. O recalcado se converte temporariamente no que recalca. Durante seu curso, toda histeria pode

A histeria, como tema clínico, apaga-se no período do século XX que precede à Primeira Guerra Mundial, dentro do próprio campo psicanalítico, ao mesmo tempo em que desaparece do campo psiquiátrico. Babinsky desempenha, nesse terreno, um papel central. Propõe, em 1901, substituir o termo "histeria" por "pitiatismo", definido como classe de fenômenos mórbidos psíquicos gerados por sugestão e susceptíveis de serem curados por persuasão. A histeria reaparecerá, parcialmente, em ambos os campos, em 1914, a partir da discussão etiológica das neuroses de guerra.

Depois da Segunda Guerra Mundial, assiste-se a uma reabilitação das psicoses histéricas, no sentido que lhe davam Freud e Breuer em seus primeiros trabalhos. Na França, Follin e colaboradores (1961), estudando casos diagnosticados como esquizofrenia, reencontram, em muitos deles, a figura central da *loucura histérica* nascida, como já foi explicado, no século XIX. Inspirando-se, para sua interpretação, nos critérios elaborados pelos fundadores da psicanálise, eles valorizam a tendência à cisão da consciência e, com isso, ao surgimento dos estados anormais dela, estados hipnoides e *états secondaires*. Destacam que os delírios das histerias crepusculares mantêm certa semelhança com os estados oniroides resultantes de intoxicações por álcool ou drogas. Como nestes, o sujeito experimenta satisfações narcísicas extremas, às vezes interrompidas ou precedidas por terrores de pesadelo.

Paralelamente, em território anglo-saxônico de um e outro lado do Atlântico, a noção de "personalidade histérica"

transformar-se em psicose alucinatória aguda" (Carta a Jung de 23 de maio de 1907, citada por Maleval [1987], que agrega: Amência! Não esquizofrenia!") (p. 233).

expande-se a partir da década de 1960, na esteira dos debates que envolveram analistas norte-americanos e ingleses em torno da psicologia do *self* e dos quadros *borderlines*. Diversos autores têm chamado a atenção para a possibilidade de uma nova descaracterização conceitual de certas formas de histeria, por sua absorção em uma variedade renovada do discurso psiquiátrico.

Sabemos que os histéricos são muito habilidosos na sua capacidade de se apresentarem para o outro no lugar em que o outro deseja encontrá-los, conseguindo imitar com sucesso os *borderlines*, perversos e esquizofrênicos. O forte investimento que os analistas fizeram, a partir da década de 1960, nas personalidades *borderlines*, certamente acentuou algumas das características com as quais os histéricos se apresentam. Assim como a presença de alucinações ou transtornos de pensamento não é suficiente para pensar que se está na presença de um esquizofrênico, a constatação de um excesso de impulsividade, de irritabilidade ou de atuações não caracteriza necessariamente um transtorno *borderline*.

Certas tendências no interior do campo analítico tenderam a favorecer ou facilitar a aproximação da histeria ao universo da psicose, nas suas diversas variantes. A ênfase colocada na fixação e na regressão à fase oral presentes na histeria, sendo isto notório – mesmo que não exclusivo – dentro do movimento kleiniano, conduziu a concebê-la, frequentemente, como uma fachada ou casca defensiva[65] que esconde uma psicose de base ou como uma defesa contra uma potencial depressão de caráter narcísico. Outros autores,

65 Contra angústias arcaicas, psicóticas e de natureza não sexual.

tentando evitar esta "psicotização"[66] geral da histeria, esforçaram-se em diferenciar histerias "boas" e "verdadeiras" de histerias "malignas", pseudo-histerias, personalidades infantis, caracteres orais etc., ora aportando distinções esclarecedoras, ora descaracterizando o quadro e produzindo confusão teórica e nosográfica[67]. Tendo como referências tanto a teoria kleiniana como a da psicologia do eu norte-americana, O. Kernberg, desde 1967, propõe uma concepção psicanalítica do *borderline*, como organização estável da personalidade, dentro da qual tendem a ser inseridos, entre muitos outros, os quadros de "psicose" histérica.

Uma vez traçadas as linhas gerais do devir histórico da problemática apontada, parece-nos importante recuperar o pensamento de dois autores: o trabalho de J. C. Maleval, no seu empenho em distinguir rigorosamente as histerias crepusculares das psicoses dissociativas, e o de C. Bollas (2000), que alerta para os efeitos das tentativas de alguns analistas de dessexualizar a teoria e do incremento dos estudos teóricos e clínicos realizados nos últimos anos sobre as chamadas patologias *borderlines*, ou "casos difíceis": a caraterização de todos os quadros mais graves na categoria dos *borderlines*, o desconhecimento da dimensão sexual e a cumplicidade dos analistas com os processos de psiquiatrização das histerias.

66 Ver Dio Bleichmar (1988), capítulo 10: "Infantilismo e/ou psicotização da histeria na teoria".

67 Um painel convocado por J. Laplanche e publicado em 1974 ("On histery today", *Int. J. Psychoanal.*, 55;459-469) esclarece as posições divergentes de diversos autores em torno dessa problemática, assim como a dele mesmo, favorável à manutenção da histeria como unidade, situando a "oralidade" enfatizada pelos kleinianos no sentido da postulação freudiana de uma sedução materna precoce por meio de uma "estimulação sexual excessiva" somada a um componente de passividade. Destaca a atuação de cenas triangulares edipianas, modeladas em uma forma dual regressiva marcada pela oralidade.

As loucuras histéricas não são psicoses dissociativas

Jean-Claude Maleval, psicanalista francês de orientação lacaniana, em artigos publicados no fim da década de 1980, vai centrar-se no "delírio histérico". De um lado, apoiando-se no trabalho mencionado de Follin e colaboradores, promove uma reabilitação do conceito de loucura histérica, ao mesmo tempo em que, numa espécie de "retorno a Freud" e às conceituações a que ele recorre na análise desses quadros, postula a sua continuidade com os outros sintomas histéricos por pertencerem à mesma estrutura. De outro lado, baseando-se nas teorias de Lacan (1998), principalmente a partir de *Uma contribuição preliminar a todo tratamento possível da psicoses*, de 1959 – texto que Maleval reconhece como fundamental para uma definição psicanalítica rigorosa e consistente da psicose – trabalhará a diferença entre o delírio histérico, centrado basicamente na perturbação da relação com a imagem especular, e o delírio dissociado das psicoses, centrado na forclusão do Nome-do-Pai.

A paciente que serve de apoio a Maleval para desenvolver suas hipóteses, em *O delírio histérico não é um delírio dissociado*, faz pensar desde o começo num caso de *grande hystérie* da Salpêtrière transportado a um consultório analítico cem anos depois:

> Desde o começo [...] Maria mostra-se uma analisanda peculiar: no divã, durante as sessões, que com frequência são totalmente silenciosas, vive episódios de regressão nos quais volta a ser um "bebê muito pequeno", experimenta momentos de êxtase fetal, tem "visões", grita, geme, é sacudida por espasmos, teme que eu a mate, diz que quer matar-me, tem

a sensação de que no curso de uma sessão silenciosa eu a engravidei etc. (Maleval, 1987, p. 18)

Analisando os delírios histéricos de seus pacientes, o autor verifica, por meio do sintoma, a presença de uma "dificuldade de ser" – manifesta nos processos de desidentificação – que se processa por um discurso em que o sofrimento tem uma intenção reivindicativa e se dirige a um outro, colocado no lugar de amo. Este último, por sua vez, será objeto de ataques destinados a destituí-lo de seu lugar, com frequência por meio de um *acting-out* sexual.

A dissociação psíquica presente no psicótico é definida por Maleval pela irredutibilidade do sentido do delírio na consciência do sujeito. Para Lacan, o psicótico encontra-se em uma posição que o torna incapaz de restaurar autenticamente o sentido do qual presta testemunho.

Contrariamente, no delírio histérico, o discurso do paciente, por mais "louco" que se apresente, tem uma dimensão metafórica, revelando um "saber" em que é possível compreender algo das manifestações do inconsciente. A loucura é vivenciada no registro do sentido.

É possível para o autor verificar, por meio da fala de sua paciente, a consistência das instâncias egoicas constitutivas: o ego-ideal, que se vê maciçamente presente nas figuras imaginárias de identificação (ser um OVNI, um emissário divino); e o ideal de ego, operante nos projetos centrados em modelos valorizados culturalmente e, em geral, investidos a partir da transferência (vir a ser psicanalista, educadora etc.). Na estrutura psicótica essas instâncias estão confundidas e, por vezes, ausentes. É por isso, sustenta o autor, que os pacientes com loucura histérica são passíveis de hipnose, mas esta é impossível nas psicoses.

> A carência da identificação com o traço unário é que funda tal impossibilidade, já que essa identificação é necessária para instalar o ideal do eu, em que se sustenta o hipnotizador, enquanto que, do lado do sujeito, ela constitui o suporte da diferença significante. (Maleval, 1989, p. 29-30)[68]

Em comparação com os sintomas presentes na histeria comum, pertencentes ao mesmo universo psicopatológico, a despersonalização e a alteração da representação de si nos casos de loucura histérica são muito mais intensos. Maleval prefere falar desses fenômenos recorrendo ao conceito de *desidentificação*. Tal conceito, que implica uma perda dos limites do eu, é um termo preferível ao de despersonalização, por remeter à constituição especular do eu.

A desidentificação permeabiliza o sujeito quanto aos significantes de seu ambiente, condensados em personagens ou entidades, pelas quais passa a ser influenciado[69]. Para esse autor, na produção do delírio predomina a perturbação

68 *Traço unário*: Conceito introduzido por J. Lacan, a partir de S. Freud, para designar o significante em sua forma elementar e para explicar a identificação simbólica do sujeito. Segundo Freud (*apud* Chemama, 1995) quando o objeto é perdido, o investimento a ele dirigido é substituído por uma identificação que é "parcial, extremamente limitada, e [que] conserva apenas *um traço* [*einziger Zug*] da pessoa objeto [...] A principal identificação é a identificação com o traço unário [...] O traço unário não é apenas o que subsiste do objeto, é também aquilo que o "apagou" (a esse respeito é a encarnação do significante fálico, aliás, é também sua imagem). A identificação com o traço unário, que é, pois, correlativa da castração e da instalação do fantasma, constitui a coluna vertebral do sujeito [...] O traço unário, referencial simbólico, sustenta a identificação imaginária. Certamente a imagem do corpo é fornecida à criança pela experiência do espelho, mas para que a criança possa se apropriar dela, interiorizá-la, é preciso que entre em jogo o traço unário. (idem, p. 216-217)

69 Pode ser discutida, nesse sentido, a opinião freudiana de que a neurose demoníaca é própria de tempos remotos. De um lado, existe uma reativação dos discursos religiosos e animistas em versão ingênua para consumo massivo e, de outro, mitos científicos contemporâneos podem vir a introduzir nos delírios novas figuras equivalentes a demônios.

da relação com a imagem especular sobre as recordações traumáticas provenientes da história do sujeito. Freud afirmava a presença dessas últimas nas alucinações histéricas, quando as interpretava como "reminiscências em imagens animadas".

A desidentificação favorece uma fantasmatização regressiva (fantasias de bebê, vida intrauterina, êxtase), com a falicização do corpo como complemento materno[70]. Estupor catatônico, recurso regressivo à "linguagem dos órgãos" (Tausk), catalepsia e alucinações correspondem a um funcionamento em que as representações surgem no mundo exterior e não se reconhecem como processos interiores.

A fascinação em espelho, a fragmentação do corpo e a captação pela imagem do duplo testemunham o desmantelamento da consistência do eu. Mas a despossessão de si é correlativa da sensação de uma certa inconsistência da realidade. "Não somente a representação do corpo tem tendência a fragmentar-se, mas é o conjunto de referências imaginárias desses sujeitos que se desestrutura" (Maleval, 1989, p. 24). Tal inconsistência da realidade não é, como na psicose, consequência do delírio; mas aparece, ao contrário, em sua ausência.

Perrier (1979) sintetiza admiravelmente os aspectos que estamos considerando:

> Aqui se revela dramaticamente a extrema fragilidade de certas pacientes e de suas tendências à regressão. Diante

70 Para Marion Milner, comenta Maleval (1989), trata-se de experiências de súbita "regressão parcial a um estado monista da psique em que não se diferencia o que 'está fora' do que está no interior: pensamentos, sentimentos, sensações corporais; em outros termos, um estado anterior ao acesso ao reconhecimento da subjetividade ou caráter privado do que está detrás dos olhos" (p. 103).

> da falta de suporte de uma imagem narcísica, só resta um corpo fragmentado como testemunho arcaico do "estágio do espelho"; só resta uma língua secundária para as angústias da cena primitiva ou das mitomanias místicas. E, no entanto, nada está forcluído. A dramatização não recorta para si nenhuma discordância paranoica. Continua sendo presença para o Outro e apelo a ele. Basta uma meteorologia relacional favorável para que a tempestade apareça, depois, apenas como uma pancada de chuva ocasional. Em certo sentido, o delírio histérico era somente uma orgia de desidentificação na qual o êxtase desempenhava o papel da experiência orgástica. (p. 163)

Além da desidentificação e do retorno do recalcado, na forma de identificações arcaicas, há um terceiro processo, o de *reidentificação*, que expressa a capacidade de identificação "em todas as direções" demonstrada pela histeria ao longo de sua história. É o que acontece com Marie-Christine, outra paciente de Maleval (1987). Uma auxiliar decide ocupar-se dela e, ao se olharem juntas num espelho, a paciente reencontra a unidade de seu corpo e começa a sair da loucura histérica. Isto corresponderia a uma situação de "meteorologia relacional favorável" a que se refere Perrier.

A projeção do corpo próprio em um objeto real ou imaginário pode constituir uma tentativa de cura como mecanismo de reidentificação: ursinhos de pelúcia, bonecas acompanhantes ou gatos especulares, que passam a servir de base a temores e delírios de licantropia (metamorfose em lobisomem). O mais importante, contudo, são as identificações e reidentificações com as pessoas. Pode ser com um familiar valorizado, com a figura de um santo ou com alguém do sexo oposto, pondo em relevo a identificação bissexual característica. A subcultura familiar, em particular a ideologia religiosa, influi na escolha de identificações. Também ocorrem identificações miméticas com pacientes ou profissionais do meio institucional, a partir das internações.

Concentração no corpo e problemática edipiana caracterizam, para vários autores citados por Maleval, o delírio histérico. Esses dois elementos, somados à identificação com outra pessoa, se apresentam com nitidez na análise de um caso clínico (Presta, 1976), publicado na revista argentina *Imago*, dedicada à histeria. Juan, de 29 anos, é internado com o diagnóstico de síndrome delirante. O paciente afirma que há pouco tempo seus braços e pernas se transformaram nos braços e pernas de uma mulher: os de Diana, sua irmã. "Por isso venho internar-me... estou ficando louco". E diz, mais adiante: "Não posso deixar de pensar que são os de Diana; só assim é que consigo caminhar ou agarrar coisas; caso contrário, nem as pernas nem os braços me obedecem...". Descobriu-se que, um mês antes, sua irmã, um ano mais velha, deixara pela primeira vez a casa em que moravam juntos, "talvez para não voltar" (p. 97).

Certo dia, depois de um tempo da internação, Juan começa a falar detalhadamente sobre a decisão e os preparativos dessa viagem. Está lúcido – não delira – referindo-se a seu problema num discurso centrado na irmã ausente. Permanece, durante horas, deitado na cama, os membros inertes ao longo do corpo, falando dela. Vemos que o delírio referido ao corpo e o sintoma corporal conversivo se alternam, revezando-se, dessa maneira, em função de um discurso proferido "a partir" do outro ausente, num caso, e "acerca" do ausente, no outro.

Trata-se de um fenômeno de alternância entre transtornos mentais e conversivos, descrito nos pacientes histéricos. Segundo Maleval, a supressão de vômitos histéricos, num caso, implicou a queda num estado de delírio completo. O sujeito só recuperou a razão quando voltou a vomitar. No entanto, a dinâmica fundamental do sintoma "delírio" gira em torno das mesmas questões que os sintomas conversivos. A "perda da cabeça" envolve uma fantasia de castração, equivalente à castração simbólica, mediada pelo corpo falicizado, nas conversões. O delírio, como os outros sintomas, está sobredeterminado. Parece suscitado para expiar a culpabilidade, expressar fantasias sexuais, aportar gozos masoquistas, não estando isento de benefícios secundários, pois obriga outros a se encarregarem totalmente do cuidado do sujeito[71].

A presença do mecanismo de *projeção* permite estabelecer uma continuidade entre o delírio histérico e o sonho: uma sensação recalcada no interior é projetada "para o exterior"[72]. Desta maneira, os delírios histéricos são pensados por Maleval como delírios oníricos, nos quais se verifica a presença de um conteúdo manifesto e de significados latentes, como no sonho. A projeção seria um mecanismo específico que diferencia o delírio de outros sintomas histéricos; de um lado, tem a capacidade de suscitar ou facilitar a emergência de significados recalcados e, de outro, a de manter afastado da consciência o acontecimento traumático presente. Os íncubos e súcubos do delírio de possessão demoníaca expressam com sua voz os desejos do sujeito que se autonomizam dele. Por outro lado,

71 Como vimos na interpretação, realizada por Freud, do caso do pintor Christoph Haizmann.

72 "No lugar da solicitação interna, que pretendia ocupá-lo [o indivíduo que dorme] inteiramente, instalou-se uma experiência externa e ele desembaraçou-se da solicitação desta. Um sonho é, portanto, entre outras coisas, também uma projeção: uma exteriorização de um processo interno" (Freud, 1917, p. 222).

> [...] a projeção delirante da loucura histérica é uma defesa menos eficaz que o recalque: permite que os desejos proibidos transpareçam com maior facilidade. Sem dúvida, a isso se deve que, no mundo do histérico delirante, poucas vezes falte uma intensa culpabilidade. (Maleval, 1987, p. 28)

Quanto à situação traumática atual, Maleval remete a.C. Villechenoux (1968), comentando que, para esse autor, o *encontro com o objeto sexual* é a causa desencadeante específica da loucura histérica – pode-se tratar de um casamento recente, um namoro apaixonado etc. Geralmente, nos trabalhos anteriores sobre esse tema, associava-se o começo da crise com acontecimentos penosos. Para Maleval, a presença de vivos desejos eróticos e de experiências sexuais reais desemboca em intensos sentimentos de culpa e na tendência à expiação sacrificial. O que ameaça, no fundo, é que venha a "faltar" a falta que, na histeria, se tenta preservar por meio de uma insatisfação fundamental do desejo.

Este encontro com o objeto sexual constitui, como acontecimento desencadeante de um delírio histérico, uma experiência totalmente diferente do encontro com *um-pai*[73] – introduzido como terceiro na relação imaginária eu-objeto ou ideal-realidade – postulado por Lacan como determinante da eclosão de uma psicose. Essa última experiência invoca, para sua elaboração, um significante fundamental, o Nome-do-Pai, não encontrando como resposta, na bateria simbólica do sujeito, nada mais do que o furo resultante da

73 "Mas, como pode o Nome-do-Pai ser chamado pelo sujeito no único lugar de onde poderia ter-lhe advindo e onde nunca esteve? Através de nada mais nada menos que um pai real, não forçosamente, em absoluto, o pai do sujeito, mas Um-pai" (Lacan, 1998, p. 584). Em relação às "situações" em que esse encontro se produz, ver também, os dois parágrafos seguintes.

sua *forclusão*. Esse furo "pela carência de efeito metafórico, vai provocar um furo correspondente no lugar da significação fálica" (Lacan, 1998, p. 564).

Vemos aqui, mais uma vez, o que viemos afirmando desde o começo do capítulo: a loucura histérica é diferente da psicose. Portanto, retomando a questão colocada por Laplanche, não faz sentido hoje, do ponto de vista psicopatológico, falar em termos de psicose histérica. O conceito de *loucura histérica*, concebido como tendo uma continuidade metapsicológica com os outros sintomas clínicos da histeria, é mais pertinente e marca uma posição teórica e clínica em um terreno que tem sido atravessado por superposições e confusões.

Referindo-se ao caso clínico em que centra seu trabalho, Maleval (1987) afirma:

> O desencadeamento dos transtornos, a onipresença da significação fálica, a riqueza das metáforas, a ausência de neologismos e repetições, a não dissociação das manifestações delirantes, nada disso, na observação do episódio psiquiátrico de Maria, corresponde à forclusão do Nome-do-Pai. (p. 34-35)

A culpabilidade, a desidentificação egoica e a "captura" numa relação dual com os objetos são características dominantes nas loucuras histéricas, permitindo, por si mesmas, assinalar três modos possíveis de abordar a terapia: o alívio do sentimento de culpa, a reestruturação egoica e a reintrodução do terceiro simbólico. Esses três modos são efetivados, em grau diverso, em quase todas as psicoterapias.

Os ritos religiosos de exorcismo, como já vimos, tiveram uma época de auge no catolicismo do Ocidente e persistem em práticas milenares africanas como o *ndöp*, realizada maioritariamente com mulheres em certas tribos do Senegal.

Maleval observa que ambos os tipos de práticas têm muitos aspectos em comum: nomeação dos espíritos, invocação dos Nomes-do-Pai, influência sugestiva dos terapeutas e da multidão[74]. Assinala, como diferença significativa, as técnicas do corpo, presentes nas práticas africanas, e a introdução da confissão do pecado, privada ou pública, a partir do Novo Testamento, para aliviar uma culpabilidade, já existente no plano moral e simbólico no contexto do Antigo Testamento.

Em relação à confissão, as práticas médicas da hipnose no século XIX, assim como as confidências ao clínico à beira do leito, testemunham a importância do alívio da culpa na resolução favorável de alguns quadros corporais ou mentais graves.

A dimensão simbólica – definida como *terceiro* capaz de interferir na relação dual coagulada com um objeto imaginário – opera a reabertura do jogo dialético de reconhecimentos e identificações. Essa dimensão opera, na relação analítica, por intermédio da importância central da fala, das condições e limites que regulam a transferência e da formulação de construções e interpretações que decifrem ou construam um sentido para o sintoma e demais formações do inconsciente[75].

No *ndöp*, a nomeação do espírito ancestral específico presente no quadro de suposta possessão constitui um momento privilegiado na complexa sucessão das diversas

74 Vemos hoje em dia, entre nós, o retorno dessas práticas em rituais evangélicos massivos, transmitidos, frequentemente, pela televisão.

75 O sobreinvestimento do sintoma por parte do terapeuta pode operar um efeito de "alimentação" e perpetuação dele, desviando o processo analítico no sentido de um reforçamento da relação dual. É o que, segundo Maleval, pode ser observado nas vicissitudes do caso de Sybil, uma paciente famosa pelo seu quadro de personalidade múltipla, que atingiu dezesseis eus, tratado com hipnoanálise por Wilbur, a partir de 1959. O coro de personalidades comentava: "Essa doutora Wilbur se interessa pela gente".

fases do ritual. Para que ela seja possível, deve-se ter alcançado um consenso, entre os membros do núcleo familiar e social mais próximos, a respeito da interpretação que cabe à experiência do enfermo e possibilita, dessa maneira, a passagem do privado para o público. A nomeação do espírito em questão (*rab*) é realizada, ocasionalmente, pelo próprio sujeito, mas em princípio está a cargo do oficiante do rito (*kat*) que, depois de perscrutar seus próprios sonhos, faz a enunciação, dando assim sentido aos transtornos do paciente.

> Propõe-se ao paciente [...] um discurso que lhe permite integrar sua experiência fantasmática, privada e incomunicável, em um elemento do sistema simbólico coletivo. De entrada, trata-se de interpor, entre ele e seu *rab*, a dimensão terceira do Outro, lugar do código. (Maleval, 1989, p. 15)

As histerias malignas não são patologias *borderlines*

Para C. Bollas (2000), as "histerias malignas" (forma pela qual designa as histerias graves) confundem impressões de vigília e representações de sonhos, encarregando-se de criar verdadeiras cenas oníricas que deixam as outras pessoas em situação de dificuldade para lhes conferir algum significado. Apresentando uma cena atrás da outra, procuram produzir um "impacto visual", de forma que o espectador-testemunha não consiga enxergar algo dos movimentos do imaginário, do campo do ilusório e, pelo contrário, fique preso à realidade da cena. O que, na verdade, é exposto nessas cenas são as "representações de coisas" que dominaram a psique do histérico desde sua infância.

Segundo o autor, o "histérico maligno" acredita que só será eficaz na sua tentativa de ser ouvido e considerado pelo outro "se transformar o *self*[76] num evento". Para fazer o outro sentir que está aprisionado e que ele dirige o seu destino, o histérico multiplicará as atuações, dentro e fora das sessões. Apresentará cenas que não quer ver transformadas em fala, tentando manter o analista preso a um desfile de situações e personagens, paralisando-o, esvaziando-o, fazendo-o viver, na transferência, a experiência devastadora que viveu em sua infância.

Efeitos de terror e paralisia também se fazem presentes entre profissionais e pacientes, como num caso de internação em instituição relatado por Bollas (2000): trata-se de uma paciente, Judy, mulher de 27 anos, internada numa clínica com diagnóstico de *borderline* pela sua impulsividade, irritabilidade e atuações maníacas. Ela conseguia provocar, nos colegas e na equipe, efeitos de paralisia intensos: entrava numa sala onde estavam os outros pacientes e começava a fazer gestos ameaçadores; detinha-se diante de um vaso como se fosse jogá-lo; sentava-se ao lado de outro paciente como se fosse atacá-lo; olhava para o controle da TV como se fosse desligá-la. Como em outras ocasiões já tinha jogado objetos, mudado repetidamente o canal e atacado colegas, agora os fazia sofrer com as "reminiscências" desses episódios.

76 *Self*: Segundo o *Dicionário* de Roudinesco e Plon (1998), esta palavra foi utilizada por Hartmann em 1950, no contexto da *Ego Psychology*, para diferenciar o eu como instância psíquica (traduzido em inglês por *Ego*) do eu como a própria pessoa; a noção do *self* (si-mesmo) foi depois empregada para designar uma instância da personalidade no sentido narcísico: uma representação de si por si mesmo, um autoinvestimento libidinal. O termo foi retomado em 1960 pela escola inglesa de psicanálise, com Donald Winnicott, e pela escola norte-americana, com Heinz Kohut. O *self* [...] é uma instância da personalidade constituída posteriormente ao eu, numa relação com a mãe e numa relação com o semelhante" (p. 700).

O desconcertante desses pacientes é a forma inesperada pela qual provocam uma tempestade, mas também pela forma com a qual desistem dela. Dessa maneira, produzem naqueles que os rodeiam efeitos de enfraquecimento e terror: alguns membros da equipe relatavam o medo de dizer qualquer coisa que "tirasse a paciente do sério" e pudesse desencadear uma crise. Afirma Bollas:

> O histérico maligno, que testemunha o *self* como um caos em desenvolvimento, observa mais propriamente uma pura força do instinto, selecionando objetos, em vez do *self* e do outro, e colocando o relacional de lado, na esteira do caminho instintivo. (p. 199)

Fenômenos de indução de conflitos e efeitos desagregadores nas equipes clínicas fazem-se presentes também em quadros de psicose, perversões e personalidades *borderlines*, dos quais é necessário diferenciar a "histeria maligna". Nesta última, pode-se assinalar: o predomínio do impacto visual na manipulação do outro; a imaginação fértil e a variabilidade dos sintomas; a mudança de papéis ou personagens representados – levados ao extremo nas formas clínicas das personalidades múltiplas – que, permanentemente, induzem surpresa e desconcerto no analista. A ligação transferencial aparece, de forma irruptiva, enquanto que o psicótico ou o melancólico mostra a necessidade de depender desde o início do objeto externo investido.

No caso da "histeria maligna", insiste Bollas, é "a sexualidade que leva à loucura" (p. 213). São filhos de uma mãe que, quando se deparou com o corpo do bebê – e fundamentalmente com a sua genitália – achou-o demasiado repulsivo e, aterrorizada com isso, não pôde transformá-lo imaginativamente. A mãe teria então se tornado "maligna", sobre-erotizando a criança e o próprio "processo de formação objetal". A mãe teria protagonizado permanentemente cenas de grande intensidade erótica, produzindo efeitos de esfriamento nos outros do entorno familiar.

Por outro lado, essa mãe não teria conseguido conter o próprio horror, invadindo o bebê com as suas angústias. Bollas sugere o termo *interjeto*, para distingui-lo do termo *introjeto*. Os interjetos são objetos projetados pelo outro no *self* do bebê que, momentaneamente, desorientam o *self*, o que se manifestará na dissociação do histérico. São identificações projetivas[77] dos pais que implantam "corpos estranhos" no psiquismo do bebê. Estes devem ser diferenciados dos objetos internos (no sentido kleiniano) resultantes dos processos de introjeção.

Na idade adulta, os histéricos põem em cena para o outro o que eles não suportam: testemunhar a relação sexual parental. A "projeção" no ambiente dos conteúdos internos é o exercício de uma violência vingativa inconsciente, em consequência do que o *self* teria sofrido pelas próprias internalizações. Todas as cenas têm um revestimento sexual e elas são oferecidas no palco, uma após outra, montando uma *performance* com uma tal capacidade de comando sobre o outro que nenhum esquizofrênico teria. Montam, também, uma parte cindida, que age como um "público jubiloso", que não encontraríamos nos pacientes *borderlines*. "O histérico observa a loucura como cena primária" (p. 213) e faz o outro testemunhar que a sexualidade é enlouquecedora.

77 *Identificação projetiva*: Segundo Laplanche e Pontalis (1979), "expressão introduzida por Melanie Klein para designar um mecanismo que se traduz por em fantasias em que o sujeito introduz a sua própria pessoa (*his self*) totalmente ou em parte no interior do objeto para o lesar, para o possuir ou para o controlar" (p. 302).

Bollas cria o nome de "histeria maligna" a partir dos desenvolvimentos de Balint (1968). Este distingue duas formas de regressão possíveis durante o processo de uma análise: a regressão benigna e a maligna. Os pacientes nos quais prima a regressão benigna utilizam-se da experiência transferencial para renegociar os distúrbios fundamentais da relação *self*-outro e buscar um caminho de independência. Na regressão maligna, ao contrário, o paciente coage o analista a oferecer-lhe um cuidado incondicional, e exige dele a reparação do ambiente por ele vivido, como compensação pelos monstros que o habitaram, "[...] não tendo como intenção inconsciente devolver ao *self* sua independência" (p. 190).

8
Histeria, depressão e masoquismo

Muitos autores afirmam que a histeria era a doença do século XIX, enquanto no presente momento a doença predominante seria a depressão. Este predomínio se sustenta frequentemente em diagnósticos psiquiátricos e nas consequentes indicações de antidepressivos, feita atualmente não só pelos psiquiatras, mas também pelos médicos de todas as especialidades – dos clínicos gerais aos pediatras, dos ginecologistas aos reumatologistas. Para entender esse panorama, é necessário levar em conta que hoje uma importante tendência da psiquiatria deixa de lado a categoria *neurose* e tenta fragmentar e desarticular as doenças, retirando a depressão do resto dos sintomas que constituem o quadro e construindo síndromes muito atreladas à medicação que vai curá-los. Os próprios analistas vão incorporando esta nomenclatura, muitas vezes sem levar em conta a diferença de diagnósticos feitos desde a metapsicologia daqueles realizados só a partir dos sintomas.

Apesar das falas que antecipam a morte da "neurose", entendemos que ela existe, e, dentro dela, a histeria, uma de suas formas mais frequentes, continua viva. Uma vez feito esse reconhecimento, não podemos desconhecer a presença frequente dos estados depressivos em todos os quadros neuróticos, incluindo a histeria, sobretudo após o término de uma relação amorosa ou de uma perda no corpo: pós-parto, pós-cirurgia etc[78]. Aspectos depressivos faziam parte da *petite hystérie* de Dora ou de Elizabeth Von R. A desilusão, o *tedium vitae*, até a tentativa de suicídio estavam presentes nas histéricas atendidas por Freud. No entanto, Freud estava interessado nas combinatórias: sintomas conversivos, mais depressão e mais *tedium vitae* configuram uma *petite hystérie*[79].

Uma "melancolia escura de fim de século"

Muitas vezes, a histeria foi aproximada da melancolia. Alguns roteiros de cinema mostram isto, como o filme *A mulher do tenente francês*, de Karel Reisz (1981), uma verdadeira lição de histeria; nele, a personagem "Tragédia", como era chamada no povoado, sofre, segundo o médico, de uma *melancolia escura* – escura pois um tanto enigmática, misteriosa; dela "os homens não sabem nada". Na história, depois da perda do amado, a Srta. Woodruff – a "Tragédia" – sem vontade de nada, com um choro incontrolável, dificuldade para dormir e um grande mutismo, desenha seu próprio rosto, destacando com o traço os sulcos

78 Sobre um destes momentos de luto, a separação do filho, trataremos no capítulo 10, "Histeria e erotismo feminino".

79 Ver capítulo 9, "De Freud a nossos dias".

de sofrimento. Certamente hoje se diria que ela sofre de uma depressão; no entanto, quem duvidaria que a Srta. Woodruff fosse uma histérica? Melancolizada talvez, mas, nem por isso, menos histérica.

Coberta pela sua capa preta, na ponta do espigão, com o olhar perdido na imensidão do mar, com um estranho gesto de desvario, a "louca", como era chamada na cidade, "encena a loucura" com sua postura, fazendo dos outros testemunhas de que a "sexualidade enlouquece"[80]. Seu gesto sonambúlico e seu olhar de desvario mostram que ela está presa a um sonho distante, até o momento em que o seu olhar fisga o do jovem cientista seguidor das teorias darwinistas, tanto da evolução quanto das emoções, que se dispõe a "salvá-la".

A sedução está presente o tempo inteiro nesse filme, como um dos temperos importantes da personagem. O conflito dá-se no campo da sexualidade. A Srta. Woodruff embandeira-se no desejo e na defesa da paixão; apesar de ser virgem, mostra-se como transgressora e sofre o rigor da moral vitoriana, que a exclui, condenando-a como rameira. No plano de fundo está o fantasma da prostituição.

Presa ao sofrimento no lugar de vítima, sente-se, ao mesmo tempo, superior às outras mulheres; na sua arrogância, em diferentes momentos do filme, afirma:

> Não sou como as outras mulheres.
>
> Não vou desfrutar de ter casa, filhos e marido, mas tenho dó delas. Tenho uma liberdade que elas não podem entender, coloquei-me fora dos limites da sociedade. Nem mais humana eu sou, sou somente a rameira do tenente francês.

80 Ver capítulo 7, "A loucura histérica".

Essas frases mostram como a denúncia da hipocrisia social – a transgressão do *éthos* da época – deixa-a com uma superioridade fálica diante das outras mulheres. Ela está fora do espaço que a norma da sociedade vitoriana delimita para que as mulheres ocupem: o de mães excluídas do erotismo; uma moral sexual que separa, com um limite muito claro, as mães das prostitutas. Na época em que se desenvolve o filme, havia em Londres um bordel a cada quatro casas, todos eles muito frequentados[81]. A histérica embandeira-se na defesa do desejo e da paixão, mas, no momento em que a relação amorosa se fez possível, ela some, desaparece.

O apego ao sofrimento – como se só nele se pudesse encontrar o prazer – e a insatisfação necessária do desejo que a histérica mantém aprofundam-se, às vezes, extrapolando a mera queixa permanente, e fazendo com que ela se apresente com esse "rosto escuro da melancolia". A erotização do sofrimento, do qual não se pode desprender, aparece na forma de uma depressão na qual chora o objeto perdido. Sem nunca ter mantido relações sexuais com o tenente francês, "Tragédia" apresenta-se como a transgressora e coloca-se como vítima do castigo da sociedade na qual vive, ao mesmo tempo em que denuncia a moral social por meio do seu próprio sofrimento. Vítima ou acusadora? Pergunta sempre presente quando se trata da histeria.

A histérica é porta-bandeira das transformações, desafia o estabelecido, defende a paixão e o amor; no entanto, este caminho para frente, em algum momento, sofre um retorno,

81 Poderíamos pensar também no papel de denúncia que cabe aos próprios sintomas depressivos na contemporaneidade. Eles questionam uma sociedade que se nega a reconhecer o desamparo e a impotência, afirmando ideais onipotentes apoiados nas realizações tecnológicas, destinadas a recusar toda a possibilidade de sofrimento.

seguindo um destino autoerótico e chegando a um lugar de gozo masoquista. Veremos mais adiante como se produz esta inversão do movimento libidinal.

Um exemplo deste movimento, também tomado de um filme[82], foi desenvolvido por um de nós em outro texto. Uma das protagonistas, mulher de traços claramente histéricos, denuncia, numa sequência, a hipocrisia das relações sociais e amorosas. Num contraponto com as afirmações do marido, vai ecoando a frase: "é tudo uma mentira". No momento em que uma relação sexual que pouco tinha de amorosa, ia acontecer, e na qual a mulher seria colocada no lugar de objeto/mercadoria, ela se utiliza de um pedaço de cristal de um copo que quebrara na hora do jantar, o introduz na vagina e lambuza-se no próprio sangue, exibindo no rosto uma expressão de triunfo resultante de um prazer autoerótico.

A dor da histérica e a fantasia masoquista

As relações existentes entre masoquismo e histeria são complexas. A queixa das violências de diferentes tipos nas relações amorosas – violência física, de desqualificação, tortura psíquica, escolhas amorosas de homens desvalorizados – ou ainda a realização de atos autodestrutivos e mutilações que chegam, às vezes, ao suicídio; fantasias de flagelação como componente necessário do prazer no relacionamento sexual; impossibilidade de desfrutar das situações prazerosas da vida, assim como o fato de se colocar socialmente ou

82 *Gritos e sussurros* (dirigido por Ingmar Bergman), trabalhado por Silvia Leonor Alonso no texto "O que não pertence a ninguém..." e as apresentações da histeria", in Fuks, L. B. & Ferraz, F. C. (Org.), *A clínica conta histórias* (São Paulo: Escuta, 2000).

profissionalmente em lugares em que sofrem maus-tratos, são manifestações muito presentes na clínica da histeria, que nos remetem ao *gozo masoquista*.

Freud trata o tema do masoquismo fundamentalmente em dois textos: "Bate-se numa criança", de 1919, e "O problema econômico do masoquismo", de 1924. No primeiro, analisa uma fantasia – na qual uma criança é espancada – presente em pacientes histéricos e obsessivos, que é acompanhada de sentimentos prazerosos, razão pela qual é recorrente, acabando, muitas vezes, numa atividade masturbatória e originando sentimentos de vergonha e de culpa. Freud trabalha as vicissitudes que a fantasia sofre na história evolutiva da criança, assim como as mudanças que a pessoa que fantasia, o objeto fantasiado, o conteúdo e sua significação vão nela experimentando.

Na descrição da fantasia de espancamento que ocorre num momento muito cedo da vida, Freud distingue três tempos da fantasia em relação ao funcionamento da pulsão. Na primeira fase, a fantasia estaria expressa com a frase "o pai bate numa criança"; um adulto, no começo indeterminado, é mais tarde identificado como o pai que bate numa criança que não é aquela que produz a fantasia. Na interpretação de Freud, essa fantasia indica um sentimento egoísta da criança em relação aos irmãos, que se expressaria com: "meu pai só ama a mim". Neste momento, afirma Freud, predomina ainda a não-diferenciação no plano pulsional. Não se pode, portanto, falar de algo puramente sexual ou de um sadismo, mas sim do material a partir do qual os dois vão nascer. Trata-se, nesse momento, de uma fantasia que satisfaz os ciúmes e os interesses egoístas, numa tentativa "de dominar o outro" e possuir o seu amor, e não de provocar-lhe sofrimento.

Entre a primeira e a segunda fase, acontecem transformações importantes no psiquismo da criança. Entendemos que essas transformações são uma diferenciação maior entre os interesses do eu e a corrente libidinal. Assim como a escolha de um objeto incestuoso, feita no interior do complexo parental, escolha que será seguida do recalcamento e do surgimento de um sentimento de culpa. Consequência dessa culpa é a segunda fase desta fantasia.

Nesse segundo momento, em que a fantasia se converte em tipicamente masoquista – "eu sou golpeado pelo meu pai" – há um retorno da pulsão sobre a própria pessoa. Para Freud é o sentimento de culpa que produz essa inversão do movimento da pulsão. Nesta fase, a fantasia é inconsciente e só poderá ser recuperada pela análise; nela se experimenta a dor e se goza de maneira masoquista.

Na terceira fase, o alvo é novamente o outro; a fantasia enuncia-se como: "um adulto, que não é o pai, bate em algumas crianças desconhecidas". É uma fase sádica (sadismo secundário). Essa fantasia é portadora de uma intensa excitação sexual e acaba normalmente num ato masturbatório, excitação que se consegue pelo caminho sádico de fazer sofrer o outro e conseguir prazer com isto.

Na fantasia da primeira fase – "meu pai bate em outra criança e só ama a mim"– a segunda frase – "só ama a mim" – foi recalcada como consequência da culpa pelo desejo incestuoso, restando apenas a primeira: "meu pai bate em outra criança". A fantasia resultante expressa nesta frase, formalmente, é sádica, mas, no fundo, é masoquista. A investidura libidinosa da segunda parte da frase, que foi recalcada, retorna sobre si e, com ela, a consciência de culpa. Tanto na segunda quanto na terceira fase da fantasia, trata-se de uma dor masoquista, já que é o próprio eu que sofre, seja porque num caso ele próprio sofre ou porque, no outro, identifica-se com aquele que sofre.

Para pensar a dor na histeria, impõe-se-nos uma pergunta: como uma dor pode produzir uma satisfação sexual? Desde o texto *Três ensaios de uma teoria sexual* (1905a) até o texto *O problema econômico do masoquismo* (1924b), Freud afirma que a excitação sexual surge como colateral dos processos internos e que nada acontece no organismo que não outorgue componentes à excitação da pulsão sexual, até mesmo a dor, que teria também esta função. Freud entende que, entre a dor e a sexualidade, existe uma relação que chama de *coexcitação libidinal*, que explicaria por que se pode encontrar prazer numa experiência de dor. No entanto, é necessário entender a dor em relação à pulsão sadomasoquista, havendo dois caminhos seguidos pela pulsão entre os quatro possíveis destinos assinalados por Freud na Metapsicologia: 1) o retorno sobre a própria pessoa e 2) a inversão dos alvos, e como a pulsão articula-se na fantasia. O primeiro dos processos refere-se ao caminho de volta da pulsão sobre o próprio eu, e o segundo consiste na transformação de ativo em passivo (Freud, 1915).

Em relação ao circuito da pulsão sadomasoquista, Freud (1915d), no texto *As pulsões e seus destinos*, distingue três tempos: – no primeiro, o sadismo é dirigido a outra pessoa como objeto (voz ativa). Neste, o sadismo é uma agressão ao outro, mas sem a intenção de provocar sofrimento, não despertando prazer sexual algum. No segundo, o objeto é substituído pela própria pessoa, mudando ao mesmo tempo o alvo de ativo para passivo. No terceiro momento procura-se novamente o objeto em outra pessoa; no entanto, como o alvo mudou, tem de tomar para si o papel de sujeito, ou seja, o masoquismo surge pelo sadismo voltado contra a própria pessoa. No entanto, Freud distingue dois momentos de retorno sobre si mesmo. Em um momento, o indivíduo faz sofrer a si mesmo, na forma de autocastigo ou autotormento, sem que se instale a passividade em relação à outra pessoa (voz reflexiva), situação que encontramos na neurose obsessiva. Noutro momento, o indivíduo faz com que uma pessoa estranha lhe provoque dor (voz passiva), sendo este o masoquismo propriamente dito.

No terceiro tempo do circuito da pulsão, o sadismo já tem caráter sexual e compreende um novo retorno à posição masoquista.

> A partir do momento no qual experimentar dor chegou a ser um fim masoquista, pode surgir retroativamente o alvo sádico de produzir dor em outro, e de gozar de maneira masoquista na identificação com o objeto que sofre. (p. 124)

A dor não faz parte das ações-alvos originárias da pulsão, mas surge pela transformação masoquista. É no momento masoquista que a atividade pulsional assume uma significação sexual. As sensações de dor, assim como outras sensações de desprazer, transbordam sobre a excitação sexual e produzem um estado prazeroso. O que se goza não é a própria dor e sim a excitação sexual que a acompanha. Como afirmam Laplanche e Pontalis (1979),

> [...] embora Freud tenha dito, para qualificar esta etapa do seu pensamento em comparação com a seguinte, que deduzia o masoquismo do sadismo e que não admitia então a tese de um masoquismo primário, vemos contudo que, se tomarmos o par sadismo-masoquismo no seu sentido próprio, sexual, é exatamente o momento masoquista que é já considerado o primeiro, o fundamental. (p. 608)[83]

83 Com a introdução da pulsão de morte, Freud (1924) inclui o masoquismo primário.

Dois processos dão-se paralelamente: o da intervenção do sexual e o de aparecimento da fantasia. Na encenação da fantasia o próprio eu fica cindido: uma parte faz mal e outra sofre o mal, gozando com isso.

A dor surge quando o eu se identifica com os dois personagens da cena fantasiada: o que faz e o que sofre o mal, a vítima e o carrasco instalando-se na cena psíquica, como dois personagens da fantasia sadomasoquista. Entendemos que isto corresponde a um aspecto sadomasoquista presente no caso do ataque histérico, descrito por Freud (1908a) em *Fantasias histéricas e sua relação com a bissexualidade*. Nele, a própria mulher puxa as roupas com uma mão e as segura com a outra, instalada que está, ao mesmo tempo, em dois lugares identificatórios: o da estuprada e o do estuprador.

É entre o eu masoquista e o supereu sádico que a dor se instala na cena psíquica, sendo a culpa ou a necessidade de castigo o pivô fundamental dos destinos da pulsão. A culpabilidade origina-se no fato de esta fantasia estar articulada, para Freud, com o investimento libidinal incestuoso em relação ao pai. A culpabilidade por esse sentimento transforma a fantasia, invertendo o seu conteúdo: "teu pai não te ama, pois te bate". A fantasia, igual ao masoquismo, é uma junção da consciência de culpa e do erotismo, bem como um processo regressivo que faz com que a excitação se descarregue por atos masoquistas. Essa fantasia surge, portanto, do complexo de Édipo, expressando o desejo de ser amado pelo pai. Ocorre tanto em homens quanto em mulheres, sendo que os seus tempos mostram as vicissitudes da libido nesses precoces momentos da vida e as excitações decorrentes do conflito parental. O amor incestuoso pelo pai e o recalcamento sofrido desse amor incestuoso são seguidos por uma regressão ao momento libidinal de predomínio sádico-anal.

No texto *O problema econômico do masoquismo*, Freud (1924b) distingue três formas de masoquismo: *feminino*, *moral* e *erógeno*. Tanto o feminino quanto o moral remetem a uma fantasia masoquista, relacionada com a estruturação edípica, como aquela que Freud tratava em *Bate-se numa criança*. Essa fantasia, segundo Freud, pode estar a serviço da masturbação ou ser incluída no ato sexual. Trata-se de uma fantasia que coloca a pessoa numa situação característica de feminilidade, e que é acompanhada de um sentimento de culpa ou, como dirá Freud, de uma "necessidade de castigo" que, no masoquismo moral, se expressa com toda a força; é uma culpa que surge pela defasagem entre o eu e o ideal.

Gerardo Pasqualini (1991), a partir de vários casos clínicos de histeria, recupera algumas constantes ali presentes: dificuldades com o orgasmo, representado como morte; busca repetida de situações descritas como dolorosas e fantasias masoquistas; ao mesmo tempo, idealização da figura paterna que coincide com a ausência concreta do pai. Este autor retoma os desenvolvimentos freudianos sobre o masoquismo, afirmando que a dessexualização é necessária para que seja possível a passagem da escolha de um objeto à identificação com o pai, passagem que é também da erotização à ternura. O desamparo primário é concomitante à *idealização das figuras parentais*. Onde falta a presença de um pai real que possa ser confrontado com a imagem ideal – produzindo uma primeira desidealização que será depois referendada e legalizada pela formulação de um "não" proveniente do pai – não serão possíveis a dessexualização e a sublimação. Fica como saída "a identificação narcisista numa posição masculina ideal, resultando disto comportamentos de superproteção e desvalorização diante do outro, assim como o elemento recalcado passivo, que dá conta do fantasma masoquista, a dependência passiva em relação ao pai" (p. 264)[84].

A fantasia masoquista remete à estruturação edípica e segue, na sua construção, os seguintes passos: ligação incestuosa com o objeto, recalcamento e identificação com o objeto amado. Secundariamente, por regressão, produz-se uma relibidinização a partir do sadismo anal. Passa-se, então, do amor ao pai à vontade de ser golpeado pelo pai. A transmutação do sadismo em masoquismo é, para Freud, produto da culpa, que se instaura por efeito do recalque que fez inconsciente o resultado da organização genital e provocou uma regressão a uma organização narcisista.

A onipresença da culpabilidade tem sido pontuada por alguns autores como uma das características predominantes nas histerias mais graves. Como já vimos[85], Maleval (1989) afirma que a onipresença da culpabilidade na desidentificação egoica e na vacilação na relação com o Outro são características fundamentais das histerias crepusculares.

Maleval mostra o efeito que a confissão pode ter no tratamento da culpa, relatando um exemplo que toma de Aldenhovem (1957), referente a uma histeria de forma melancólica com um gravíssimo quadro de pneumonia, em

84 O autor indica o lugar que a constituição da fantasia tem na neurose: a organização da fantasia segura a descarga, ficando esta como desprazer mais aquém da fantasia. Lembremos que Freud (1924b), no texto *O problema econômico do masoquismo*, mostra como no sexual há um prazer na carga, opondo-se assim à lei de Fechner (prazer na descarga). O desejo articula-se numa fantasia, ficando então sustentado num imaginário prévio à descarga.

85 Ver capítulo 7, "A loucura histérica".

que a paciente se encontrava à beira da morte. O médico, que duvidava que ela pudesse melhorar, sentou-se ao seu lado e lhe disse que sua irmã viria visitá-la no dia seguinte; ela respondeu:

> [...] "amanhã estarei morta e será um castigo bem merecido". "Castigo?", perguntou-lhe o médico, para dizer-lhe a seguir: "bom, nesse caso não morrerá. Ocupar-nos-emos de que pague a dívida na terra e não embaixo dela". (p. 22)

A paciente, depois disto, confiou ao médico que a sua doença tinha começado com a sua infidelidade em relação ao marido, que na época era prisioneiro de guerra. Após essa confissão, a paciente começou imediatamente a melhorar e, em alguns dias, restabeleceu-se perfeitamente. Maleval chama-nos a atenção sobre o efeito da confissão em relação à culpa, mas enfatiza também a fala do médico, que coloca em jogo a *dívida simbólica*, o que teve um efeito fundamental. O autor insiste na afirmação de que a culpabilidade invade o histérico crepuscular "quando a dialética do desejo está travada" (p. 24).

Diferentes autores parecem encontrar a origem da culpa e do retorno masoquista da pulsão na histeria em alguma falha na *castração simbólica* (Maleval) ou na *desidealização da figura paterna* (Pasqualini). Tal falha que retira do histérico a possibilidade de assumir o movimento do desejo e o imobiliza na culpa.

O caráter masoquista e depressivo, forte em algumas formas de histeria, não pode desvincular-se da cultura na qual se produz. Em algumas culturas, a rejeição da sexualidade é maior, o caminho do erotismo é mais difícil e a histeria fica condenada a existir em suas formas mais melancólicas e masoquistas[86]; nas culturas nas quais a presença do erotismo é maior, a histeria pode recuperar mais a sua positividade – aquela que Freud marca no texto da Metapsicologia, no qual mostra que a organização histérica, à diferença da neurose obsessiva e da fobia, mantém uma relação maior com o "corpo erógeno" e, portanto, tem uma via de acesso ao desejo mais aberta.

86 Ver sobre o tema Clément e Kristeva (2001), *O feminino e o sagrado.*

9
De Freud a nossos dias

Reformulações teóricas no interior da psicanálise

Freud e os diferentes momentos de sua teoria

Como afirma Saurí (1975),

> [...] as sucessivas conceitualizações supõem tanto a reformulação de certos problemas velhos quanto o surgimento de outros novos. No entanto, nada disto acontece fora do campo epistemológico no qual toma corpo o conhecimento. (p. 67)

No desenvolvimento da primeira teoria freudiana, na qual a libido é concebida como energia psíquica que procura o prazer, a histeria será entendida fundamentalmente como resultado da defesa em relação ao recalcado – o retorno deste à consciência produziria desprazer. "Localizado em plena crise do naturalismo [...], e '*escutando*' os transtornos mentais no contexto da Belle Époque, suas conclusões não poderiam ser outras" (p. 210), afirma Saurí referindo-se ao contexto no qual Freud estava inserido.

No entanto, não podemos esquecer as mudanças do entorno nas quais está situado Freud quando escreve os seus últimos textos e a influência deste contexto nos seus desenvolvimentos teóricos após 1920. Os efeitos de ter vivido durante a Primeira Guerra refletem-se conceitualmente na reformulação do princípio do prazer, como regulador central do psiquismo, na inclusão da pulsão de morte, assim como na importância que a dor e o desamparo passam a ocupar na subjetividade. O princípio do prazer deixa de ser o regulador único do funcionamento psíquico. O princípio de Nirvana (movimento para a morte) está nas origens e, contra ele, a pulsão de vida terá de fazer um contraponto para limitar o seu alcance e preservar a vida. A reformulação da teoria da angústia, com a inclusão do traumático revisto e a releitura do sintoma neurótico, é expressão destas mudanças nos seus últimos textos. Segundo Birman (2001a), "[...] o ideal civilizatório do progresso" (p. 135) sucumbe, no pensamento freudiano, aos efeitos da Primeira Guerra, quando o discurso freudiano, dirá o autor, "[...] se desgarra do 'ideal cientificista', e pode abrir-se à possibilidade de apresentar-se como 'um discurso crítico sistemático sobre a cultura'" (p. 40).

A teoria psicanalítica da histeria nos autores pós-freudianos

Nos autores pós-freudianos, o impacto dos sistemas de crenças que imperam vai ainda mais longe, resultando em produções distintas no entendimento das neuroses, particularmente da histeria.

A crueldade das guerras e o desespero vivido entre elas, tematizado pelo existencialismo, colocam a morte no centro das tematizações, e os homens ficam fundamentalmente "[...] preocupados com o que os junta e os separa" (Saurí, 1975, p. 210). Neste contexto, o valor de Tânatos na teorização é cada vez maior e se outorga mais importância para as relações interpessoais. Os desenvolvimentos da escola inglesa mostrarão isto com força. Melanie Klein teoriza a neurose como defesa contra a psicose, fundamentalmente como uma tentativa de estabelecer "relações adequadas com o mundo". E, no pensamento de Fairbain, a libido é vista sobretudo na sua face de "buscadora de objeto" (Saurí, 1975, p. 211). O que passa a importar, dirá Saurí, são, principalmente, as técnicas do eu desenvolvidas em relação aos objetos; a palavra histeria perde o seu caráter substantivo e, a partir deste momento, histérico é um adjetivo "que qualifica uma relação de objeto[...]" e "[...]a histeria será um modo de agir, uma ação consertada ou desconsertada – do ego sobre os objetos, na qual irá predominar, em razão de sua infraestrutura fundada na condição esquizoide, a dissociação" (p. 212).

O texto de Ronald Fairbain, "Observações sobre a natureza dos estados histéricos"[87], é uma boa expressão deste interesse pelo relacional apontado por Saurí. Nele Fairbain reatualiza a discussão do conceito de *dissociação*, na conceitualização de Janet sobre a histeria, e a contraposição de Freud a este, com o conceito de recalque. Para o autor, o conceito de recalque em Freud, por ser um conceito ativo, baseado num conflito psíquico, supera o conceito de dissociação em Janet, ao ponto de ter-lhe invalidado. No entanto,

87 Texto baseado em um trabalho lido na *British Psychological Society*, 28 de outubro de 1953.

Fairbain retoma o conceito de dissociação da personalidade introduzido por Bleuler para explicar a esquizofrenia, assimilando o processo de *dissociação histérica* à *cisão do ego*, característica dos estados esquizoides. "O recalque e a cisão do ego representam simplesmente dois aspectos do mesmo processo fundamental" (Fairbain, 1975, p. 218).

Fairbain reconceitualiza o recalque no interior das relações de objeto e afirma que a situação endopsíquica do histérico é caracterizada por um *objeto excitante* excessivamente excitante, um *objeto rejeitador* excessivamente rejeitador. O ego libidinal é excessivamente libidinal e o ego antilibidinal é excessivamente persecutório. Estas condições explicariam tanto a intensidade da sexualidade recalcada quanto o "grau de sacrifício compulsivo da sexualidade". Os sintomas histéricos produzem-se, segundo o autor, como consequência da gratificação e da frustração, ou rejeição, simultâneas, produzidas no interior das relações de objeto.

> O que caracteriza o estado histérico é uma técnica específica empregada para regular as relações de objeto em idade precoce. (p. 233)

Em uma outra linha dos desenvolvimentos pós-freudianos, na releitura da obra freudiana feita a partir do estruturalismo, os estudos linguísticos de Saussure e, fundamentalmente, de Jacobson proporcionam novos odres para verter o vinho freudiano. Nesta perspectiva, será a dialética do desejo, diferenciado da necessidade e da demanda, e a consequente inclusão da falta, um dos caminhos centrais da conceitualização da histeria. A este somar-se-á o caminho das identificações no interior da fase do espelho e do percurso edípico. Os desenvolvimentos teóricos de Lacan e seus discípulos tentam encontrar os traços da estrutura presente nos três quadros clínicos diferenciados: a histeria de conversão, de angústia e a traumática.

O conceito de *falo* desenvolvido por Lacan, em suas dimensões simbólicas e imaginárias, introduz elementos importantes para repensar a constituição subjetiva e seu modo histérico de organização. No desenvolvimento edípico normal, pretender-se-ia que a *metáfora paterna* fizesse renunciar a expectativa de ser aquilo que solucionaria a insatisfação materna. A mãe faria de seu desejo a bússola que orientaria a menina até o pai. No caso da histeria, nem o discurso da mãe, nem o suporte real do pai ajudam a menina a fazer esta passagem; a *castração simbólica*, de alguma forma, fracassa, e a menina fica atrelada num vínculo de idealização e, ao mesmo tempo, de ressentimento com a mãe[88].

Algumas problemáticas tratadas nas últimas décadas

Nas últimas décadas, alguns analistas pontuaram insistentemente a "positividade da histeria"; é, por exemplo, o caso de Lucien Israël (1994) que entende que a histérica exprime fundamentalmente uma "[...] revolta contra as condições impostas ao amor" (p. 160). A histérica, para este autor, seria sobretudo uma defensora do amor, num mundo mercantilista, cheio de objetos de consumo e esvaziado de desejo. Israël postula a existência de uma generosidade histérica, já que esta não só procura a cura para si, mas também para o meio. E para isso desafia o *establishment*. Na relação com o médico, quer que este pare de impor um saber

88 Ver capítulo 4, "A fase fálica".

alienante aos pacientes, reconhecendo os limites do seu saber. Na relação com os parceiros, desafia os hábitos que ameaçam a criatividade do amor. A histérica batalha para conseguir o triunfo do amor sobre o ódio e sobre o tédio.

No entanto, falar da histérica como defensora do amor é falar só de uma metade ou de uma face da histeria. Outros autores, pelo contrário, pontuam com força o império da hostilidade e o impossível do amor, como Masud Khan (1983), no seu texto *O rancor da histérica*. Segundo este autor, as faltas de uma maternagem suficientemente boa, durante a infância, é respondida pelo histérico com um desenvolvimento sexual precoce. Na infância, para enfrentar a imaturidade do eu, produz-se uma fuga na direção da genitalidade. A sexualidade adulta não é para os histéricos um meio de satisfação, e sim uma forma de expressar a privação, ou seja, o fracasso da mãe para prover as necessidades do eu da criança.

Na transferência "hipersexualizada", dirá Masud Khan, esconde-se o *rancor* ligado a uma profunda desconfiança, crente de que o objeto exterior não será capaz de responder às necessidades do seu eu. A falta de um *holding* necessário para a coesão do eu nascente faz com que as angústias primitivas sejam enfrentadas mediante a intensificação e a exploração de experiências sexuais do eu-corpo, o que, na idade adulta, outorgam um caráter sexual bizarro. Se, de um lado, está presente um desejo ardente da experiência sexual, este se acompanha de uma incapacidade de manter uma relação amorosa ou de alimentar-se dela, fazendo com que os histéricos vivam num estado de rancor permanente.

Nasio (1990) fala de um *eu-tristeza*, resultante da incerta fronteira que separa o real do fantasiado e os objetos internos dos externos, assim como o jogo cruel e doloroso das identificações múltiplas e contraditórias com diversas personagens, e tudo isto sob o preço de permanecer alheio à sua própria identidade de ser, em particular a sua identidade de ser sexuado.

> Quer o histérico desencadeie o conflito ou o elimine, seja homem ou mulher, ele ocupa invariavelmente o papel de excluído. Isso explica sua tristeza. (p. 19)

Como afirmamos no primeiro capítulo, cada autor marca um dos aspectos importantes da histeria, o que pode fazê-los parecer contraditórios, mas, na verdade, todos estes aspectos convivem na importante diversidade deste quadro.

Segundo Birman (1997), pensar a histeria na atualidade, após mais de cem anos de descoberta da psicanálise, confronta-nos com a diferença entre o caminho do "trágico" e do "dramático". Enquanto este último nos mantém na ordem do masoquismo, da melancolia e da culpa, o registro do "trágico" nos põe, ao contrário, em contato com o imprevisível e com a "[...] impossibilidade do encontro humano, para os diferentes sexos, marcando o sujeito pelo real da angústia" (p. 119). Esse registro do trágico, que coloca o sujeito confrontado com o impossível, pode ir acompanhado do brilho, do lúdico, da festa, da alegria, da sensualidade e da criatividade, enquanto dimensões incorporadas em uma experiência feminina do desejo[89]. Ao contrário, no "ser da histeria", nos dirá Birman, o movimento do desejo esteriliza-se e congela pelo terror que o histérico sente diante da excitação.

> A histeria seria, então, o antierotismo, a imobilidade da fluidez pulsional e a transformação dos humores vitais em abscesso

89 Ver Birman (1999), *Cartografias do feminino*.

> da carne. Por isso mesmo, o corpo se revela amputado do que lhe é fundamental, atrofiado que fica com os seus sintomas, os seus estigmas e as suas conversões polimorfas. (p. 126)

Mas, segundo afirma o mesmo autor, que o impasse seja colocado desta maneira é consequência de que uma figuração do feminino que inclui o erotismo e que só é possível neste momento após um longo caminho de transformações históricas, no que se refere ao lugar da mulher e as relações entre os sexos.

Como vimos nos capítulos anteriores, no discurso do cristianismo, todo o feminino não materno corre o perigo de ficar associado ao demoníaco enquanto tentador para o homem. No século XVIII, produziram-se discursos médicos e filosóficos que tentaram separar a essência masculina da feminina. No século XVIII, produz-se um discurso sobre a diferença sexual, ainda que essa diferença se acompanhe de uma divisão dos espaços, delimitando o espaço público para o homem e o privado para a mulher, negativizando a sedução feminina e reduzindo a mulher ao seu lugar materno. A sensualidade fica restrita à figura da prostituta, mas esta passa a ter uma função importante na sociedade, outorgando um lugar para o erotismo masculino que está extinto no casamento. A figura da prostituta é medicalizada, como afirma Birman (2001b), ao longo do século XIX, e disciplinada com normas de saúde pública. No século XX, a figura fetichizada da mulher-objeto ocupa o espaço de destaque; seu corpo é apropriado pelos meios e vira um objeto de exibição que, por sua vez, vende objetos. Não obstante se produza um deslocamento importante, a sensualidade e o erotismo, até então só possíveis para as prostitutas, são incluídas no ser feminino.

Algumas orientações no comportamento da sexualidade mudaram. A liberdade sexual conquistada pelas mulheres fez com que estas não precisem estar à beira de um ataque de nervos como consequência da frigidez ou desmaiar para comunicar a existência de uma gravidez que denuncie a presença da sexualidade; não impera mais a dupla moral vitoriana, não ficando o lugar das mulheres restrito à maternidade nem sendo necessário para o homem procurar o erotismo na prostituta.

Sabemos que a histeria se veste com os elementos da época. Ela se institui num espaço de saber sobre a sexualidade, sobre o corpo e sobre o feminino, e este muda com o tempo. Para tanto, a forma com a qual a histeria se apresenta também muda com a época. Na pós-modernidade, a mídia constitui-se como um espaço de saber/poder por meio da produção de um ideal sexual de perfeição, referido principalmente ao corpo e apoiado nas figuras de sucesso. Como consequência disto, a histeria midiática dos tempos modernos tomará novas formas de apresentação.

A histeria na psiquiatria atual e as epidemias histéricas

A histeria fragmentada

Nos últimos anos, o termo "neurose" vem desaparecendo dos programas científicos, da mídia em geral e dos romances literários e cinematográficos. Esta constatação não é alheia ao seu desaparecimento dos manuais classificatórios das enfermidades mentais. Paralelamente, categorias semiológicas ou nosográficas novas, que aparecem nesses manuais, ganham um espaço cada vez maior, dos quais também se ocupam os programas mediáticos: anorexias e bulimias, síndrome do pânico, fibromialgias etc.

No DSM IV, vemos aparecer os componentes das neuroses histéricas espalhados em diferentes itens: de um lado estão os transtornos somatoformes, nos quais aparecem incluídos entre outros, os transtornos de somatização e os transtornos conversivos; de outro, os transtornos sexuais, entre os quais a frigidez, a impotência e a ejaculação precoce; os transtornos de personalidade histriônica que incluem traços como a sedução, o desconforto por não ser o centro de atrações, a aparência física para chamar a atenção, a sugestionabilidade, a teatralidade, a superficialidade emocional e o fato de considerar os relacionamentos como mais íntimos do que são; e ainda os trantornos dissociativos que incluem amnesias, fugas e transtornos dissociativos de identidade (anteriormente chamados de "personalidades múltiplas"). Em outro item separado estão as depressões. Há uma tentativa da fragmentação, de dispersão dos sintomas e de desligamento destes em relação à sua etiologia sexual e ao conflito psíquico, ou seja, aquilo que Freud juntou ao escutar seus pacientes, constituindo um quadro atualmente é entendido separadamente. Por exemplo, na *petite hystérie* de Dora, a afonia (conversão) era acompanhava do *tedium vitae* (depressão), e assim por diante. Atualmente as depressões (como sintomas psíquicos) e as somatizações – chamando erroneamente com este termo o que Freud caracterizava como sintomas conversivos – estão separadas. Parece que a forma de eliminar a histeria foi dispersá-la. No primeiro capítulo, referindo-nos a uma epidemia histérica ocorrida no século XIX, vimos como a forma de tirar-lhe a força foi dispersando as moças da cidade, enviando-lhes a diferentes cantos; essa mesma dispersão, desfortalecedora, parece acontecer agora com os sintomas. Cabe perguntar se este é um movimento particular em relação à histeria, que sabemos sempre implicou uma ameaça ao saber/poder da medicina, ou se está dentro de uma operação geral de eliminação do conceito de estruturações mentais. Atualmente, a tendência predominante na psiquiatria é a desarticulação dos quadros neuróticos, substituindo-os por síndromes concebidas como transtornos ou distúrbios a serem corrigidos. Tomemos o exemplo da depressão entendida como sintoma ou síndrome: a tentativa de suicídio de Dora, o desânimo com a vida, de Elizabeth Von R., e tantas situações que põem em jogo afetos penosos (esgotamento em consequência do cuidado de doentes, perdas, desilusões, lutos etc.) não seriam, por acaso, hoje, diagnosticadas como depressões de diversos graus, destinadas a uma "correção medicamentosa?". Freud podia reconhecer-lhes como tal; no entanto, as inscrevia como um elemento dentro de uma complexidade, com uma causa situada temporalmente, com etiologia complexa e pensada no jogo dos investimentos libidinais, pulsões e conflitos, processos identificatórios etc.

O olhar psiquiátrico que predomina atualmente é fragmentador. Na época de Charcot, não se solicitava ao paciente que falasse. A partir de Freud, o paciente é solicitado a falar, escutando-se mais do que ele pretende dizer. Apesar de alguns psiquiatras manterem individualmente uma posição de escuta ampla, atualmente a tendência hegemônica na psiquiatria promove escutar na fala do paciente só os enunciados que permitam incluí-lo em alguma das categorias das classificações do DSM IV, fazendo com que a histeria esteja, mas não seja reconhecida. Ao mesmo tempo, a histeria existe cada vez mais epidemicamente em outros tipos de apresentações: anorexias, pânicos, personalidades múltiplas etc.

Após os anos 80, impôs-se no pensamento psiquiátrico um neo-organicismo que condiciona os parâmetros classificatórios, operando uma recusa dos discursos subjetivos e das histórias de vida associadas a estas doenças. Trata-se de um positivismo que dessubjetiviza, que dessexualiza e que impede que a histeria seja escutada. O espaço da psicopatologia é deslocado pelas síndromes, criadas com critérios sintomáticos que serão modificados pelos medicamentos. As doenças da atualidade, difundidas pela mídia, produzem verdadeiras ondas epidêmicas. Há também uma redução do contato com o paciente, que faz pensar numa desaparição da clínica. O interrogatório chega como máximo até a identificação da síndrome suficiente para realizar a indicação medicamentosa. Não interessa uma verdadeira anamnese nem uma história do paciente e da enfermidade. Grande parte dos psiquiatras não se interessa mais pelos processos psicopatológicos.

Esta distância em relação ao paciente implica também uma distância do psiquiatra com ele mesmo. Atualmente muitos psiquiatras começam a repensar esta posição, até mesmo questionando os abusos da medicação. No entanto, fora do campo da psiquiatria, no campo da clínica geral e suas especialidades, os consultórios são frequentados pelos histéricos permanentemente, e em retorno às suas queixas, estes recebem frequentemente psicotrópicos e fundamentalmente antidepressivos. Como afirma Roudinesco (1999), no terceiro milênio a depressão se tornou a "epidemia psíquica das sociedades democráticas" e

> [...] a histeria não desapareceu, mas cada vez com maior frequência é tratada como uma depressão, negando-se a reconhecer no conflito neurótico a causalidade inconsciente; no

> entanto, no seu trabalho de "insistência do inconsciente", este ressurge no corpo, e os histéricos aparecem nos consultórios dos ginecologistas, gastroenterologistas, cardiologistas e, ultimamente, reumatologistas, já que algumas das apresentações histéricas do momento os têm como destinatórios de suas queixas. (p. 17)

O reumatologista Marcel Francis Kahn (*apud* Roudinesco, 1999) afirma:

> Os deprimidos sofrem por todos os lados, isso é sabido. Mas o que não se sabe tão bem é que também vemos sintomas de conversão tão espetaculares quanto os observados por Charcot e Freud. A histeria sempre pôs em primeiro plano o aparelho locomotor. Ficamos impressionados ao ver como se pode esquecê-la. E também o quanto o fato de evocá-la desperta, no pessoal médico, inquietação, recusa ou mesmo agressividade em relação ao paciente, assim como por parte daquele ou daquela que recebe esse diagnóstico. (p. 18)

Cabe perguntar se os ideais de pragmatismo, eficiência, rapidez, de ser empresário de si mesmo etc. rejeitam, mais que antes, a afronta narcísica de não ser amo na sua própria casa, o soberano de sua própria alma e o possuidor do domínio absoluto do próprio corpo.

A clínica psicanalítica atual

As tentativas de apagar a histeria e de dessexualizar a teoria não têm sido só exteriores à psicanálise, mas também aconteceram no interior dela. Nos últimos anos, a morte da histeria é anunciada com frequência; caracterizada como uma doença vitoriana, que teria surgido como reação das mulheres do século XIX às limitações que lhe eram impostas pela moral da época, supostamente teria desaparecido com a liberação sexual. Na opinião de muitos – opinião com a qual não concordamos – a histeria já teria sido enterrada, levando com ela os seus segredos.

Jean Laplanche, num painel sobre a histeria do Congresso da IPA em 1974, protestava contra a dessexualização da psicanálise; Christopher Bollas, no seu livro *Hysteria* (2000), alerta sobre a possibilidade de que a insistência dos psicanalistas, na década de 50, sobre as personalidades *borderlines* e o interesse centrado nos aspectos mais primitivos ou pré-edípicos seja consequência de um movimento histérico dos próprios analistas, configurando um novo momento de recalcamento da sexualidade. E que com a nomeação *borderline* se tenha recalcado a própria histeria, por outro lado, como a histeria se institui num lugar de saber e tenta responder ao desejo do Outro, pode ter respondido a esta nomeação com mudanças na sua forma de apresentação[90].

Bollas chama a atenção também para o vaivém na história do movimento psicanalítico, e como, a partir da década de 90, retoma-se o interesse pela histeria, aparecendo publicações recentes e interessantes sobre esse tema em diferentes lugares, assim como conferências e painéis.

Já nos referimos à capacidade identificatória dos histéricos que faz com que seja necessário prestar muita atenção ao levantar uma hipótese diagnóstica; caso contrário, a histeria pode facilmente ser confundida com outros quadros. Estas hipóteses não podem ser feitas pelos sintomas e sem levar em conta a metapsicologia. Sabemos que

90 Vimos alguns destes aspectos no capítulo 7, "A loucura histérica".

quando os analistas começaram a entrar nos manicômios encontraram um número significativo de histéricos cronificados por anos de internação, com diagnósticos de esquizofrenia. Sabemos que, atualmente, não é estranho que os histéricos mais graves sejam confundidos, nos consultórios ou nos hospitais-dia, com pacientes *borderlines*.

Entendemos que, nos dias de hoje, a procura nos consultórios de psicanalistas aparece mais diversificada, presença na cena clínica, das chamadas patologias do eu, perversões, transtornos psicossomáticos e psicoses. Por outro lado, a extensão do campo da psicanálise que encara os novos desafios leva os psicanalistas a repensar e a reordenar os seus recursos, e vem produzindo mudanças necessárias na escuta e na intervenção. No entanto, a parte mais significativa das consultas espontâneas – aqueles que procuram os psicanalistas para ser ouvidos e para refletir sobre si próprios – é certamente de neuróticos. Cabe perguntar se entre estes a histeria continua a ser majoritária. Na população feminina, alguns autores detectam o aumento da neurose obsessiva, que está longe de ser predominante. Este aumento seria efeito do questionamento das figuras de mestria e da autoridade tradicional, consequência da fascinação tecnológica, que facilita que a transferência seja feita mais sobre o fármaco do que sobre aquele que o administra[91].

Em relação às neuroses nos homens, certamente é mais fácil um homem atualmente procurar análise do que nos tempos de Freud. Não só há uma menor repressão sexual, mas também a bissexualidade em certos grupos sociais adquiriu certo destaque glamouroso, por exemplo, no mundo

91 Ver sobre o tema Chemama (1999), “A neurose obsessiva feminina hoje”.

do *rock*. Como já vimos[92], as queixas dos histéricos homens diversificaram-se; neste momento, estas incluem as situações de estresse, dores musculares, uso de drogas, labirintites etc., não ficando reduzidas ao caminho já conhecido do alcoolismo.

Sabemos que a histeria tem uma função de denúncia em relação aos modelos estabelecidos de representação do feminino. Freud estuda-a no seio da dupla moral vitoriana, na qual para a mulher só era permitido o lugar materno, o erotismo só podia aparecer na figura das prostitutas. Seu lugar ficava assim restrito ao espaço da casa e ao cuidado dos filhos, longe de um papel possível na vida pública e afastada do erotismo. Contra esse lugar se revoltavam as histéricas que Freud escutava e sobre as quais nos informou, por exemplo, em seu *Estudos sobre a histeria* (1895a). Eram mulheres excêntricas, grandes anfitriãs da Viena do século XIX, como Ana Von Todesco (Cäcille M.) "[...] estranha criatura da noite... que vivia de caviar e champagne" (Santesteban, 2000) ou Fraulein Elizabeth Von R. (Ilona Weiss), que dizia que não se casaria nunca, e de quem, pela sua brilhantez, esperteza e projetos de vida, seu pai dizia parecer-se a um menino. Ou Fanny Moser (Emmy), excêntrica e admirada, mulher de gestos extravagantes e numerosos amantes, muito respeitada pelos artistas e cientistas, que recebia no seu castelo na Suíça. Eram defensoras do erotismo que tinha lhes sido extirpado de suas vidas. E, ao mesmo tempo pessoas brilhantes, inteligentes e corajosas, o que as distanciava de qualquer hipótese de degeneração e, com isso, de hereditariedade.

92 Ver capítulo 6, "Histeria nos homens".

O conflito entre o ideal materno de feminilidade, no qual os olhos das histéricas ficavam fixados, como ficou o olhar de Dora diante da Madona, e um corpo no qual estavam impressos outros caminhos do desejo, expressava-se em sintomas que mostram também uma revolta à imposição do saber médico consolidado com os ideais maternalistas da feminilidade da época.

A histeria atual é midiática; a sugestionabilidade histérica conserva-se, já que esta provém do investimento do ideal de ego nos modelos promovidos culturalmente, na tentativa de recompor o ego ideal. A histérica fez um deslocamento da figura do médico para a mídia; é esta, que atualmente exerce o lugar do hipnotizador, que lhe desperta o fascínio, oferecendo permanentemente as ordens sugestivas.

De outra parte, a mídia tem assumido, em geral, o papel de instância delimitadora de patologia e de normalidade, ocupando o lugar da medicina e subordinando o papel de muitos médicos ao de auxiliares na produção e emissão do discurso correspondente a essa finalidade.

Histerias e epidemias contemporâneas

Na cultura de massa, as apresentações da histeria difundem-se com rapidez, provocando verdadeiras epidemias psíquicas. Os desenvolvimentos tecnológicos no campo das comunicações, a permanente presença da mídia e da internet exercem efeitos sobre a força de "contaminação", própria da histeria. As histerias atuais, iguais às de outras épocas, emergem de momentos históricos, geográficos e culturais específicos, mas, neste momento, a globalização faz com que uma forma de apresentação surgida num lugar se difunda com rapidez para outros lugares do planeta.

Podemos identificar apresentações da histeria no seio de algumas epidemias que ocupam a cena contemporânea: os pânicos, a fadiga crônica, as anorexias e bulimias, as personalidades múltiplas e as fibromialgias. Não pensamos que todos os pacientes que recebem estes diagnósticos sejam histéricos. Há sintomas de pânicos, assim como anorexias, bulimias etc. que são histéricos e outros que não o são. É a determinação dos processos e mecanismos psicopatológicos em jogo o que permite um enquadramento nosográfico. No entanto, os histéricos articulam a expressão do seu sofrimento aos discursos imperantes para poderem encontrar caminhos de expressão dele, assim como a possibilidade de que o sofrimento seja reconhecido e escutado.

Os psiquiatras querem esquecer a histeria; no entanto, sociólogos, filósofos e historiadores interessam-se por ela, já que ela permite retomar questões como as da identidade de gênero, dos contextos culturais e das reações dos diferentes grupos sociais.

Uma psiquiatra americana, Elaine Showalter (1997), propõe usar a palavra *hystories*, que surge da combinatória de outras duas, *history* (história) e *hysteria* (histeria), postulando nomear com esta palavra as narrativas culturais de histeria que a análise das síndromes permite reconstruir, descrevendo, desta forma, uma série de "pragas" que, nas últimas décadas do século XX, difundiram-se na cultura americana em forma de epidemias. Para esta autora, elas surgem das histerias individuais[93], conectadas com os movimentos sociais modernos, e são expressão das tensões e

93 Neste desenvolvimento, a histeria individual é tomada em sentido amplo, para referir-se aos quadros com causas psicogênicas sem demasiada profundização psicopatológica.

do desamparo predominante na cultura contemporânea. Para que se produzam as epidemias, é necessário que existam pacientes vulneráveis pela sua insatisfação e tristeza, médicos que se interessem por determinadas expressões de sofrimento e um ambiente cultural que dê o seu apoio a isso. As epidemias surgem a partir de casos esparsos que aparecem numa comunidade, com sintomas com uma variedade grande; os médicos diagnosticam uma síndrome, um tipo de transtorno, dão-lhe um nome e constroem uma esperança de cura, ou seja, fazem o que Charcot fez com a histeria de conversão no fim do século XIX, quando ele juntou o que até então eram só traços e construiu uma figura. Construídos os protótipos de uma síndrome, estes são veiculados pela mídia, chamando novos pacientes para a comunidade de sofredores de uma determinada síndrome. A mídia alimenta as epidemias. Os pacientes adquirem, por meio do diagnóstico, uma "legitimidade" da expressão de seu sofrimento, uma "identidade" reconhecida e uma pertinência a grupos que se configuram, às vezes, como grupos de autoajuda, retirando-os do anonimato e dando-lhes uma pertinência ao compartilharem com outros um traço. As síndromes convertem-se num verdadeiro "estilo de vida"; os sofredores de múltipla personalidade nos Estados Unidos possuem até um parque específico que frequentam.

Quando um transtorno vai ocupando um lugar maior no espaço simbólico, crescem mais as epidemias. Por exemplo, alguns autores mostram como, a partir da publicação do livro *Sybil*, "o diário de uma personalidade múltipla", de Cornelia Wilbur e Flora Shreiber, produziu-se uma verdadeira onda de casos de múltipla personalidade nos Estados Unidos. À medida que se criaram serviços hospitalares para atender o transtorno, multiplicaram-se os congressos e documentos sobre o tema, e este conquistou um espaço na mídia, fazendo crescer a epidemia.

O mesmo pode se dizer das anorexias que, na sua forma epidêmica, dobrou o número de casos entre os anos 1960 e 1976. A epidemia recebeu uma força importante com a publicação de dois livros de Hilde Bruch, que ofereceram um relato da vida interior das adolescentes e da crise na adolescência. Esta mesma influência foi exercida pela divulgação, feita pela mídia, das autobiografias e relatos feitos pelas celebridades como Jane Fonda ou a princesa Diana. Ajudaram também a extensão da epidemia, os grupos que se constituíram ligados ao transtorno.

Na produção das epidemias, com os pacientes sugestionáveis e os médicos interessados, há que se remarcar os fatores de tensão social no momento dessas produções. No primeiro capítulo, já apontamos que a epidemia das bruxas (posteriormente catalogadas como histéricas) se produziu num momento de grande desequilíbrio social, em que as doenças devastavam as populações, as invasões bárbaras traziam consigo o terror e um certo equilíbrio de princípios norteadores esvaecia-se. Quando as epidemias são incentivadas por correntes religiosas e movimentos fundamentalistas, produzem-se as caças às bruxas. A ansiedade produzida pelos múltiplos fatores, como a violência, a destruição do planeta, o desemprego crescente, a corrupção na política e a ruptura de laços sociais em geral, são apontados por Elaine Showalter como fatores que favorecem o surgimento de epidemias, assim como a proliferação de sectarismos religiosos e fundamentalismos diversos.

No seu livro, Elaine Showalter (1997) mostra como, na sociedade americana, as narrativas histéricas contemporâneas – fadigas crônicas, síndromes da Guerra do Golfo, síndromes de personalidade múltipla e memórias redescobertas – entrelaçam-se com as histórias de alienígenas e as teorias conspiratórias.

Extensas pesquisas foram realizadas nos EUA, a fim de detectar supostos vírus causadores, por exemplo, da fadiga crônica. Uma epidemia de fadiga crônica surgiu entre os veteranos da Guerra do Golfo, originando uma pesquisa sobre os possíveis agentes químicos, bacteriológicos ou mesmo virais. Os resultados não confirmaram nenhuma destas causas; no entanto, isto não tranquilizou os sofredores, mas, pelo contrário, levantou entre eles teorias conspiratórias, nas quais se atribui a culpa às entidades governamentais que supostamente esconderiam dados para furtaram-se das suas responsabilidades, atribuindo aos sofrimentos causas psicogênicas. Para alguns pesquisadores, deve-se procurar as causas dessas síndromes nos intensos fatores de estresse peculiares desta Guerra do Golfo, entre outros, o temor das armas químicas, e entender este sofrimento como uma espécie de "neurastenia moderna".

Diferentes autores, contudo, chamam a atenção para a forma pela qual a ideologia liberal personaliza as causas dos problemas sociais, intensificando a tendência a elaborar as dificuldades mediante atribuição de culpa. Robert Kurz (2001), no texto "Populismo histérico", afirma: "[...] na política moderna, o mecanismo político de imputação de culpa é o seu princípio de funcionamento", e ainda:

> O esforço de personificar o mal, como modo de preservação das estruturas hierárquicas, constitui o próprio princípio de funcionamento da sociedade moderna. (p. 4)

Segundo Kurz, os problemas sociais agravam-se com a hegemonia da ideologia neoliberal e, ao mesmo tempo, as relações sociais dominantes ficam cada vez menos sujeitas a críticas. Numa sociedade que não quer desvelar os seus segredos, o clima de suspeita e a paranoia imperam, e cada vez mais fazem avançar as teorias conspiratórias.

Para Elaine Showalter, os sofredores de *lembranças redescobertas* – supostas situações de abuso sexual sofridas na infância e esquecidas, mas redescobertas nos processos terapêuticos – têm provocado infinitos processos legais, nos quais os sofredores culpam os adultos, de quem supostamente sofreram abusos e exigem indenizações. Os adultos acusados, por sua vez, processam aos terapeutas que, segundo eles, teriam criado lembranças. A mídia americana, na sua vertente sensacionalista, converteu o abuso sexual e os rituais satânicos numa presença constante e num dos pratos preferidos do *menu* cotidiano.

A tentativa de dessubjetivação e de desapropriação da interioridade parece ser uma presença constante no momento atual. Assinalamos isto quando nos referimos à forma com que são tratadas as depressões; chamamos a atenção para como, no abuso da medicação, e, sobretudo, no discurso médico que as acompanha, faz-se presente a dessubjetivação predominante no momento atual; vemos agora, novamente, como isto está presente nas características dos grupos que se formam a partir das síndromes, por exemplo, o das lembranças redescobertas, cujo objetivo é acusar os familiares – para isto os "sobreviventes do campo do incesto" publicam suas revistas, guias etc. Observamos um funcionamento diferente nos grupos de alcoólatras anônimos, surgidos há algumas décadas, que tentavam uma reapropriação individual e coletiva do problema.

O tema da liberdade sexual dos anos 60 produziu uma sexualização grande da publicidade e da mídia; no entanto, nem a vida sexual nem os vínculos amorosos dos sujeitos parecem ter-se enriquecido à altura dos movimentos de liberação sexual. Pelo contrário, parece imperar cada vez mais o narcisismo, e os caminhos do erotismo e da fantasia ficam cada vez mais empobrecidos. Os mitos fálicos sobre a masculinidade – assim como violências, abusos e uso do corpo feminino como objeto/mercadoria na publicidade e na mídia – imperam na cultura; tudo isto dificulta os caminhos de processamento da sexualidade e o reconhecimento das diferenças, impossibilitando a desidentificação fálica e favorecendo a saída histérica.

A tentativa histérica de ter um corpo perfeito, encobrindo a falta na maquiagem, nos vestidos, nos enfeites usados com uma função fetichista, encontra-se, atualmente, como solicitação permanente da mídia, que faz apelos diretos ao corpo, oferecendo o tempo inteiro objetos (de roupas íntimas a cirurgias plásticas ou tratamentos de beleza), todos prometendo um corpo perfeito e um gozo pleno. A busca histérica parece haver-se estendido para a cultura como um todo.

> da carne. Por isso mesmo, o corpo se revela amputado do que lhe é fundamental, atrofiado que fica com os seus sintomas, os seus estigmas e as suas conversões polimorfas. (p. 126)

Mas, segundo afirma o mesmo autor, que o impasse seja colocado desta maneira é consequência de que uma figuração do feminino que inclui o erotismo e que só é possível neste momento após um longo caminho de transformações históricas, no que se refere ao lugar da mulher e as relações entre os sexos.

Como vimos nos capítulos anteriores, no discurso do cristianismo, todo o feminino não materno corre o perigo de ficar associado ao demoníaco enquanto tentador para o homem. No século XVIII, produziram-se discursos médicos e filosóficos que tentaram separar a essência masculina da feminina. No século XVIII, produz-se um discurso sobre a diferença sexual, ainda que essa diferença se acompanhe de uma divisão dos espaços, delimitando o espaço público para o homem e o privado para a mulher, negativizando a sedução feminina e reduzindo a mulher ao seu lugar na família. A sedução [illegible] fica restrita à figura da prostituta.

10
Histeria e erotismo feminino[94]

Neste capítulo refletiremos sobre as relações entre "histeria" e "erotismo feminino". O discurso leigo confunde a mulher com a histeria; o discurso científico considerou a histeria, durante muito tempo, uma doença de mulheres e tal designação assim o demonstrava: "*husterikós*", que diz respeito à útero, doença só possível no corpo de uma mulher. Basicamente, a psicanálise distingue-as; no entanto, suas teorias sobre a sexualidade feminina, tanto em Freud como em alguns autores pós-freudianos, levam em seu bojo, muito do que corresponderia à histeria. Alguns desenvolvimentos chegam a assimilar uma a outra, fazendo do desejo feminino um desejo histérico. Há, portanto, que se perguntar: todo o feminino se confunde com a histeria? Existe a possibilidade de se diferenciar um outro percurso do erotismo feminino que

94 Este capítulo foi publicado no livro "Figuras clínicas do feminino no mal-estar contemporâneo", organizado por S. L. Alonso, A. C. Gurfinkel e D. M. Breyton (São Paulo: Escuta, 2002).

não o histérico? O que corresponde à mulher efetivamente? O que corresponde à histérica e Freud o atribui à mulher?

O discurso freudiano sobre o feminino não é homogêneo. Ao longo da sua obra, as formulações variam e a diferença entre os campos da histeria e a sexualidade feminina apresenta-se de forma umas vezes mais nítida e outras menos, conforme a compreensão e extensão que adquirem os diferentes elementos conceptuais.

A teoria do desenvolvimento da sexualidade feminina, peça central do discurso freudiano sobre o feminino, constituiu-se no interior da teoria "geral" da sexualidade infantil e do Complexo de Édipo[95]. Nos textos de 1923 a 1925, estabelece-se a universalidade da fase fálica e o complexo de castração para ambos os sexos, assim como o caráter diferencial e assimétrico do desenvolvimento libidinal respectivo, dada a diversa localização do complexo de castração em relação ao complexo de Édipo. A partir do complexo de castração, abrem-se três caminhos possíveis para a menina: a inibição da sexualidade, o complexo de masculinidade e a virada libidinal em direção ao pai e o desejo de ter um filho dele, que constitui a saída feminina. Esta diferenciação e variabilidade de percursos, resultantes dos processamentos singulares do acontecer histórico libidinal infantil, marca uma ruptura com qualquer determinação orgânico-natural da sexualidade. Ela estabelece também, entre as possibilidades presentes para a sexualidade adulta da mulher, aquela que vai chamar de "saída feminina", diferente da neurótica ou perversa; porém, restringe essa possibilidade a uma forma única e exclusiva; o desejo do filho.

95 Ver capítulo 4, "A fase fálica".

À medida que a teorização se desenvolve, alguns problemas vão-se configurando na direção apontada no início. São esses problemas e distorções que passaremos a analisar.

Por uma parte, Freud sustenta que, do ponto de vista libidinal, feminilidade e masculinidade não são categorias dadas *a priori*, mas resultado de um processo em que as oposições ativo-passivo e fálico-castrado antecedem, em muito, a oposição masculino-feminino. Paralelamente, entretanto, ele afirma, com ênfase crescente, que as pulsões ativas presentes na menina anteriormente ao complexo de castração são de natureza "essencialmente masculina".

Ele sublinha, de um lado, o papel da equivalência simbólica no estabelecimento do desejo de filho na passagem para a feminilidade (com o efeito de transmutação pulsional que – como veremos mais adiante – lhe é inerente), mas afirma, repetidamente, que para que essa passagem aconteça é necessário que a sexualidade masculina inicial da menina sofra um recalque. E acrescenta que, dependendo da magnitude desse recalque, o resultado pode ou não ser uma neurose.

Finalmente, a equivalência filho-falo torna-se dominante e exclusiva na conceituação. Com a universalização do recalque e a falicização das equivalências, a feminilidade vai se aproximando cada vez mais da neurose. Em 1932, na conferência sobre "A feminilidade", estes dois lugares parecem se confundir. O feminino e seu enigma correspondem, nesse texto, a uma condição histérica que concerne à subjetividade da mulher. Essa superposição se produz por meio da "essencialização" e da generalização de certas atribuições, como a "prevalência do narcisismo no amor", a onipresença da "inveja do pênis" e a relevância crescente da maternidade como meta exclusiva. Tal poderá ser constatado, por exemplo, no que se segue:

> Na reação diferente da mãe frente ao nascimento de um filho, dependendo de que seja homem ou mulher, demonstra-se que o antigo fator da falta de pênis nem sempre perdeu sua força. Somente a relação com o filho homem brinda a mãe com uma satisfação irrestrita; é a relação mais perfeita, a mais livre de ambivalência de todas as relações humanas. A mãe pode transferir sobre ele a ambição que sufocou nela mesma, esperar dele a satisfação de tudo aquilo que restou de seu complexo de masculinidade. O casamento não está assegurado até que a mulher tenha conseguido fazer também de seu marido um filho e atuar (*agieren*) como mãe em relação a ele. (Freud, 1932, p. 123-124)

Se no modo de produção de conhecimento da psicanálise o sintoma é tomado como uma lente de aumento que permite enxergar a estrutura íntima de um funcionamento conflitivo, podemos nos perguntar se o fato de que, neste caso, se faça uma identificação do "feminino" com o "histérico" não constitui um sintoma da própria teoria que sinaliza um retorno, o da ideologia secular que estabelece a equivalência entre "histeria = útero = mulher". Dessa maneira, far-se-ia recair sobre as mulheres alguns dos preconceitos desenvolvidos em relação à histeria. Como afirma M. Mannoni (1999):

> [...] nem toda verdade deve ser dita, lembrando esta frase de André Green[96]. E o que há de mais tentador, para o homem, que lançar a palavra que não lhe convém para o lado da loucura, ou até mesmo rejeitar um discurso "diferente" declarando: "é uma histérica?". As histéricas, acrescenta-se imediatamente, "não sabem o que dizem". (p. 90)

96 Green *apud* Mannoni (1999, p. 90).

As equivalências simbólicas: para além do filho

Uns quinze anos antes da conferência sobre "A feminilidade", estas questões tinham sido trabalhadas de forma diferente, com uma delimitação mais clara de campos e consequências menos restritivas ou redutoras para o desenvolvimento da sexualidade feminina. Em *Sobre as transmutações das pulsões, em particular do erotismo anal* (Freud, 1917a), boa parte das ideias expostas já estão presentes, mas Freud faz, com muita clareza, algumas distinções que nos interessa assinalar. Segundo ele, às vezes a pesquisa acerca da neurose de uma mulher permite-nos descobrir o desejo recalcado de ter um pênis; em outros momentos, estará presente não o desejo de ter um pênis, e sim o de ter um filho, podendo sua frustração causar uma neurose. Neste caso, o filho estaria colocado no lugar de substituto do pênis reconhecido como faltante pela percepção das diferenças anatômicas. Num terceiro grupo, descobre-se que há aquelas que, na infância, tiveram primeiro o desejo de ter um pênis e depois o de ter um filho. Esta diversidade de percursos será produzida pelas características particulares da vida infantil, mas nos três casos o "desejo de ter um filho" será, segundo Freud, idêntico, por um jogo de deslocamentos, ao "desejo de ter um pênis".

Freud diz, na sequência, que, quando "as condições da neurose não estão presentes", o desejo de ter um pênis será mudado para o desejo de ter um homem, mudança que implica uma passagem do amor narcisista para o amor de objeto e o desenvolvimento do erotismo feminino.

Neste caso, o pênis e o filho ocupam o lugar de "intermediação" – de "ponte" – no deslizamento libidinal: do pênis ao homem, ou do filho ao homem, ainda que esta passagem possa não ser definitiva. A possibilidade da regressão permanece sempre aberta e pode acompanhar os momentos de desequilíbrio narcisista. Depois da primeira relação sexual, muitas mulheres apresentam sonhos nos quais é possível descobrir um desejo de guardar o pênis consigo, ou seja, uma regressão "do homem para o pênis" como objeto de desejo, e uma regressão do "esperar receber e satisfazer-se com o dar e com a troca", para o "possuir aquilo que a completa" (posição fálico/narcisista).

O desejo de ter filhos é um dos caminhos possíveis pelos quais o erotismo desliza em direção ao homem; "não o único", dirá Freud, mas um reforço libidinal agregado; àquilo que, da ligação com o homem, se dá a partir do próprio eu. Há um leque de possibilidades na relação que se estabelece entre "pênis e filho", que vai da identidade – situação em que o filho fica no lugar do falo imaginário da fase fálico-narcísica, garantindo a preservação de um narcisismo intocado – até o filho como elemento intermediário ou ponte, mediador da passagem do narcisismo ao amor de objeto, às trocas e aos intercâmbios. No primeiro caso, a identidade pênis-filho implica um sobreinvestimento fetichista (recusa) ou neurótico (recalque) do filho[97], enquanto a função de ponte propicia uma expansão mais livre e móvel dos investimentos.

A série das *equivalências simbólicas* (cocô, filho, pênis...) opera estabelecendo ligações de significação entre

97 O lugar da identidade filho/falo presente na histeria permite entender os equilíbrios e desequilíbrios na vida de algumas mulheres que giram em torno da presença e da ausência de filhos, das depressões pós-parto às mães "à beira de um ataque de nervos" pelos movimentos de distanciamento adolescente dos filhos, ou ainda processos de melancolização e hipocondria desencadeados quando não se atendem ao ideal esperado, não cumprindo, assim, a função de complemento narcísico que lhes é demandada.

as representações desses objetos das pulsões parciais que a teoria denomina de "objetos parciais", constituídos ao longo do desenvolvimento polimorfo da sexualidade infantil. A conexão libidinal entre eles tem como resultado "[...] uma unidade, um conceito inconsciente – *sit venia verbo* –, o do "pequeno separável do corpo", postulada por Freud num trabalho da mesma época sobre o "Homem dos Lobos". "Por essas vias de conexão podem consumar-se deslocamentos e reforços dos investimentos libidinais que revestem significação para a patologia e são descobertos pela análise" (Freud, 1917a, p. 78), como vimos no parágrafo anterior.

Mas também podem produzir-se operações cujo potencial de simbolização situa essas equivalências para além de simples deslocamentos substitutivos, permitindo, assim, sua inclusão em ordens de funcionamento psíquico diferentes, com outra mobilidade pulsional e sujeitos a lógicas distintas. Freud confere esse sentido à passagem do desejo de ter um pênis ao desejo de ter um filho do pai, sendo um pivô, até mesmo, de uma reestruturação de relações na imaginação infantil. A analidade contribui para tal reestruturação, pela passagem do regime de duplicação narcísica filho fecal – obtido por duplicação sem participação de um outro – para o filho concebido como algo que se recebe e/ou se dá no seio de uma relação com outro.

Na conferência "A feminilidade", Freud (1932) dirá que o desejo de filho já está presente na relação pré-edípica com a mãe e se expressa no "brincar de boneca", só que naquele momento este objeto ocupa o lugar da própria menina por meio de uma troca de papéis de passivo para ativo na relação com a mãe. A significação do jogo muda, no momento posterior edipiano, quando a boneca é fantasiada como fruto de uma relação, isto é, como produto de um intercâmbio de desejos com o pai. Não se trata da mesma boneca, ainda que a boneca material seja a mesma. Nestes casos, a diferença a ser reconhecida não passa pelo perceptível visível, mas pelas relações, pelo "regime" no qual o objeto se insere.

A passagem para um regime de intercâmbio dos objetos parciais, tão claramente descritas nos trabalhos de 1917, implica processos de fluidez, transmutação ou transposição pulsional que levam a um desenvolvimento e expansão do erotismo feminino por vias que não se fixam necessariamente em um objeto e nem requerem o recalque como destino da pulsão. Por outro lado, a própria noção de "inveja do pênis" pode ser entendida como efeito subjetivo da fixação narcísica a um objeto único, sendo completamente diferente do "desejo de pênis, de filho, de presentes, de homem etc.", entendido como multiplicidade aberta que induz a outro efeito de subjetivação.

A cadeia de equivalências simbólicas descrita pode ser vista, assim, como uma corrente de transmutações pulsionais que abre caminhos para o erotismo feminino, indo do narcisismo ao amor de objeto, da analidade à genitalidade, do possuir ao dar e receber, da inveja ao desejo, do autoerotismo ao mundo dos intercâmbios, ao prazer compartilhado e à reciprocidade.

Outros encadeamentos podem ser estabelecidos a partir de diversos componentes pulsionais e determinantes culturais, marcando, dessa maneira, caminhos distintos de simbolização do feminino, como, por exemplo, "boca-vagina-útero", ou seja, pulsionalidades e caminhos de simbolização que vão delineando representações de interioridade que recuperam as sensações vaginais como "oco interior" no corpo. Também entram na construção do feminino aspectos ligados à sensorialidade, mesmo quando não se possam estabelecer correntes de equivalências, como a superfície corporal, a pele, o rubor – para o tato e para a visão –, tanto quanto as cores e texturas dos vestidos, o jogo de opacidade e transparência, a silhueta, o movimento e os perfumes, os sons e a voz. Fatores que erotizam o espaço circundante, ao mesmo tempo em que possibilitam um prazer "de todo o corpo" ou "do corpo em tudo", presente no erotismo feminino. Diferente daquele de "corpo inteiro" que caracteriza a identificação com o falo, própria da histeria.

O sobreinvestimento do filho não pode ser interpretado exclusivamente a partir das vicissitudes da ferida narcísica, da castração e das necessidades de compensá-la. Em alguns de seus textos, Freud fala também de uma compensação diante do impedimento da presença e desenvolvimento do erotismo da mulher no cotidiano da sociedade burguesa, marcada pela dupla moral vitoriana. Isso coloca a questão da dimensão histórica das metas do ideal do eu, tanto em relação ao indivíduo quanto à cultura.

Alguns estudos históricos contemporâneos sublinham a importância, nesse aspecto, da religião. A forte presença do papel de mãe como constitutivo do feminino no Ocidente provém, em grande parte, das concepções religiosas judaico-cristãs. Essa presença começa no judaísmo, ao constituir o homem e a mulher como "pai" e "mãe", culminando no cristianismo, com o despojamento, na mulher, de todo desejo sensual referido ao homem, por meio da figura da "mãe virgem". Esta imagem condensa, no entanto, dois discursos relativos à mulher que podem ser diferenciados. Um deles a situa, como mãe, subordinada a um homem e a seu exercício do poder como pai, pela lei do casamento. O outro discurso abre, pelo viés da virgindade, um espaço reservado de feminilidade não materna, estabelecendo "[...] uma *aula pudoris*, um lugar fechado, uma parte secreta, um pátio interior" (Julien, 1997, p. 93-94), não submetido ao homem e sim à divindade, por onde se abrirá o caminho para o gozo místico e a consequente recuperação do erotismo. Produz-se, assim, uma reelaboração particular na construção cultural do feminino, em um determinado momento histórico e no contexto de uma mudança no sistema de poderes.

Essas poucas conexões, cujo seguimento nos levaria para longe dos objetivos deste trabalho, remetem tanto à questão da maternidade quanto às representações de uma interioridade investida libidinalmente "para além do filho" e da procriação. Outra linha de trabalhos aponta para o modo em que as práticas e discursos morais e científicos próprios da modernidade e da pós-modernidade tematizam a diferença sexual. A análise de suas relações com o poder e a dominação, com o patriarcado e sua crise e com as representações de gênero vigentes, aporta elementos importantes para o aprofundamento da investigação psicanalítica do processo de sexuação e dos caminhos do erotismo feminino.

Crenças e fetiches

O reconhecimento da diferença dos sexos no interior do processo de sexuação não se dá de uma vez e para sempre. Consiste em um processo com avanços e retrocessos, em que momentos de elaboração psíquica se alternam com outros de recusa. Ao longo do processo, crenças que permitem manter investidos tanto o plano da realidade quanto o da imaginação vão sendo construídas. Mas fetiches também podem ser criados, estando situados, da mesma forma que as crenças, num plano de ilusão necessário para a manutenção da vida psíquica diante de uma realidade que coloca em questão o sistema de ilusões criado anteriormente[98].

Assim, com o objetivo de dominar a angústia emergente diante da realidade sexual, surgem, nesse processo, as teorias sexuais infantis – formas de criação de crença em ato, continuada ao modo de uma "obra aberta" –, que permitem moderar a angústia e incluir a percepção recusada inicialmente. Freud afirma que a percepção vai tomando consistência e as fantasias vão construindo um "colchão" imaginário, amortecedor do efeito traumático, com o qual vai sendo possível o reconhecimento elaborativo da realidade da diferença dos sexos. Nessa medida, a teoria sexual infantil age como elemento intermediário entre a crença na premissa universal do pênis e a percepção: quando o menino afirma "ela não tem, mas já teve", ou quando a menina diz "eu não tenho, mas vou ter", a frase inclui tanto a manutenção daquela premissa quanto a percepção do fato que a contesta.

A partir do estabelecimento da diferença fálico/castrado, efeitos de ressignificação retroativa são produzidos, agindo sobre as marcas das experiências de separação que passam a ser concebidas como "perdas" (a separação do bebê do corpo materno no nascimento, a do seio no desmame, a das fezes na educação dos esfíncteres etc.).

Como afirmamos anteriormente, durante todo este processo teorias sexuais são fabricadas, assim como também crenças e fetiches. Já vimos no item anterior que, na passagem do "filho como falo imaginário" – que preserva

98 Sobre este tema, ver Alonso (2000b), "O que não pertence a ninguém..." e as apresentações da histeria; e Fuks (2000), "Questões teóricas na psicopatologia contemporânea".

o narcisismo – ao "filho como intermediário" ou "ponte", propiciador do acesso ao amor objetal, Freud situa um momento fundamental do processo de sexuação no qual se abre uma bifurcação de caminhos em direção à perversão e à neurose ou em direção ao erotismo feminino.

Torna-se importante, no entanto, marcar as diferenças que se estabelecem entre o lugar do "fetiche" na perversão, na histeria e na relação amorosa. O fenômeno do fetichismo foi estudado por Freud (1927b) na experiência erótica masculina. Para evitar o horror perante a diferença sexual, é investido eroticamente um objeto-fetiche que, inconscientemente, o representa. A visão do corpo feminino pode ser tolerada sob a condição de que a significação de falta, vazio ou ausência seja recusada pela presença perceptível do objeto fetiche, cuja função é operar um efeito apaziguador da angústia de castração derivada da diferença percebida. No entanto, a partir daí será exigida, ao ego fetichista, uma repetição contínua dessa recusa por meio de uma atividade compulsiva que situe os objetos perceptíveis e controláveis destinados a cumprir essa função. Uma consequência do estabelecimento do fetiche na perversão é o empobrecimento e a estereotipia de uma fixação libidinal que impossibilita qualquer jogo amoroso e anula o reconhecimento do outro.

Pelo contrário, na histeria, há uma intensa produção fantasística que está na base dos sintomas conversivos. Nos momentos de agudização da angústia, põe-se em jogo o processo de produção dos sintomas, com tudo o que isso implica: fracasso do recalque, retorno do reprimido e transformação do corpo em palco de encenação das fantasias. As fantasias referidas ao falo, à castração e à diferença dos sexos aparecem encenadas no corpo para ser lidas pelo "outro-espectador". Em outras palavras, a fantasia que está fora da consciência como efeito do recalque é direcionada para a percepção do outro, por uma intenção igualmente inconsciente, a fim de ser processada "por procuração". Será o outro quem deverá interpretar o que vê. Transfere-se, desta maneira, para outro, a responsabilidade diante da castração. Este poderá recusar, recalcar ou aderir de modo fetichista àquilo que o histérico oferece, ou então pode se dispor a uma leitura, a uma escuta ou a um deciframento, ou seja, a um acolhimento elaborativo.

Nos momentos de equilíbrio, o controle da angústia é feito por meio de traços caracterológicos: o corpo enfeitado, a conduta histriônica, a fala erotizada e a gestualidade sedutora, que operam um certo "velamento" da falta, fazendo presente algo de ordem perceptual que estimula o desejo e anula a angústia. Assim, é articulado um conjunto de "fetiches" consensuais e "da moda", induzindo a uma fascinação que põe em jogo operações em que predomina o recalque mais do que a recusa. A histérica apresenta-se como uma mulher cheia de atributos e qualidades eróticas, propiciando um jogo intersubjetivo que está ausente no caso do perverso, ainda que saibamos como este jogo continua: frustração do sedutor/seduzido, frigidez, evitação, conduzindo à interrupção da cena erótica e ao bloqueio do contato com o próprio desejo pela ação do recalque.

Ao não poder erotizar, porque recalca, a histérica produz sintomas. Ao mesmo tempo, quando um encontro é acompanhado de uma certa ternura, a histérica sobre-erotiza. Parece um paradoxo que pode ser compreendido caso consideremos o recalcamento do genital, o "tudo menos isso", e considerando, assim, o efeito do recalque sobre a percepção. "Tudo menos o genital", é o que Conchita, a personagem do filme *O obscuro objeto do desejo*, de Luis Buñuel, diz para seu amante. "Se você já tem de mim os lábios, as carícias, a pele, a boca, para que fazer amor?", e, noite após noite, posterga o encontro sexual, vedando seu sexo com um calção amarrado com cintas de couro. Ela diz: "amanhã...", o seduz, mas cada vez que ele se aproxima do objeto de seu desejo, o tempo fecha, fica escuro e acaba em tempestade, já que a negativa de Conchita, a jovem sevilhana, é persistente e insistente. Assim, a mesma jovem que se "despe" toda noite na boate na qual trabalha, "veste-se" na frente do namorado, protegendo a sua virgindade como se fosse um tesouro. No filme, o que fundamenta a renúncia imposta à genitalidade está centrado no valor narcísico da conservação da virgindade, sinalizando também a hostilidade recalcada na mulher que constitui uma ameaça para o homem.

Na histeria clássica descrita por Freud, a cena do *striptease* faria parte da "outra cena", recalcada, inconsciente, que se entrevê nos sonhos, nos sintomas a serem decifrados e nas fantasias, expressão da sexualidade infantil perversa-polimorfa, persistente, mas recalcada. Essa "outra cena" se faz presente no filme, mas não no plano do imaginado ou da fantasia inconsciente. Em vez de ficar como significação latente e velada pelo trabalho onírico, faz-se encenação manifesta – atuada – no trabalho noturno na casa de *striptease*. Este modo da histeria se apresentar dá lugar a figuras clínicas peculiares, diferentes das histerias de conversão do século XIX, e está associado ao modo de produção da subjetividade contemporânea e ao laço social predominante e frequentemente definido como perverso, narcísico e fetichista.

Em todo jogo amoroso há um "brincar em torno da falta". Em toda cena erótica, há algo de simulacro, de "fazer de conta" que existe uma plenitude possível e próxima[99]. Esse "faz de conta" incentiva o desejo e o frenesi erótico e abre espaço para a diversidade dos movimentos pulsionais. Há nisto uma condição associada ao outro, uma necessidade de compartilhar que, como aponta Gilles Lipovetsky, parece ser mais marcada nas mulheres que nos homens.

Quando nas relações amorosas se produz uma fetichização e uma falicização excessivas, o pulsional instala-se num lugar marginal que ameaça o equilíbrio conseguido por meio do fálico/fetichista, apresentando-se para a consciência com os traços do horror. No filme de Stanley Kubrick, *De olhos bem fechados*, baseado num romance de Arthur Schnitzler, contemporâneo de Freud, o equilíbrio narcísico do casal protagonista apoia-se nos emblemas associados à beleza, prestígio, brilho, dinheiro e poder do casal abençoado pelo sucesso.

No entanto, no filme, subitamente o pulsional emerge, invasivo e ameaçador, por uma fantasia erótica inesperada evocada pela mulher. A impossibilidade de acolhimento elaborativo dessa emergência pulsional por parte do marido transforma o próprio espaço mental dele em um cenário de terror pela invasão quase delirante de cenas imaginadas incluindo a mulher com o homem que havia sido objeto da fantasia por ela confessada. A partir desse momento, o protagonista procura cenários eróticos clandestinos que ratificam, até a exasperação, uma versão fálico/perversa das relações eróticas nas quais, caso haja uma pulsão dominante, corresponderia precisamente a uma pulsão de domínio. Numa das cenas do filme, a onipresença das

99 Tema trabalhado por Joel Birman (1999), *Cartografias do feminino.*

máscaras, cobrindo os rostos dos homens, não somente cumpre uma função fetichista, como vem também a preservar e afirmar uma identidade fálica autossustentável, que pode prescindir de qualquer reciprocidade, de qualquer necessidade de apoio no reconhecimento do outro. Rege, nesses cenários, uma ordem ritual e mecânica que não pode ser transgredida, sendo qualquer violação dessa ordem punida com a morte.

A bifurcação dos caminhos

Torna-se importante destacar alguns elementos presentes na cultura – o que faremos nos cinco pontos seguintes – que têm uma influência fundamental, pela mediação de diversos agentes, para determinar o caminho seguido pela menina no processo de sexuação, seja aquele no qual impera o recalque da sexualidade com seus efeitos de histeria, seja o caminho do erotismo feminino que permite a circulação do desejo e o livre curso do jogo amoroso.

1. Na relação da menina com a mãe, instala-se, desde o início, uma força de ambivalência que perpassa por elementos orais, anais e fálicos que incluem importantes componentes hostis, como foi enfatizado por Freud a partir dos anos 30.

Para que a saída da menina do vínculo narcísico fusional com a mãe e o estabelecimento da ligação-pai se façam possíveis, é fundamental a ação da hostilidade; esta age como propiciadora da diferenciação da menina em relação à mãe. Processo difícil este, já que a relação de dependência amorosa com os pais induz a menina, pela angústia de perda de amor, ao sufocamento da agressividade. Interessa-nos remarcar que, quando vigora o estereótipo cultural da mulher dócil e passiva, cria-se um ideal de eu que favorece o recalque da hostilidade e arrasta consigo o impulso epistemofílico, conduzindo a mulher para o caminho histérico, que é a saída masoquista e a cristalização estereotipada da conduta erótica.

Por outro lado, na passagem pela experiência do conhecimento da diferença sexual, é importante a posição da mãe diante do feminino como gênero, dando ou privando a menina do suporte necessário para reequilibrar-se narcisicamente, possibilitando assim a manutenção do investimento libidinal-amoroso de si mesma e dos objetos.

2. O pai tem também um papel fundamental nesta bifurcação de caminhos. Sabemos da importância da função do pai, dentro da família, na interdição da relação incestuosa. Quando algo fracassa dentro dessa função, torna-se notório seu efeito patogênico, pela intensidade do recalque neurótico e a consequente formação de sintomas.

Por outra parte, quando pela função de uma mãe fortemente identificada com determinados ideais falo-cêntricos de uma formação cultural, exerce-se um efeito redutor sobre a autoestima da filha, o lugar do pai como dignificador do desejo dela e valorizador da feminilidade será importante para possibilitar a constituição de um ideal de eu acolhedor e propiciador da erotização feminina.

A cultura contemporânea favorece o olhar erotizado dos adultos sobre o corpo da menina, figurando antecipadamente o corpo de uma mulher, significante privilegiado do "desejável" na imaginação coletiva[100]. A distância

100 Ver mais adiante, item 5.

espacial que as formas tradicionais de criação dos filhos impõem para o pai em relação ao corpo da filha favorece o predomínio do olhar na forma de estabelecer-se a ligação com ela; apesar de reconhecermos que esses hábitos estão sofrendo transformações, eles seriam, para alguns autores, um fator importante na erotização visual passiva da menina no processo de sexuação, podendo desprender-se disso um efeito inibidor ou culpabilizador no decurso desse processo.

3. Entendemos que a construção da feminilidade não se dá de uma vez e para sempre e nem se acaba no complexo de Édipo, mas avança pela vida num processo que implica sequências de identificações e rupturas com emblemas fálicos oferecidos pela cultura. Os bons encontros no contexto das relações amorosas exercem, nesse aspecto, um papel essencial, contribuindo para os processos de desidentificação fálica.

A "confiança", no interior de uma relação amorosa, parece ser um elemento essencial para a desidentificação, permitindo escapar da captura pelos emblemas-fetiches culturais acima mencionados e propiciando uma confiança que permita superar a barreira do estranho para poder aceder ao desejo e ao prazer erótico. Estamos nos referindo à necessidade de estabilização narcísica e de construção de um projeto identificatório, necessários para a sustentação de um erotismo feminino. Tem-se observado e estudado quanto o jogo de reconhecimentos, em uma relação amorosa, é importante para se construir uma base de sustentação do laço erótico, a partir do interior, digamos assim, da própria relação. Transitar pelo caminho do erotismo feminino significa, para Piera Aulagnier (1990),

> [...] que a mulher conseguiu transformar essa faísca que o desejo faz brilhar no olhar do homem na própria fonte de seu investimento narcísico, pois, não esqueçamos, não podemos amar se, antes, não amarmos a nós mesmos.

E acrescenta ainda:

> [...] a feminilidade será não mais o véu enganador ou a arma que ela brande, mas a oferenda, o dom por excelência. Que ela possa amá-lo embora ele possa estar ausente, contanto que ele a ame também apesar de sua falta: eis o que consistirá para ela a tranquilização narcísica, o dom pedido ao parceiro. (p. 91)

4. Sabemos que as histéricas buscam, por meio de seus sintomas, a presença de uma "outra mulher", supostamente ideal, que possibilitaria uma identificação com uma feminilidade valorizada, fracassada anteriormente nas tentativas com a mãe. Mas será que um projeto identificatório não-neurótico já não inclui o modelo da "outra mulher" como suporte fundamental na sua permanente constituição da identidade feminina?

Um exemplo oferecido por Freud e de todos conhecido é o de um internato de adolescentes do sexo feminino em que a emergência de um sintoma histérico em uma delas, dada a partir da chegada de uma carta de amor, desencadeia nas outras adolescentes uma espécie de contágio coletivo, resultante de um processo de identificação transversal a partir de um elemento comum recalcado. A observação da vida social contemporânea fornece-nos inúmeros exemplos de histerias coletivas às quais se aplica uma compreensão metapsicológica semelhante, mas também nos mostra, com frequência, a presença de experiências e práticas em que mulheres produzem coletivamente, a partir de seus relatos e suas criações, uma reelaboração das imagens e significações associadas a esta problemática, operando, assim, um efeito instituinte no plano das representações e códigos de gênero.

Gilles Lipovetsky (2000), exemplificando a atitude das mulheres perante o espetáculo pornográfico – que ele postula como claramente diferente da dos homens – faz referência a esta dimensão do coletivo presente nas suas experiências:

> É precisamente porque o *hard* [das imagens pornô] esvazia o erotismo feminino que as mulheres se dedicam agora a criar outras imagens, outros roteiros eróticos. Mesmo os recentes espetáculos *de strip-tease* masculino não devem ser interpretados como uma nova vitória da convergência dos gêneros. À diferença dos *peep shows* frequentados pelos homens em cabine solitária, para excitar-se, os *strip-teases* masculinos são vistos por mulheres que se divertem em bancar os homens; elas criam uma *cumplicidade feminina* e um espaço relacional, ainda que seja na objetivação do masculino. (p. 44, grifos nossos)

5. Sabemos que a pretensão de uma identificação com uma estabilidade plena e contornos totalmente definidos só pode fazer parte de uma construção imaginária destinada, no melhor dos casos, ao fracasso. Já foi dito que todo "verdadeiro homem" tem algo de cômico e toda "verdadeira mulher", algo de desvario. No entanto, pensamos que um grau menor de recalque e a conseguinte possibilidade de um processamento amplo da pulsionalidade permitem a presença de uma "invenção" permanente da identidade e uma expansão do erotismo. E isso vale para ambos os sexos.

No entanto, modelos femininos de perfeição dominam a cena midiática, exercendo um efeito identificatório de alto potencial de captura quando escolhem como alvo, por exemplo, a imagem corporal. É nessa medida que a versão contemporânea do recalque da sexualidade, por exemplo, não se manifesta tanto por meio dos "sintomas recortados" que caracterizaram as histerias de conversão do fim do século XIX, mas sim por meio da tentativa de "apagar" o corpo inteiro, ilustrada pela figura clínica das anorexias atuais. O corpo da mulher vê-se submetido a uma extrema exposição, desde o nu pornográfico até a publicidade e a mídia, ao que se soma uma oferta de modelos identificatórios distantes de uma imagem de corpo construída a partir de uma pulsionalidade parcial. Tudo isso atenta contra o estabelecimento da vivência de intimidade, necessária para a construção de uma corporalidade e uma pulsionalidade desejantes.

Não temos dúvidas de que cada um dos aspectos que acabamos de enumerar pode ser ponto de partida para muitos desenvolvimentos dentro da pesquisa psicanalítica da problemática considerada. Mas eles ajudam a visualizar, somados ao já exposto, a complexidade dos fatores determinantes e a riqueza das possibilidades de desenvolvimento inerentes a uma concepção não reducionista do erotismo feminino.

11
A construção da masculinidade e a histeria nos homens na contemporaneidade[101,102]

Gênero e psicanálise

As análises críticas desenvolvidas a partir do marco do movimento feminista fizeram implodir, no discurso ocidental, uma concepção presente desde a antiguidade segundo a qual predominaria a subordinação ao masculino, apesar do reconhecimento de dois sexos diferentes. No seio do patriarcado, a forma de pensar a diferença dos sexos toma o masculino como modelo e deixa o feminino como negativo, ausente ou faltante, identificando ainda o masculino ao simbólico e o feminino à natureza. O homem aparece

101 Publicado originalmente no livro *Histeria e gênero: sexo como desencontro*, organizado por Pedro Ambra e Nelson da Silva Junior (São Paulo: nVersos, 2014; p. 243-268).
102 Agradecemos a Sílvia Nogueira pelo trabalho de revisão deste texto.

como sujeito e a mulher, como objeto; o humano se confunde com o masculino (a humanidade, todos, se diz no masculino: o Homem) e o feminino aparece como vazio, vazio que seria preenchido pela maternidade, confundidas mulher e mãe. Tudo isso foi concebido como a-histórico e universal. As análises críticas mencionadas denunciaram as formas hierárquicas e de subordinação existentes entre homens e mulheres, e permitiram desamarrar do corpo biológico as representações da masculinidade e da feminilidade, mostrando que são construções culturais que mudam com a história. Nas décadas de 1950 a 1970 as produções de pensamento sobre o feminino, a feminilidade e as mulheres foram abundantes, ao acompanharem os movimentos sociais de defesa da condição feminina. Mas foi na década de 1980 que se produziu um avanço na teorização das relações entre homens e mulheres, dando surgimento aos *estudos de gênero* e aos questionamentos de como a estrutura patriarcal deixa suas marcas na construção da masculinidade (Burin; Meler, 2000).

É possível estabelecer uma ponte entre a psicanálise e os estudos de gênero, tanto pela ruptura que ambos operam com o naturalismo biologizante como lugar para tratar a diferença entre os sexos, quanto pela concepção do masculino e do feminino como construções que são feitas no interior dos discursos sociais e culturais. Mas não se deve esquecer que, para a psicanálise, é fundamental a experiência de confronto com a diferença sexual anatômica e a compreensão de como o sujeito se posiciona perante esta diferença, assim como a construção das teorias sexuais infantis que determina lugares subjetivos a partir dos quais as escolhas inconscientes de objeto serão feitas. Entendemos que estudar tanto a feminilidade quanto a masculinidade, em psicanálise, só pode ser feito na complexidade que este cruzamento de eixos implica, entre aquilo que é do sexual, pulsional, inconsciente, e aquilo que é da ordem do gênero, que provém da cultura na qual se está imerso.[103]

A psicanálise diferencia o "sexo" da "sexualidade". A sexualidade não se reduz ao sexo biológico, seja este como carga genética, herança cromossômica, órgãos genitais ou características sexuais secundárias. Não se nasce "homem" ou "mulher", ainda que se nasça em um corpo com características específicas.

A sexualidade na psicanálise não se limita à genitalidade nem à procriação, às escolhas sexuais ou às práticas sexuais, mas abrange o vasto campo dos movimentos pulsionais e desejantes anárquicos que atravessam a vida toda. Inclui assim aquilo que, sendo da ordem do prazer, introduz um campo aberto ao leque do polimorfismo pulsional, aquilo que não se ordena com base na bipartição que separa feminino e masculino. Uma bipartição que é introduzida pela cultura e apoiada no substrato real das diferenças anatômicas dos sexos, sendo fundamental o papel da linguagem na configuração subjetiva do gênero.

Entre a ordem do biológico e do cultural dos sistemas de gênero, temos que incluir o processo de sexuação que começa com a sexualidade perverso-polimorfa e se estende até a construção de uma identidade sexuada, requerendo a passagem pelo complexo de castração e dando lugar a uma

103 É necessário esclarecer que na psicanálise há diversas formas de utilizar o termo feminilidade: foi utilizado por Freud, em "Análise terminável e interminável" (1937/1997), como aquilo que escapa à ordem do fálico, que provoca horror tanto em homens como em mulheres. Ou, em autores como M. Montreley (1979), como o conjunto das marcas no corpo e das pulsões que nelas se originam, formando o campo do indizível que alguns autores fazem corresponder ao "continente negro freudiano".

posição subjetiva em relação à questão crucial implicada por esse complexo. Esse processo culmina na formação das identificações secundárias, momento no qual as atribuições de gênero que provêm do discurso cultural, e que incidiram de forma complexa – como veremos – ao longo do mesmo, vêm a complementar, em uma estabilização relativa, as posições subjetivas assumidas durante o processo.

A psicanálise rompe com o determinismo "naturalista", sem por isso se converter em sociologia. Para perguntar e responder sobre a diferença dos sexos, constrói um lugar que não coincide nem com as determinações biológicas, nem com as culturais, mas que inclui ambas e, ainda, um "entre elas".

Abrindo uma nova trilha

Ao longo de quase um século, os analistas, seguindo a trilha aberta por Freud, insistem nas dificuldades que as mulheres têm para alcançar sua condição feminina. Desde o longo caminho do processo de sexuação – que para Freud envolve maiores obstáculos para a mulher do que para o homem, pela necessidade de mudar de zona erógena e de objeto de amor – até a insistência no enigma, o misterioso da feminilidade, o feminino como construção permanente etc., tudo seguiu a linha de enfatizar como esse processo de constituição era complicado. Essas reflexões acompanharam os intensos processos de transformação vividos no lugar das mulheres no mundo e na própria subjetividade, e a necessidade de produzir pensamentos sobre quem elas eram.

Enquanto isso, a concepção referida à construção da masculinidade parecia não levantar muitas interrogações, até que as coisas mudaram.

Nas últimas décadas, começou a se instalar uma crise em um equilíbrio até então vigente, crise das representações sociais sobre a masculinidade, apoiadas na dominação masculina e que levou os homens a se interrogarem sobre a sua identidade. As transformações no mundo, as mudanças nos papéis, nos atributos de gênero, nas representações sociais e nas formas de relacionamento entre homens e mulheres, assim como os efeitos na subjetividade provocados por tudo isso, fizeram com que os homens começassem a se perguntar sobre a condição masculina. A masculinidade, nos últimos anos, saiu do lugar de um "já dado" para ser enxergada como um processo de construção mais complexo e difícil do que antes se poderia pensar.

Os pensadores de diferentes disciplinas (sociologia, antropologia e história) começaram uma intensa produção sobre o tema, e os analistas – a partir de fenômenos presentes na clínica, como as transexualidades, os sintomas no exercício da sexualidade, as mudanças nas formas de amar e de sofrer – agora se deparam com os limites da teoria existente e tecem fragmentos de teoria, complexificando o que, até o momento, existia para dar apoio às suas clínicas (Stoller, 1989; Bleichmar, 2006; Volnovich, 2010; McDougall, 1997). Outros, provenientes também dessas disciplinas e práticas, atentos às transformações nas relações entre homens e mulheres que desarticulam os modelos tradicionais dos gêneros, estão pensando as novas representações presentes nas novas formas de vínculos, de amor e de poder e, apoiados nas mudanças dos sintomas sociais, postulam o surgimento de "novas masculinidades" (Burin; Meler, 2000; Badinter, 1993 e outros).

No entanto, chamou nossa atenção, na pesquisa bibliográfica, que o pensamento às vezes pareça avançar tal como num movimento de gangorra, indo de um extremo ao outro. Assim, depois de se enfatizarem as dificuldades das mulheres na construção da feminilidade, agora parece que se tende a minimizá-las e a declarar, pelo contrário, que o difícil é chegar a ser homem. Badinter inclusive afirma: "Diferentemente da mulher, o homem tem que se fazer" (1993). Entendemos que esta forma de se movimentar no campo do conhecimento é um pouco problemática, já que se corre o risco de escorregar para uma nova "naturalização" do feminino: a mulher já nasce feita? Já vem feita, do ponto de vista biológico e, agora, cultural e psicogenético? A partir de que? Não precisa fazer-se? Entendemos que a construção da feminilidade e a da masculinidade são, ambas, processos difíceis e complexos, que encontram muitos obstáculos a serem vencidos e que se dão no cruzamento de vários eixos de determinação. Nem mais, nem menos, ambos longos e trabalhosos.

Foi a partir da década de 1970 que começaram a surgir estudos tentando descrever os processos de destituição dos modelos tradicionais da masculinidade; a partir dos anos 1990, instaurou-se para os homens um período de muita incerteza acompanhada de diversas angústias (Burin; Meler, 2000).

Freud viveu em uma época em que o patriarcado começava a se fragilizar. Se não fosse assim, possivelmente não teria sido capaz de pensar seus efeitos na sexualidade e, inclusive, na produção das neuroses – como fez no texto sobre "A moral sexual 'cultural' e o nervosismo moderno" (Freud, 1908/1997) – ou pensar que algumas das condições atribuídas à natureza feminina eram produto do lugar social da mulher, como fez em vários textos – por exemplo quando, depois de afirmar que nas mulheres prima um alto grau de narcisismo, diz que isso pode ser uma compensação pela atrofia que a sociedade lhes impõe (Freud, 1933/1997).

Sua produção teórica, cabe ressaltar, foi feita a partir de uma clínica com sujeitos cujas subjetividades foram construídas em um determinado momento da história. A clínica atual vem colocando fenômenos que nos alertam sobre os limites da teoria e despertam a necessidade de repensar algumas questões. Por exemplo, a maneira excessiva em que se assimilam falo e criança, ou a forma em que são trabalhadas as equivalências simbólicas[104], ou ainda, o modo como a psicanálise tem pensado o pai, em sua função limitadora ou de interdição, sem incluir a relação de ternura entre pai e filho ou os efeitos dessa relação nos processos de erotização do menino. Para a psicanálise, a diferença está pensada como presença-ausência – seja do pênis, para Freud, seja do falo ou do significante, para Lacan. É claro que ela é pensada no seio do patriarcado, mas a quebra deste não abrirá espaço para pensar a diferença de outra maneira, ou para pensar, mais que a diferença, a diversidade?

Os estudos de gênero podem contribuir para repensar as teorias psicanalíticas em função das mudanças sociais e para entender como as concepções do patriarcado adentraram as próprias teorias psicanalíticas, propiciando um trabalho de distinção que valorize o que deve ser mantido e aponte aquilo que precisa ser questionado ou ampliado.

Tempos de construção da masculinidade

Neste ponto iremos tratar dos momentos pelos quais o menino passa durante a construção da masculinidade,

104 Tema de que tratamos no capítulo 3.

mantendo o pensamento freudiano sobre a sexualidade e sinalizando aspectos que as teorias de gênero vieram somar. O conceito de gênero não é um conceito freudiano; ele foi introduzido na psicanálise por Stoller e vem sendo colocado a interagir com outros conceitos já existentes na psicanálise, enriquecendo a trama teórica que suporta a prática clínica.

A passividade primeira

Entendemos que a constituição da sexualidade é exógena; isto é, surge implantada pelo adulto que, nos cuidados com o bebê e na satisfação de suas necessidades vitais, introduz erotismo em seu corpo. O primeiro momento em que isso acontece está marcado pela passividade, tanto para o menino quanto para a menina. O caminho que a passividade seguirá em uma e no outro são diferentes. A mãe, nesse primeiro momento, deixa impressões e marcas de erotização que abrem caminhos para formas singulares de subjetivação e possibilidades de criação. Esse conjunto de marcas primeiras forma o campo do irrepresentável, do inominável, que se faz no estado fusional com a mãe, e por isso alguns autores insistem em dizer que as origens da sexualidade são femininas.[105]

A constituição do narcisismo

A criança, em seu corpo erogenizado pela sexualidade implantada, que fez surgir circuitos pulsionais, estabelece relações

105 Ver a nota de rodapé nº 3.

libidinais com os objetos cuidadores, normalmente os pais e fundamentalmente a mãe, muito antes de reconhecê-los como seres sexuados. São vínculos libidinais que não estão atravessados pelas questões da identidade sexual. Esse mundo pulsional, perverso polimorfo como o denominava Freud, não está ordenado pelas categorias da bipartição masculino-feminino.

Diferentemente do que acontece com a criança, do ponto de vista dos adultos é antes ainda do nascimento que médicos e familiares realizam um ato de nomeação: é um menino ou é uma menina, primeira forma de identificação de um sujeito em uma atribuição de gênero, incluindo a criança em uma categoria dos gêneros masculino ou feminino. Ou seja, aquilo da sexualidade que está sob o domínio do gênero se constrói num processo de inscrição simbólica, marca simbólica que cria um corpo identificado. Inscrição simbólica dicotômica que inclui alguém em uma categoria e o exclui de outra: "é um menino e não é uma menina", ato de nomeação que produz ao mesmo tempo uma inclusão e uma exclusão (Bleichmar, E., 1988).

Sendo a criança ainda muito pequena, a atribuição de gênero se enraíza na base do eu, determinando o "núcleo da identidade de gênero". O tempo da constituição da identidade de gênero coincide com o polimorfismo perverso no nível da sexualidade. Esse núcleo se estabelece muito antes do reconhecimento da diferença anatômica dos sexos, e vai se tornando mais complexo. Entre a identificação com a nomeação – "sou um menino" – e a crença na própria virilidade ou masculinidade há um longo processo no qual vão se acrescentando significações a partir do entendimento de como se espera que se expresse a masculinidade. Intervirão nesse processo: sensações corporais, fantasias e, fundamentalmente, o campo intersubjetivo (idealizações, identificações, expectativas, trocas de reconhecimentos) que vão introduzindo as significações que modelam essa identidade (Bleichmar, E., 1988). Vemos, então, que o conceito de gênero se entrelaça à constituição do narcisismo.

Como afirmamos antes, o conceito de gênero não é um conceito freudiano, mas há momentos de sua obra em que algo semelhante se insinua. No livro *Psicologia das massas e análise do Eu*, Freud apresenta uma identificação que o menino realiza com o pai como "modelo". Ele afirma:

> A criança manifesta um interesse especial pelo pai, quer ser como o pai e substituí-lo em tudo. Podemos dizer que fez do seu pai o ideal. Essa conduta não representa uma atitude passiva ou feminina em relação ao pai, sendo inteiramente masculina e se conciliando muito bem com o Complexo de Édipo, em cuja preparação contribui. (Freud, 1921/1997, p. 99)

Ou seja, trata-se de uma identificação com o modelo feita no contexto pré-edípico da identificação primária, no funcionamento dual especular, em que o mesmo objeto pode ser objeto de amor e de identificação.

No texto "Introdução ao narcisismo", as atribuições de gênero aparecem como presença importante na constituição das instâncias ideais. Freud afirma: "o menino será um grande homem e um herói no lugar do pai, e a menina se casará com um príncipe como recompensa tardia para a mãe" (Freud, 1914/1997, p. 88).

A triangulação edípica

A passagem pela constelação triangular edípica implica em uma escolha de objeto, o que muda a situação anterior, em que a busca do reconhecimento narcísico de ambos os pais se fazia através de ligações libidinais que não entravam em conflito – conflito que só vem a acontecer quando a significação sexual dos genitais se põe em jogo, com o reconhecimento da relação sexual entre os pais e a entrada do pai sexuado. Esse momento coincide com a mobilização da curiosidade que irá desembocar no reconhecimento das diferenças anatômicas e na criação de teorias sexuais infantis. A presença do pênis, já investido de valor fálico narcísico, "passa a ser uma confirmação da masculinidade" (Bleichmar, E., 1988, p. 40).

Uma verdadeira descontinuidade existe entre a situação pré-edípica e a edípica. Por um lado porque a mãe, antes figura plena portadora de todas as potências, atributos e valores, agora, após o reconhecimento da diferença dos sexos, não é o mesmo objeto; por outro, porque a relação com o pai – antes o ideal a imitar, agora figura sexuada – transforma-se em uma relação na qual surge a rivalidade, acentuando-se a ambivalência. O pai entra ao mesmo tempo como interditor, ou seja, como proibidor da relação erotizada com a mãe.

Instâncias ideais

Finalmente temos a constituição das instâncias ideais a partir das identificações secundárias. Aqui a questão não é a de uma identidade de "ser homem", inscrita no eu, e sim a de "que tipo de homem deverá ser", fórmula na qual se articulam as proibições e os mandatos do supereu e do ideal do eu. A "metamorfose da puberdade" será um novo momento importante de ressignificação do anterior, assim como de reafirmação da escolha de objeto. É uma nova oportunidade que a cultura lhe oferece para encontrar uma posição dentro de seu gênero.

Novas pesquisas sobre a masculinidade

Os estudos dos analistas contemporâneos sobre a masculinidade têm trazido aportes interessantes. Muitos deles têm insistido na importância da relação com a mãe pré-edípica na constituição da masculinidade. Alguns, como Stoller, Badinter e Volnovich, insistem em colocar a identificação feminina que o menino vive nos primeiros tempos, na relação fusional com a mãe – seguida do processo de des-identificação necessário e difícil que o menino atravessa na construção de sua masculinidade – como o eixo fundamental para pensar o mal-estar nos homens.

E. Bleichmar assinala alguns dos fatores que dificultam essa des-identificação: 1) a presença de um pai excessivamente dominador, que deixa o filho em um lugar de passividade; 2) a desvalorização por parte da mãe dos aspectos masculinos do pai; 3) o modo como a criança observa a masculinidade do pai e o modo como esse pai promove a masculinidade do menino. Nesse sentido, os estudos antropológicos têm mostrado a força que os rituais de passagem na adolescência, para a inclusão no mundo adulto, têm em muitas culturas não ocidentais, quando se trata dos meninos. Esses rituais têm como objetivo a eliminação dos elementos maternos e femininos remanescentes da simbiose com a mãe. O esforço aplicado a exterminá-los expressa a força dessa relação e dos processos concomitantes de diferenciação e identificação.

Para alguns autores, o conflito fundamental nos homens está dado não pelo medo da castração paterna, mas sim pelo conflito entre o desejo de separar-se da mãe e o de fundir-se com ela. Stoller introduziu o conceito de *protofeminidade*, atribuindo à criança um vínculo primário com a mãe, em que está em posição passiva e se identifica com ela. Ao longo da vida, o homem tem que se esforçar para negar seus aspectos passivos, femininos. Isso se vê intensificado pelo fato de que, na cultura ocidental, são as mães que criam os filhos apoiadas na ideia de um instinto maternal, muito questionada, que as faria supostamente aptas para essa função, enquanto o amor paternal se exerceria à distância. Segundo Badinter (1993), os homens estão mutilados (porque a feminidade lhes é amputada) e são órfãos de pai (pela falta de proximidade).[106]

Nas trocas da mãe com a criança, o gênero está sempre presente. Na relação com a filha mulher, ambas compartilham os atributos de gênero aos quais respondem. Essa semelhança pode funcionar como facilitadora das identificações estruturantes ou pode dificultar a diferenciação, favorecendo os abusos narcisistas da mãe com a filha. Com o filho homem, a diferença de gênero incide na subjetividade da mãe como uma função terceira, facilitando o reconhecimento dele

106 Para esta autora, no início do século XX, a crise da masculinidade, que se desenhava na vida civil como consequência das mudanças nas práticas sociais e nas relações intersubjetivas tensionadas pelas reivindicações emancipatórias feministas, produz muita angústia nos homens. Apoiando-se na cultura da coragem viril, muitos homens encontraram no ir para a guerra uma oportunidade de paliar a crise. "La crisis de la masculinidad está em su punto más álgido. Desgraciadamente es la guerra la encargada de poner entre paréntesis la angustia masculina. Recuperando su papel tradicional de guerreros, los jóvenes reclutas se marcharán al frente, con una flor en el fusil, como si estuvieran contentos porque se les permite ser, finalmente, hombres, verdaderos hombres" (BADINTER, 1993, p. 31).

como diferente. No entanto, se o lugar de filho homem está excessivamente valorizado para ela, ter nascido menino poderá favorecer seu aprisionamento no lugar de falo da mãe.

Segundo J. C. Volnovich (2010, p. 39), "a identidade da menina se baseia na necessidade de *ser* como a mãe, e a do menino se baseia na necessidade de *fazer* esse movimento de afastamento precoce da mãe". Esse autor, que adere fortemente às teorias de gênero, sustenta a hipótese de que para os meninos a construção ativa de sua sexualidade e de sua identidade de gênero será consubstancial à violência e à ânsia de domínio, unidas ao desejo de saber e à vocação de poder. Eles têm uma preocupação de serem fortes, independentes, durões, autônomos e ativos devido à imprescindível e inevitável necessidade de garantir os atributos que convalidam sua masculinidade, diante da ameaça de uma feminidade originada por identificação na simbiose com a mãe, que primou sobre a masculinidade na fase inicial e que explica os temores da homossexualidade, presentes neles em maior grau do que nas mulheres. Lembra-nos que, para Stoller (1989 *apud* Volnovich, 2010, p. 411989), na afirmação de sua masculinidade, "o primeiro dever de todo homem é não ser mulher".

A agressividade com as mulheres é vista, por Volnovich, como uma formação reativa à perda prematura da mãe, forçada pela subordinação ao imperativo de separação. Acometido por uma intensa e profunda nostalgia do corpo materno, o filho a transforma defensivamente em desprezo. Apesar de estar totalmente recalcada, a tentação de recriar a simbiose com a mãe obsedia a criança. É o risco de permanecer criança, de virar a mãe, de virar mulher.

Por nossa parte, temo-nos perguntado sobre essa agressividade dirigida à mulher a partir da análise das explosões de cólera, que constituem um dos sintomas mais conspícuos da neurose histérica nos homens. Para tal propósito, temos retomado as análises de Freud sobre o significado dos atos agressivos em dois tempos, ataque / expiação, expostos no trabalho sobre Dostoievski.[107] Ocupar-nos-emos desse ponto mais adiante.

A única maneira de manter a salvo a virilidade é mantendo uma distância prudencial com as mulheres. Mas quando, tentados pelas mulheres e desafiados pela sexualidade feminina que não deixa de fasciná-los, eles se arriscam a um trato mais íntimo, reaparece a vivência de perigo. Volnovich afirma que o patriarcado como sistema de domínio e exploração, através do crescimento explosivo e recorrente da clientela das prostitutas, respondeu à necessidade de implantar um dispositivo capaz de enfrentar esses perigos. No entanto, notamos que sua significação varia. Se até um século atrás frequentar um prostíbulo podia envolver transgressão às prescrições burguesas e um mergulho na vida boêmia, hoje supõe uma submissão cúmplice, sem questionamento algum, à sociedade de consumo, tanto de coisas quanto de pessoas, e ao mandato do dinheiro.

Pensamos que um mecanismo diferente e peculiar de enfrentar os riscos de uma intimidade com a mulher é o que inventaram os homens histéricos com um dos traços característicos dessa neurose: a solução de compromisso entre um primeiro momento de se achegar apaixonadamente a uma mulher e um segundo momento de fuga para uma nova conquista, movimento próprio do dom-juanismo. Há aí, também, um desafio transgressivo às figuras patriarcais do

107 Ver o capítulo 6 deste livro.

sistema burguês-capitalista em ascensão, como se evidencia nos roteiros tragicômicos da dramaturgia dom-juanesca.

Nos textos freudianos, essa temática é analisada em detalhes nos trabalhos "Uma degradação da vida erótica" (FREUD, 1912/1997) e, principalmente, "Sobre um tipo peculiar de escolha de objeto no homem" (FREUD, 1910/1997). Nesses textos, que também desvelam bastidores da moral burguesa,[108] ele parte do que tinham descoberto os poetas sobre as "condições do amor": o que fazia de uma mulher um objeto atraente para um homem. E continua com os achados da clínica, elencando as seguintes condições:

- O "terceiro prejudicado": o objeto escolhido nunca está sozinho ou livre, mas ligado a um homem (marido, namorado, amigo);
- A mulher "fácil": inclinada ao flerte, de comportamento liberal e fidelidade duvidosa, é considerada frequentemente como vulgar. Freud ressalta como condição implacável, portanto, o pertencimento da mulher a outro homem.

O autor associa tudo isso à constelação edipiana infantil. A oposição entre uma mulher sobrevalorizada, com a qual a vida propriamente sexual é limitada e contida, e a mulher que no olhar convencional seria rebaixada, mas que recebe dele um valor especial, sendo fortemente desejada, remete a um momento da infância em que surge uma dissociação defensiva da figura materna. Isso acontece quando o vínculo intensamente afetivo do menino com ela é abalado pelo

108 Embora não tenham a contundência crítica e o alento reformador de "A moral sexual 'cultural' e o nervosismo moderno" (FREUD, 1908/1997), esses textos analisam com profundidade maior os conflitos dos homens em suas dimensões neuróticas.

reconhecimento da diferença sexual, da origem das crianças e da evidência da presença do desejo e da vida sexual no casal parental. Uma parte das pulsões libidinais que o ligavam à mãe ficam inibidas em seus fins, transformadas em ternura e associadas a uma imagem idealizada da mãe. Dissociada dessa, conserva-se uma corrente sensual que se mantém ligada a figuras substitutivas da mãe, presentes em fantasias das quais fazem parte, sem dúvida, as imagens das prostitutas, aportadas pelo discurso circundante. Na vida adulta, a dicotomia de correntes se fará presente através da peculiaridade dos objetos escolhidos para o amor e o desejo. É um indicador de que a fixação à mãe da infância não foi superada, e a triangulação edipiana infantil se mantém, caracterizando uma modalidade histérica nas escolhas do objeto e nas vicissitudes do desejo.

Na contemporaneidade fálico-narcísica, o objeto terno deve manter-se separado do objeto sensual. A separação entre ternura e sensualidade ocorre por meio do sexo sem amor nem compromisso – o "não ficar juntos a noite inteira", a repulsão de dormir juntos "de conchinha", a ausência de sentimentos – modalidade atual do recalque que se dá também pela ênfase na performance, na ereção e na penetração e explica que os homens tenham se transformado, em grande medida, em anestésicos, frígidos, como afirma L. Israel (1995) referindo-se à sexualidade dos histéricos destes tempos.

Mas o que não seria uma escolha histérica, e sim uma escolha masculina? Provavelmente a possibilidade de um avanço libidinal no sentido de juntar a ternura com a sensualidade. O que seria histérico, sustentou Freud ao longo de sua obra, é ficar fixado na mãe, no objeto incestuoso e na briga com o pai, ou seja, na constelação edípica incestuosa. Mas esta perspectiva pode ser ampliada, tornada mais complexa.

O mais surpreendente para o observador, diz ele, referindo-se ao tipo particular de escolha amorosa que estamos considerando, é a tendência presente no amante de "resgatar" (redimir, recuperar) a mulher amada. Ela precisa dele. Dadas as posições sociais respectivas, sem seu apoio ela perderia respaldo moral e, por isso, ele não pode abandoná-la. Ele se transforma frequentemente em um guardião da virtude dela. Entretanto, os motivos morais podem ser, também, segundo Freud, racionalizações. O motivo do resgate é, na verdade, um derivado do complexo parental. "Quando a criança descobre que deve a vida aos pais, que a mãe lhe obsequiou a vida, aliam-se nela moções de ternura com uma mania de grandeza em combate pela autonomia" (Freud, 1910/1997, p. 165), gerando o desejo de devolver esse presente aos pais, compensando-os através de outro de igual valor. Resgatar o pai de um perigo mortal é realizar essa devolução, não precisar mais dele nem lhe dever mais nada.

Algo parecido é fantasiado em relação à mãe. Resgatar a mãe ganha o significado de obsequiar-lhe ou fazer-lhe um filho – um filho igual a ele, claro. Nessa fantasia, ele se identifica plenamente com o pai. "Esse desejo, ser seu próprio pai, satisfaz toda uma série de pulsões: de ternura, de gratidão, de sensualidade, de desafio e de autonomia" (Freud, 1910/1997, p. 166).

Podemos ver, contudo, nessa reunião entre moções ternas e onipotência narcísica em combate pela autonomia, uma aproximação preliminar ao que, partindo dos estudos de gênero, se enfatiza hoje quanto à luta pela diferenciação que todo homem se vê levado a atualizar no caminho que percorre na construção de sua identidade masculina.

Resgatar o pai de um perigo, lido nessa chave, aponta para o resgate metafórico da figura paterna – ameaçada particularmente em certas configurações parentais, mas de um modo mais geral na cultura contemporânea – para poder se identificar com esse pai e garantir a estabilização da autonomia almejada em relação à mãe. Isso autorizaria a fantasia de poder, assim – resguardado tanto da identificação fusional quanto da sujeição à mãe fálica –, obsequiar-lhe um filho igual a ele mesmo... e não a ela! É seguindo pistas como essa que podemos trilhar o caminho de uma ampliação teórica. Nos trabalhos sobre a sexualidade feminina e a feminilidade, Freud aprofundou a compreensão do processo de sexuação na mulher, mostrando a importância da relação pré-edípica, carregada de ambivalência, difícil de superar e de consequências incontestáveis na produção de sintomas e nas escolhas infelizes de objeto. Não aportou, em igual medida, no terreno do processo de sexuação do homem, nem no reconhecimento da forte ambivalência na relação dual pré-edípica com a mãe e as angústias de fusão e aniquilação concomitantes, tampouco na profundidade da escravidão na sujeição à mãe fálica, presente na neurose histérica. Melanie Klein e Lacan fizeram avanços muito significativos nessa área, mas é fato que esta continua sendo uma tarefa para os analistas de nosso tempo.

Incidência do sistema de gênero na problemática histérica

Continuando a nos perguntar pela histeria nos homens e suas relações com as questões ligadas ao gênero, precisamos voltar um pouco no tempo e aquilatar o passo fundamental, dado por Charcot, para o reconhecimento da existência da histeria masculina, que não tinha o prestígio milenar da histeria na mulher. Esse passo permite situar de uma vez por todas a histeria no campo da neurose e livrá-la, definitivamente, de ser ligada exclusivamente às mulheres, ou de ser uma característica feminina, como demonstraria sua origem etimológica na palavra "útero".

A ideia da existência de uma histeria masculina era uma proposta sumamente questionadora. Dizia Briquet (1859 *apud* Trillat, 1991):

> Suponhamos um homem dotado da faculdade de ser afetado à maneira de uma mulher. Ele se tornaria um histérico e, consequentemente, impróprio a cumprir o papel que lhe é destinado, o da proteção e da força de um homem. Um homem histérico é o avesso das leis constitutivas da sociedade.

Os pacientes de hoje não estão informados da origem etimológica da palavra histeria, mas sentem que suas dificuldades, apresentadas dessa maneira, ameaçam sua imagem de homem. O reconhecimento da histeria em homens não se faz sem resistências e reservas, tanto dos homens que dela sofrem quanto dos médicos que a diagnosticam. Chamar um homem de histérico é algo que pode ser tomado por ele como uma ofensa.

A tendência medicalizante destes tempos, com seu fascínio pelas soluções rápidas e o recurso aos fármacos, contribui para mascarar, no quadro clínico do paciente, os indícios sobre a existência de uma problemática psíquica, entrando em cumplicidade com o aspecto evitativo e encobridor dos próprios histéricos. Os benefícios secundários contribuem à manutenção dos sintomas. É o caso das "síndromes honrosas", como a invalidez, adquiridas ao servir à pátria ou à sociedade ou por ferimentos infligidos por um agressor reconhecido e condenado pela opinião pública, pelos tribunais e pelas companhias de seguro. Como vimos anteriormente, a participação nas guerras mundiais serviu para muitos homens como via de escape e prova de virilidade.[109]

Freud aprofundou-se no estudo da histeria, continuando o trabalho de Charcot e demonstrando que a histeria não era neurológica. Estudando as diferenças entre paralisias orgânicas e histéricas a pedido de Charcot, demonstrou que elas tinham verdades próprias a suas realidades psíquicas, suas histórias e suas singularidades, que não respondiam às leis do corpo somático estudado pela medicina, mas às leis de outro corpo que traz em si as marcas da linguagem, de um desejo conflitivo e de uma história singular. Isso permitiu elaborar, a partir dos sintomas corporais que prevaleciam nas mulheres, o conceito de conversão, no início do fértil processo elucidativo da histeria pela psicanálise.

O caminho conversivo pareceu, no começo, não ser tão frequente na histeria masculina. Entretanto, pode-se perceber uma mudança nos dias de hoje, quando o corpo masculino se mostra mais enfeitado, objeto da moda, do fisiculturismo etc., deixando aparecer com mais força essa via. Os sintomas conversivos são mais frequentes entre os homens histéricos do que se pensa, apesar de não estarem presentes com frequência certas expressões características da histeria feminina, como cefaleias, anestesias ou paralisias, contraturas e transtornos sensoriais. Aparecem como mal-estares corporais associados a temores, que às vezes fazem pensar em hipocondria: medo das afecções

109 Ver nota de rodapé n. 6.

cardíacas com todos os seus signos precursores, taquicardias, episódios ansiosos com alterações do funcionamento cardíaco, dispepsias e episódios gastrintestinais, quadros de fadiga com dores difusas. Se somarmos a essa sintomatologia momentos de extrema ansiedade, angústia de vazio, estranheza e despersonalização, acompanhadas de intenso medo de estar morrendo sem amparo algum, nos aproximaríamos à síndrome do pânico, que é nome que recebem na contemporaneidade as neuroses de angústia postuladas por Freud.

Confere-se às crises de cólera o penoso privilégio de serem uma das formas favoritas de expressão da histeria nos homens. O ataque histérico charcotiano tem, para alguns, seu equivalente maior não nos episódios convulsivos que caracterizam o que hoje se costuma chamar de pseudoepilepsia, mas sim nos ataques de cólera. Quanto a isso, costuma-se dizer que as histéricas podiam ser encontradas nos consultórios médicos e os histéricos nas delegacias, aonde chegavam como consequência das brigas, quebradeiras e violência contra as mulheres. Essas crises de cólera são justificadas por contrariedades frente às dificuldades da vida cotidiana, tendo ao mesmo tempo uma função catártica. Ou seja, são expressão-confissão de impotências, mas também são descarga libidinal.

Algo dessa violência é expressão da dificuldade em subjetivar-se, em representar-se como homem, impedido e frustrado como está pelos diversos obstáculos para a realização de um projeto identificatório masculino no contexto de vínculos intersubjetivos e de circunstâncias sociais problemáticas, como a ausência de trabalho, trabalho pouco gratificante ou narcisicamente humilhante. A agressão dirigida especificamente contra a mulher, como tentativa de domínio sobre um feminino não-eu – fora de si – aparece como proteção, como vimos, contra o retorno a um feminino primário. Agressividade, força e domínio são atributos fundamentais do gênero masculino em nossa cultura.

Para a análise das crises de cólera, estendemos a interpretação freudiana do significado inconsciente dos excessos no jogo e seus desdobramentos, como visto no ensaio de Freud sobre Dostoievski:

> No ataque de ira do homem histérico, o objeto externo, geralmente uma mulher, é alvo direto da agressão em um primeiro tempo. Como consequência deste fato, o objeto feminino ficaria em uma posição degradada [castrada]. Em um segundo tempo, ocorre um ato de expiação. Para Freud, essa expiação é resultante de um sentimento de culpa perante a mulher agredida, bem como perante o pai que interdita e pune o ato impulsivo, tanto por sua significação agressiva quanto pela significação erótica do ato. (Alonso; Fuks, 2004, p. 227)

Segundo Joël Dor (2000), o centro gravitacional do movimento expiatório reside na necessidade de reinstalar a mulher no pedestal da idealização, enfatizando mais a figura da mãe fálica que a do pai castrador. Assim, poderíamos pensar esse sintoma do homem histérico como uma solução de compromisso desdobrada no tempo, entre um movimento de rechaço e encarnação imediata de um ego ideal masculino que se realiza na agressão contra a mulher, e outro de reaproximação, expiação e restauração da idealização fálica. O fracasso dessa defesa ameaça desencadear um processo melancólico, já que o que está em jogo é libido narcísica associada ao narcisismo primário incorporativo. Ou seja, neste sintoma, o fantasiar gira em torno da mãe e do falo, incluindo pouco ou nada a figura do pai.

A inclusão da imagem diferenciada do pai e a identificação paterna edipiana abrem um caminho mais simbolizante, através das identificações secundárias, favorável à criação de um projeto identificatório mediado pelo ideal do ego, de um vir a ser, aberto à alteridade; caminho pelo qual homens e mulheres se tornam sujeitos que reconhecem sua incompletude, mas inseridos em um jogo simbólico intersubjetivo que envolve o intercâmbio de reconhecimentos e objetos – perspectiva que desenvolvemos em nosso trabalho sobre erotização feminina.[110] As fantasias de "resgate" consideradas anteriormente em relação às escolhas de objeto podem ser vistas como expressão de um movimento de saída elaborativa nesse sentido.

Na subjetividade do histérico, a pergunta pela identidade sexual, o enigma sobre ser homem ou ser mulher se entrelaça com outro enigma fundamental, quanto ao tipo de laço que sustenta a união dos pais. Amor, desejo, poder, submissão, necessidade, os filhos, o dinheiro. A lógica fálica se tece em uma trama que fica enlaçada a diversas equivalências simbólicas e às estruturas relacionais em que elas circulam.

No desenvolvimento freudiano, a partir da elaboração do historial clínico de Dora (1905), a presença do desprazer em situações de prazer é vista como definitória, no sujeito histérico, de uma posição de base em relação ao prazer, ao desejo e à sua satisfação. A impotência sexual é expressão disso.

A demanda erótica não é recebida pelo homem histérico como o desejo de uma mulher por um homem, que suporia um jogo amoroso de desejos; pelo contrário, ele toma esta demanda como uma solicitação para que ele prove sua virilidade, como

110 Ver o capítulo 10 deste livro.

uma exigência de responder eficazmente, e não como um jogo amoroso; por isso, a presença do terror de "fracassar" no ato sexual é permanente. A prova de virilidade, que é a resposta a qual tende o histérico frente ao desejo da mulher, tem uma forte determinação proveniente da cultura, devido às atribuições imperativas do sistema de gênero. O sistema de gênero coloca o "sentir" como questão da mulher; para esta, o fracasso consistiria em não sentir – frigidez – enquanto, do lado do homem, fica como dever de honra o "agir"; para este, a falha estaria em não conseguir exercer o poder de penetrar.

A busca do álcool pode ser a procura de um recurso antidepressivo em diversas configurações psíquicas. Mas a utilização do álcool e das drogas no histérico faz uma ortopedia para o "ser masculino"; faz com que ele apareça como um homem lá onde não consegue estar como tal. O tóxico lhe permite, na fantasia, enganar a mulher por ele idealizada, cultuando a ilusão de que realmente tem o objeto fálico que ela espera.

Mas pode corresponder a uma procura identificatória. Tanto o álcool como a droga podem ser o totem em torno do qual os homens se reúnem para ingerir uma substância comum e fazer parte de uma comunidade grupal de homens que se identificam pelo consumo dessa substância.[111] A reunião em torno do álcool atravessa, ao que parece, as gerações. Já Freud se referia à subjetividade do homem que se instala no bar para beber em companhia de outros homens.

O que está em jogo é uma necessidade de respaldo identificatório através da presença do outro ou dos outros

111 Assim aludimos a Freud em "Totem e tabu" (1913/1997).

masculinos. É equivalente aos ciúmes que as mulheres histéricas sentem da "outra mulher". É um modo de construir a masculinidade por incorporação e de respaldá-la através de identificações laterais, que permitam um diálogo com o congênere sobre a sexualidade, o que funciona como reforço para sustentá-la.

Dissemos antes que os homens se ofendem quando são considerados histéricos. É algo que faz um nó, um laço, com a questão de gênero. Por que se ofendem? Porque ser histérico é ser sensível, ser frágil, ser emotivo... É tudo o que o perfil para o gênero masculino diz que um homem não deve ser. Ser histérico não seria apropriado para um homem, além de torná-lo um irresponsável quanto à função social central que lhe cabe na sustentação da estrutura social (Briquet, 1859 *apud* Trillat, 1991).

Quando é chamado de histérico ele é exposto, revelam-se suas dúvidas e se pressupõem vacilações quanto à sua identificação sexual de homem ou mulher.

A prova de virilidade (na cama, no campo de batalha, na vida social) persegue a demonstração emblemática de que se é "um verdadeiro homem". Sabemos quanto sofrimento isso implica. Por outro lado, não deixamos também de pensar no caráter pomposo desse enunciado, que nos remete à observação de Lacan: "enquanto é 'verdadeiramente' viril, um homem é sempre mais ou menos sua própria metáfora, de onde provém certo ridículo" (Lacan, 1957-58/1970, p. 88).

Seria preciso situar todas estas considerações em relação às mudanças culturais da representação da masculinidade que estão em curso. As características do poder, da força, da violência do homem estariam cedendo lugar a coisas novas. Parece estar se abrindo espaço para uma concepção da masculinidade que não exclua, nela própria, tudo aquilo que possa remeter à feminilidade. Isso incidiria na produção dos sintomas histéricos nos homens; traria mudanças tanto em sua misoginia e agressividade, quanto nos circuitos de culpa, expiação e idealização da mulher.

A chamada "nova masculinidade" é uma tarefa do narcisismo construtor coletivo, instituinte, desta época. Como parte dessa construção, começam a aparecer representações referidas a um "novo pai". Um pai próximo, terno e participante nos cuidados do filho, fornecendo uma base sólida para a construção da ternura no filho.

Além de sua função terceira como interditor, a proximidade de um pai deixa marcas precoces que, ressignificadas, servem de base para a ulterior identificação do filho na construção da masculinidade, diminuindo o temor do retorno regressivo à relação fusional com a mãe.

E a histeria? Diante dessas mudanças, ganharia, mais uma vez, novas formas?

12
Um bonde chamado... histeria[112,113]

Tennessee Williams nasceu em 1911 na cidade de Columbus, Mississippi, no sul dos Estados Unidos. Começou a publicar na década de 1920 e, juntamente com Arthur Miller, tornou-se um dos grandes dramaturgos americanos do século XX. Em sua obra predominam sensualidade e paixões, um profundo senso poético e nas peças irrompe com frequência uma espécie de visão mágica da realidade. Um tema básico de sua dramaturgia é o contraste entre o sonho evasivo e a realidade nua e cruel. Em 1947, foi publicada sua peça *Um bonde chamado desejo*, aclamada na literatura com o prêmio Pulitzer, encenada no teatro e levada ao cinema em 1951 com a magistral interpretação do então novato Marlon Brando e de Vivian Leight, sob a direção de Elia Kazan. No Brasil foi lançada com o curioso nome de *A rua do pecado*.

112 Publicado originalmente no livro *Corpos, sexualidades, diversidade*, organizado por Silvia Leonor Alonso, Danielle Melanie Breyton, Helena M. F. M. Albuquerque e Luciana Cartocci (São Paulo: Instituto Sedes Sapientiae / Escuta, 2016; p. 260-277).

113 Agradecemos a Sílvia Nogueira pelo trabalho de revisão deste texto.

Quando em 2013 assistimos a *Blue Jasmine*, o filme de Woody Allen estrelado por Cate Blanchett, reconhecemos semelhanças importantes no roteiro, assim como algumas claras alusões ao filme antes mencionado. Cabe, entretanto, explicitar que o filme de Allen não realiza uma nova versão do trabalho de Tennessee Williams, nem se coloca como tal.

Propomo-nos a desenvolver uma análise comparativa entre ambos os filmes, focada na ideia de que as protagonistas centrais, tanto Blanche quanto Jasmine, podem ser identificadas como histéricas. Ainda que sejam personagens de enredos específicos, trata-se de duas mulheres de forte personalidade, cuja existência se vê abalada por significativas perdas no campo erótico-amoroso e na sua posição socioeconômica. Os rearranjos e soluções buscados por elas têm características que as aproximam das formas de processamento de conflitos próprias às estruturações histéricas.

Um bonde chamado desejo está ambientado em New Orleans. A protagonista, Blanche DuBois, chega do sul de trem, e se dirige à casa de sua irmã, Stella, em um bonde que passa por três estações – Desejo, Cemitérios e Campos Elíseos. Este último nome refere, na mitologia grega, ao paraíso, lugar no reino dos mortos em que os que foram bons, nobres ou santos podem descansar – em campos pacíficos e floridos – e desfrutar de prazeres diversos. Entretanto, a realidade com que Blanche se depara não tem nada de paradisíaco, principalmente se confrontada com um passado de bonança e posses que as duas irmãs compartilharam na fazenda familiar chamada *Belle Rêve* ("Belo sonho").

Fazia dez anos que as irmãs não se viam. Blanche visivelmente atravessa um estado de crise. Fala sem parar, fica recorrentemente ansiosa e bebe com frequência, na tentativa de acalmar-se. Insiste em dizer que vem passando por uma situação difícil, mas se mostra chocada perante as condições de vida da irmã em um bairro pobre. Stella está apaixonada por seu marido Kowalski, operário polonês e homem bonito, mas pouco educado, de quem espera um bebê.

Blanche recrimina sua irmã por ter abandonado os valores de uma nobre vida anterior em troca de tão pouco, tendo-a deixado sozinha com o encargo da manutenção da propriedade e do acompanhamento de uma família que ia sofrendo doenças e mortes, sendo obrigada a encarar uma decadência material: perdeu o homem amado (que se suicidou), a família, a fazenda e seu trabalho como professora. A convivência com o casal é problemática, tornando-se crescentemente conflitiva com o cunhado, que suspeita dela, e com o qual se alternam momentos mais pacíficos e até sedutores com brigas e explosões violentas. A tensão cresce. Ela se deixa galantear por um colega do cunhado que fica fascinado por sua *finesse* e beleza – acenando uma saída possível para sua vida –, ao mesmo tempo que vão chegando notícias sombrias, referidas ao momento anterior no Sul, de uma vida marginal e promíscua que acabara em sua expulsão do trabalho a partir do envolvimento com um adolescente.

A situação conflitiva atual culmina no abandono por parte do pretendente e na expulsão da casa por parte do cunhado. Blanche entra em um franco estado delirante que a levará à internação no hospício.

Blue Jasmine é um filme que conta as experiências de Jasmine, uma *socialite* nova-iorquina de Manhattan que, ao sofrer um desastre financeiro e cair na pobreza e na falta de moradia, tem de enfrentar a situação de conviver com a irmã, pobre e pouco sofisticada, em San Francisco. Jasmine terá que se acostumar com uma nova vida sem luxos. Vida esta diferente daquela, glamurosa, que levava junto a seu marido, homem de negócios que tinha obtido grandes ganhos resultantes de importantes operações no mercado financeiro.

Tanto na conversa com a companheira de viagem quanto no encontro com a irmã, Jasmine monologa quase o tempo todo, sendo os drinques o único recurso que a acalma. É acometida por uma vivência de estranhamento quando se defronta com as condições humildes de vida da irmã. Entra rapidamente em uma relação de tensão com o namorado brega desta, ao que acha um ser desprezível, um *looser* ("perdedor"). A irmã, por sua vez, se choca com o fato de Jasmine, falida financeiramente, viajar em primeira classe e ostentar roupas e acessórios caros, adequados somente à vida de opulência anterior.

Jasmine oscila entre uma atitude de rejeição e afastamento desse entorno e a procura de formas para reconstruir sua vida, trabalhando como secretária de um dentista, estudando para ser decoradora, mas aspirando, principalmente, a encontrar um homem de classe que se apaixone por ela. Inicia um relacionamento com um político bem-sucedido e de posses e após o estrepitoso desmoronamento desse relacionamento cai em delírio e termina, na última cena do filme, falando sozinha no banco de um parque. A ruptura da relação se produz quando o encontro casual com o enfurecido ex-marido da irmã traz à luz os escândalos que levaram ao colapso a vida anterior de Jasmine e ao suicídio de seu marido.

Pensamos em desenvolver dois eixos:

Por um lado, extrair, através de determinados recortes sintomais, sua organização psicopatológica e delinear a lógica possível de transformação das dinâmicas psíquicas, no entendimento de que se trata de quadros histéricos.

Por outro, explorar os imaginários presentes nos contextos histórico-sociais dos dois filmes, suas relações com a fenomenologia dos sintomas e comportamentos e com os movimentos dramáticos presentes. A figura do bonde se apresenta como metáfora de como o desejo histérico caminha pelas vidas singulares, provocando configurações diferentes a partir do vivido e/ou das situações de vida. O desejo se desenha em cenários que implicam em relações sociais intersubjetivas, características de gênero e em imaginários da sexualidade – os quais vão dando formas diferentes à sua apresentação.

Começando pelos recortes sintomais, nos dois filmes se apresentam quase desde o começo, tanto em Blanche quanto em Jasmine, estados manifestos de alteração da consciência, passageiros, que tomam a forma de um afastamento da realidade imediata, de um ausentar-se e mergulhar numa espécie de sonho acordado, no qual fantasias ou cenas passadas são evocadas e vivenciadas com uma intensidade que chega a ser alucinatória. Surgem aí os solilóquios – os de Blanche (Vivian Leight) tornaram-se famosos na história do cinema –, em que o sujeito tenta intervir diretamente nessas cenas, expressando o que não havia sido dito naquele momento, ou através de um relato delas, com comentários *em off*, dirigidos a um interlocutor imaginário atual. Qualquer psicanalista ou conhecedor medianamente culto é remetido imediatamente aos "estados hipnoides" (também denominados estados segundos ou de *double conscience*) que, começando com o historial clínico de Anna O. (Breuer, 1893-95/1996, pp. 47-70), estiveram no foco dos *Estudos sobre histeria* iniciais e fundantes de Breuer e Freud, podendo ser entendidos como tentativas de ab-reação e de elaboração associativa de situações vividas anteriormente (reminiscências).

As cenas que retornam têm frequentemente um conteúdo penoso referido a situações traumáticas. Outras vezes, são a evocação nostálgica de momentos felizes, anteriores aos acontecimentos trágicos que afetaram a vida, e que ajudam a afastar sua atenção da penúria atual. O primeiro a aparecer no filme de Woody Allen é um estado de ensonhação em que Jasmine evoca a casa maravilhosa que seu amado lhe ofereceu quando foram viver juntos. E relata em *off* como decidiu, naquele momento de máximo romantismo, trocar seu nome, Jannet, por outro mais brilhante: Jasmine.

Mesmo tendo um caráter transitório e sendo uma tentativa de elaboração intrapsíquica sobre "aqueles tempos", o fato de estarem abstraídas, falando sozinhas, aparece para os outros como "piração", como loucura.

O afastamento da realidade imediata – a partir de um estímulo exterior – nesses momentos de retração e de volta sobre si mesmas se associa ao retorno de lembranças que as absorvem. Foi o que levou Freud (1910 [1909]/1996, p. 13) a afirmar, na primeira das "Cinco conferências sobre psicanálise" que "nossos doentes de histeria padecem de reminiscências. Seus sintomas são restos e símbolos mnêmicos de certas vivências 'traumáticas'". Este simbolismo se entende melhor, diz Freud, pensando nos monumentos existentes nas cidades. Exemplificando com a estação de Charing Cross e com a coluna "The Monument" perto da ponte de Londres, nos diz que seria como se, diante deles, um londrinense ficasse hoje chorando o sofrimento da rainha ou as cinzas do incêndio. É assim que os histéricos se comportam: se afastam das questões práticas atuais porque vivem tomados pelas lembranças.

O desdobramento da consciência, nos trabalhos iniciais de Freud – na medida em que supõe a constituição de grupos de representações contrastantes e separadas –, antecipa o que depois será conceituado por ele como recalque. Janet atribuía esses fenômenos a uma tendência à dissociação resultante de uma debilidade da síntese psíquica, de origem constitucional. Freud falará, em 1894, do recalque como uma defesa, enfatizando sua origem num conflito intrapsíquico.

Um ano antes, na "Comunicação Preliminar" (Breuer; Freud, 1893/1996), não se fala ainda de conflito defensivo, mas de situações traumáticas que não puderam ser ab-reagidas, correspondentes ao que Freud chamará depois de histeria de retenção. Isso se vê em Jasmine, quando se lembra da humilhação sentida ao ser avistada por uma amiga na loja em que – empurrada pela necessidade – foi trabalhar como vendedora: esse lembrar emerge inesperadamente quando algo o suscita, abstraindo-a da realidade e mergulhando-a na lembrança.

No desfecho de ambos os filmes há uma radicalização. Se, no decorrer das tramas, os estados segundos eram uma tentativa elaborativa, no final se impôs o traumático, dando lugar a experiências alucinatórias francamente delirantes. No caso de Blanche, toma em certo momento as características de uma ficção que funciona como saída honrosa frente a uma ferida narcísica extrema.

Nos dois filmes é possível reconstruir histórias pregressas parecidas, que têm como ponto de partida um campo afetivo complexo, em que se deram as situações traumáticas. Há um momento inicial em que surge e se instala um laço idílico pleno de romantismo com um homem fascinante, fortemente idealizado. As protagonistas descobrem o amor em uma relação que as transforma e transforma o mundo que habitam. No caso de Blanche, é um poeta que ilumina sua vida, com suas cartas e seus poemas. No de Jasmine, um homem de negócios, atraente e sedutor, sabedor de tudo o que se refere ao dinheiro e ao amor, com quem passou a viver uma vida maravilhosa, cheia de *glamour* e brilho na cena social. O título do filme, *Blue Jasmine*, associa o novo nome que a personagem se deu com *Blue Moon*, *a Lua azul* – expressão que designa a lua cheia nas ocasiões em que se dá pela segunda vez dentro de um mesmo mês, quando se destaca pela intensidade de seu brilho e pela tonalidade azulada que adquire. É também o nome de uma canção muito conhecida (composta por Richard Rodgers e Lorenz Hart em 1934), que fala de um ser solitário que, graças à magia dessa lua, encontra seu amor, e sob cujo som Jasmine e Hal dançaram na noite em que se apaixonaram.

Embarcadas na paixão, as duas protagonistas se negam a tomar notícia dos indícios cada vez mais claros de perigos reais que ameaçam seus respectivos envolvimentos amorosos. Blanche não quer saber da homossexualidade de seu amado, até o momento que esta se impõe a seus olhos. Jasmine não quer saber do caráter fraudulento das operações financeiras de Hal, nem de suas traições amorosas. Há em ambas um não querer saber sobre os aspectos conflitantes da realidade, caracterizável como uma ingenuidade histérica ligada ao recalque neurótico, operado através de um "desvio do olhar", segundo dizem suas amigas. Esposas dos sócios do marido, elas reconhecem a realidade de seus próprios casamentos e, desde uma posição mais claramente cínica, deliberam sobre as formas de se salvarem caso a verdade se torne pública. E não deixam de observar, em voz alta, que Jasmine, pelo contrário, perante a possibilidade de saber desvia o olhar, desvia a atenção e deixa o "saber" para o marido, o saber das finanças e o saber como salvar-se. Contra o cinismo das amigas ela mantém uma confiança inabalável e uma ignorância radical das transgressões, não somente financeiras, mas também erótico-amorosas de seu marido. A eficácia do saber/não saber da sexualidade põe em cena a marca da histeria e do recalque histérico. No caso da irmã de Jasmine há uma cegueira parcial: ela se deixa seduzir e enganar pelas possibilidades de ganhos espetaculares investindo seu dinheiro,[114] mas percebe rapidamente as infidelidades amorosas do cunhado e alerta Jasmine, como também o fazem as amigas. Mas só quando Jasmine confronta o marido, e ele confessa que tem outra, seu não saber não se sustenta mais e a defesa se desmorona, precipitando-a em uma atuação vingativa de efeitos altamente destrutivos. O que retorna, ulteriormente, nas diversas cenas evocadas nos estados hipnoides descritos são as diversas vicissitudes da história amorosa dessas mulheres.

O lugar do feminino nesse processo

É pelos trilhos da construção da feminilidade e de seus percalços que transita esse bonde? Na histeria há uma fragilidade na construção do feminino, que tende a ser escondida atrás da imagem. Perante o desvalor da posição feminina e a fragilidade das identificações femininas que a assolam, a mulher histérica faz uma atribuição de valor à beleza, ao corpo, à sedução. Ela vive uma necessidade fundamental de

114 "Como quase tudo mundo", diz a irmã no filme. É possível identificar alusões ao caso de Madoff, empresário importante de Wall Street que montou um esquema fraudulento do tipo "pirâmides de Ponzi", atraindo investimentos bilionários. Ao não poder sustentar-se devido à corrida para o dinheiro causada pela crise de 2008, derivou espetacularmente em um escândalo que o conduziu para a prisão, condenado em 2009 a 150 anos de reclusão.

sustentar sua representação de mulher no olhar do homem. Ela mede o próprio valor pelo valor do homem que a escolhe, fazendo do amor o suporte da identidade: se eu sou amada, então eu sou.

Nas personagens de ambos os filmes, o erotismo e a *finesse* estão juntos, ainda quando a estética seja diferente: os vestidos vaporosos de Blanche foram substituídos pelas roupas elegantes e pelos acessórios de marca de Jasmine; no entanto, nas duas é a atribuição de valor a seu corpo e à sua beleza que veicula o desejo de ser desejada. A sedução marca presença, ainda quando com diferenças. Se em Blanche a sedução se espalha e abrange todos os homens que a rodeiam, em Jasmine tem endereço certo: o homem poderoso que deseja conquistar. Mas, nas duas, ser desejada e amada por um homem tem um lugar fundamental. Sua autoimagem é frágil, a identificação especular é difícil de ser sustentada, e são os outros que lhe dão suporte: "Quando Blanche aparecer, diga a ela que está linda", pede Stella para seu marido.

A perda do homem para a histérica não é só a perda do objeto, mas também a perda de si mesma como mulher, já que é lá que ela se encontrava. Diferentemente da irmã que, quando descobre que o namorado era casado, sustenta seu lugar retornando para a relação anterior. Quando Jasmine o perde, suplantada no lugar de amor, nada se sustenta no seu interior, e segue o caminho da atuação destrutiva e autodestrutiva. Tomada pelo ódio vingativo, não mede consequências, pega o telefone e o denuncia para o FBI. O marido é preso, acaba se enforcando na prisão e ela perde todo o patrimônio, além do vínculo com o enteado por quem nutria um terno afeto. Blanche, por sua vez, depois de descobrir que seu amado ama outro homem, expressa-lhe seu desprezo de forma súbita e cruel, no meio da dança. Ela fica presa da culpa ao sentir a presença de seu ódio vingativo no estrondo do tiro com que ele se mata, o qual retorna como alucinação auditiva em seus estados alterados de consciência.

Há um segundo tempo, após a busca de refúgio nas casas das respectivas irmãs, em que as protagonistas procuram reconstruir suas vidas. A saída que ambas enxergam é ser amada e desejada por outro homem, é nessa direção que caminham, tendo como instrumento o exercício da sedução. Será isto o que, depois de plasmar-se como ilusão amorosa renovada e esperançosa, virá a quebrar-se novamente diante dos golpes sucessivos de uma realidade adversa, precipitando as protagonistas num franco quadro de loucura. Sentada num banco da praça, sozinha, Jasmine delira. Está em sua antiga casa conversando com alguém – que parece ser seu marido – sobre qual dos vestidos ficará melhor para uma festa, e sobre a proximidade de uma viagem que pode impedi-los de estarem juntos na mesma. Entretanto, se intercalam em seguida ideias de desconfiança e prevenção contra outrem em torno deles, cujas maledicências poderiam vir a atentar contra sua felicidade. Na realidade ela acabava de ser denunciada por seu ex-cunhado, na presença do novo namorado, como uma mentirosa fraudulenta que lesou a sua própria irmã e destruiu a vida de seu enteado, que também a abandonou.

Esse quadro delirante, por suas condições de emergência e suas características fenomenológicas, se aproxima notoriamente daquele que Freud identificou em 1894 como "confusão alucinatória aguda" e considerou que correspondia a uma terceira forma de psiconeurose de defesa, passível de ser diferenciada, assim como as outras duas (histeria de conversão e neurose obsessivo-fóbica), pela forma de operar a defesa frente ao conflito.

> Em ambos os casos até aqui considerados, a defesa contra a representação incompatível foi efetuada separando-a de seu afeto; a representação em si permaneceu na consciência, ainda que enfraquecida e isolada. Há, entretanto, uma espécie de defesa muito mais poderosa e bem-sucedida. Nela, o eu rejeita (*Werwerfen*) a representação insuportável juntamente com seu afeto e se comporta como se a representação jamais tivesse comparecido. *Só que no momento em que isso é conseguido, o sujeito se encontra numa psicose que só pode ser qualificada como "confusão alucinatória"*. (Freud, 1894/1996, p. 59)

No caso que apresenta como exemplo, o enredo que precede o quadro é precisamente o de uma jovem apaixonada que, erroneamente convicta de ser correspondida pelo homem ao qual concedeu seu amor, fica aguardando esperançosamente por uma visita decisiva. Não tardam a aparecer as decepções, das quais a jovem se defende mediante a conversão histérica dessas experiências, preservando assim sua crença (*glauben*). E começa a acreditar que um determinado dia, por motivo de uma celebração, ele virá pedir sua mão. A condição alucinatória se instaura quando não há mais possibilidade de sustentar a crença. "Passados todos os trens em que ele poderia ter chegado, ela faz uma psicose alucinatória" (Freud, 1894/1996, p. 59). Escuta sua voz no jardim, se arruma para descer elegante ao seu encontro, e durante dois meses se mantém em um beatífico sonho: ele está aí, anda em torno dela fazendo-lhe a corte. Está calma e feliz, na condição de que ninguém a incomode com os fatos reais.

A "confusão alucinatória aguda" foi trabalhada teoricamente por Freud em diversos momentos de sua obra, incluída no quadro da *amentia* de Meynert. Em "Suplemento metapsicológico à teoria dos sonhos" afirma que:

> A *amentia* é a reação frente a uma perda que a realidade assevera mas que deve ser recusada (*Verleugnung*) pelo eu como algo insuportável. Por causa disso o eu quebra o vínculo com a realidade, subtrai a investidura ao sistema Cc das percepções. Com esse estranhamento da realidade fica eliminado o exame da realidade, as fantasias de desejo – não recalcadas, por inteiro conscientes – podem penetrar no sistema e ser admitidas desde aí como uma realidade melhor. Uma subtração que pode ser posta no mesmo nível que os processos de repressão.[115] (Freud, 1917/1996, p. 232)

Junto a Maleval (1987), questionamos que isto seja uma psicose, tal como o desenvolvemos neste livro, ao sustentarmos a pertinência de denominar esses quadros de *loucura histérica*.

O delírio histérico funciona com base em projeções com função de recalque. Mas, como diz Maleval (1987, p. 24), "a projeção delirante das loucuras histéricas deve diferenciar-se do mecanismo que suscita o delírio das psicoses dissociativas; na teoria freudiana podem encontrar-se assinalados os elementos de uma distinção desse tipo". O quadro descrito por Freud como confusão alucinatória aguda

115 Destacamos que a palavra usada nesse artigo para o mecanismo defensivo que se põe aqui em jogo não é *Werverfung*, que em "As neuropsicoses de defesa" (FREUD, 1894/1996) traduzimos por *rejeição*, mas *Verleugnung*, para o qual preferimos usar o termo *recusa*, que se tem difundido no Brasil, apesar de que alguns preferirem utilizar a palavra *desmentida*. Nos artigos ulteriores em que Freud abordou o problema da defesa frente a uma realidade penosa ou ameaçadora, na metapsicologia das perversões e na psicose, usou o conceito *Verleugnung* (*recusa*), tornando-o presente nos processos psíquicos gerais e também nas manifestações neuróticas, a partir de seus trabalhos sobre cisão do eu no processo defensivo (FREUD, 1940 [1938]/1996a).

está mais claramente do lado da histeria que do delírio de Schreber. O delírio histérico surge por uma perturbação da imagem especular. Não está regido pelos mecanismos do delírio psicótico. Se se tratasse de uma psicose, não se poderia escutar o delírio como referido a "outra cena", dada a ausência da *spaltung* constitutiva do inconsciente. É um delírio alucinatório onírico, como o do álcool e o das drogas. É o típico sonho infantil, realizando o desejo que tinha sido frustrado durante o dia. Desde esse ponto de vista, parece ser mais fonte de satisfação autoerótica que figuração da castração imaginária – que, segundo Maleval, também se faz presente no delírio histérico. Poderíamos interpretar nessa linha da castração a irrupção das vozes dos outros falando mal da protagonista, no delírio da parte final de *Blue Jasmine*.

Em *Um bonde chamado desejo* há uma sequência em que Blanche, desenganada pela ausência do novo namorado em seu jantar de aniversário – ele, que tem dado ouvidos aos boatos que chegam sobre sua vida licenciosa –, se lamenta em voz alta por não encontrar uma saída para sua vida. "A saída é esta", responde Kowalski, oferecendo-lhe uma passagem de ônibus para sua cidade de origem. Ante essa dupla rejeição eclode seu delírio: ela teria sido convidada para uma viagem em cruzeiro por um antigo namorado, e está se arrumando porque ele vem buscá-la. Após um novo ironizar incisivo desse mundo fictício, na ausência da irmã o cunhado a estupra.116 Na cena final, após a recusa de sua irmã em acolher como verdade o relato do acontecido, Blanche intensifica seu delírio. Acredita na chegada de um

116 Presente na versão do diretor, a cena do estupro foi suprimida na versão inicialmente apresentada ao público.

homem que, por encargo daquele namorado, vem buscá-la para levá-la até o navio. Na realidade, quem acaba de chegar é o médico que irá conduzi-la ao hospício. A ação real do médico que se oferece gentilmente a sair junto com Blanche, de braço dado, dá sustento a essa ilusão delirante, propiciando uma saída de alguma maneira honrosa para o narcisismo estilhaçado nesta trágica armadilha.

Uma lógica de transformações

A sucessão e o encadeamento dos sintomas, ao longo dos processos descritos, vão mostrando tanto sua diversidade e complexidade quanto uma inteligibilidade possível de ser construída a partir de uma lógica de transformações associada à metapsicologia da histeria. Tendo seu ponto de partida nos trabalhos freudianos sobre a conversão, o conflito defensivo e o lugar central do recalque, esta ganha em riqueza explicativa com a introdução do conceito de narcisismo em 1914.

A função do ideal e a idealização na dinâmica do recalque, o narcisismo nas escolhas e vicissitudes dos vínculos amorosos dos homens e das mulheres, a problemática da perda do objeto e os processos de luto enriquecem, nesse momento, a compreensão dos sintomas neuróticos.

Mas cabe pensar também que certos sintomas defensivos no curso de uma neurose histérica, e em função de determinadas situações intra e intersubjetivas, nos obrigam a não restringir a organização histérica à metapsicologia do recalque, incluindo por exemplo o mecanismo de recusa (*Werleugnung*) frente a uma realidade penosa que fere o narcisismo. O tema da relação com a realidade – impondo o questionamento de uma crença fálico-narcísica arraigada e de uma modalidade de satisfação libidinal fixada – ganha nova relevância na psicanálise a partir da problemática do fetichismo (Freud, 1927/1996) e da cisão do ego no processo defensivo (Freud, 1940 [1938]/1996a; 1940[1938]/1996b).

Nas personagens dos filmes o colapso narcísico ameaça produzir-se quando se quebra a ilusão de poder manter a realidade anterior à perda sofrida, através do apoio em certos objetos fetichísticos de identidade de classe: roupas de grife, malas Louis Vuitton, viagem em 1a classe. Todos eles têm uma função recusatória da perda e do desamparo consequente.

O fetichista, na concepção freudiana, se prende ao momento último em que é possível manter a crença na existência do falo materno. Quando esta se quebra pelo acesso à realidade perceptiva, surge o fetiche como objeto que serve à recusa e em que se mantém a ilusão, mas à custa de uma dissociação ou cisão do eu. Para não se esfacelar e perder a relação com a realidade, o eu se divide. Em *Blue Jasmine* a irmã se lamenta por ela ter viajado em primeira classe: "Está louca? – se pergunta – ... ela sabe que não é mais rica!".

A ampliação metapsicológica na compreensão da estruturação histérica nos parece importante para o entendimento de algumas outras manifestações sintomais presentes nas personagens estudadas.

Os fenômenos corporais nos fazem pensar não só na conversão como sintoma desencadeado pelo retorno do recalcado. Os súbitos "sufocos" ou a impossibilidade de respirar também não parecem simples expressão de angústia – apesar de que podem incluí-la – mas que significam? Por que motivo a protagonista os especifica como algo que, depois que passam, quando ela volta a respirar, é pior? A falência corporal expressa – com alguma capacidade metafórica – o colapso narcísico que Jasmine sofre ao reconhecer-se descartada, rejeitada pelo marido ou condenada a um viver com a estreiteza humilde de sua irmã. Só que a descarga no corpo não tem a eficácia da conversão[117]: "Quando passa o sufoco me sinto pior".

O corpo também se põe em jogo no alcoolismo. O álcool retira a representação da consciência (recalque) e ameniza a dor através de uma ação sobre o corpo, uma incorporação. Nesse sentido equivaleria a uma fuga na anestesia. Mas Jasmine diz: "O que me acalma é um Martini". Assim, além de uma conversão, a incorporação adictiva de uma substância de efeito psicotrópico e significação fetichística configura uma patologia do ato. Este reconhecimento não se dá em Blanche, que diz que "só toma uma dose". O cunhado a desmascara dizendo: "Tem alguns que tocam no álcool e outros que o álcool os toca".

Se o álcool também acalma Blanche, ele ainda habilita seus jogos e artes de sedução no campo do erotismo, como recurso maior para enfrentar o colapso narcísico e recompor seu ego ideal.

É importante remarcar que as condições intersubjetivas incidem no processamento do sintoma. Uma transformação se produz, ou não, dependendo da presença ou ausência do suporte de uma escuta, ou mesmo de um olhar – seja o da irmã, seja o da companheira de viagem –, a partir dos quais poderia ser recuperada e colocada em história a imagem que se havia desfeito no momento do colapso narcísico. No polo

117 Na paciente de Freud, como vimos, a crença se mantinha através da conversão das experiências frustrantes.

oposto temos que situar a passagem ao ato, como no caso exemplar das denúncias vingativas.

O trilho passa pela história coletiva

Se o bonde chamado histeria anda pelos trilhos das marcas mnêmicas na vida das protagonistas, mostrando momentos sintomais diferentes no processamento dos conflitos, ele também atravessa *o tempo da história coletiva* e carrega elementos dos diferentes entornos ligados aos imaginários culturais, à moral sexual, aos perfis de gênero e aos ideais próprios de cada época.

O primeiro filme está baseado numa obra escrita em 1947, ou seja, no pós-guerra. Época marcada pelas desilusões associadas aos traumatismos das guerras e das crises econômicas que vieram desmentir o sonho americano de progresso, já denunciado por Freud em suas cinco conferências de 1908. Na primeira metade do século XX, as marcas do patriarcalismo e sua expressão na dupla moral vitoriana são muito fortes. A mulher, prisioneira do lar e do cuidado dos filhos, submetida ao machismo do homem – às suas infidelidades e violências –, aparece claramente em *Um bonde chamado desejo* nas figuras da irmã e das vizinhas. Blanche critica fortemente a passividade e a submissão dessas mulheres. Em sua positividade histérica feminina, não isenta de altivez, ela levanta bandeiras de liberdade, é culta e leciona inglês numa escola. Vale lembrar que, de fato, o campo da educação foi um dos primeiros que se abriu ao trabalho e ao protagonismo social das mulheres. No campo amoroso, ela foi atrás da paixão romântica: "Aos 18 anos descobri o amor, uma luz se fez sobre o que estava escuro, descobri o mundo... mas eu o matei". A metáfora da luz, que já consideramos antes, opera como abertura do campo do desejo e da paixão, mas vem seguida pela escuridão da morte e da culpa. Esta articulação entre desejo, culpa e morte está fortemente presente no enredo e se manifesta também no título escolhido para a versão em português: *A rua do pecado*. Manifesta-se ainda nos nomes das estações a se percorrer: Desejo-Cemitérios. Ao desejo se segue a morte e à morte segue-se uma sexualidade descontrolada, de encontros múltiplos com estranhos com os quais tenta preencher o vazio. Marcada pela presença da culpa, Blanche acaba infligindo danos à própria imagem, ficando no lugar da mulher vulgar e perdendo o lugar profissional ao ser expulsa por seduzir um aluno adolescente. O superego como instância proibidora e provocadora de culpa está bem presente. A dinâmica do proibido, da transgressão, da culpa e do castigo, no campo do sexual, se expressa com força. A presença do recalque é intensa e acompanha a significativa repressão social sobre a sexualidade das mulheres. Faz com que a sexualidade nela se manifeste sob uma forma mais sintomática, sobre-erotizando a relação com os homens, ou atuando-a manifesta e compulsivamente, na tentativa de reforçar sua posição feminina fragilizada pela perda amorosa, mas com consequências muito autodestrutivas.

Desde o ponto de vista das mudanças na subjetividade, a morte é um significante que desaparece do discurso contemporâneo. Naquele momento, contudo – primeira metade do século XX –, o discurso cultural ainda tem um lugar para a morte e o lugar das mulheres é o de cuidadoras dos doentes e carregadoras do luto pelos mortos. Prisioneira desse feminino amortecido, Blanche tenta liberar-se dele através de um novo relacionamento amoroso. Mas, quando este fracassa, aquele volta como um fantasma encarnado na figura de uma vendedora que bate à porta oferecendo "flores para os mortos". Em meio a uma cena tétrica e sombria, a protagonista tenta expulsá-la ao fechar essa porta, exclamando que a morte se opõe ao desejo. Justamente, é pela via do desejo por um homem que a irmã conseguiu fugir desse feminino mortífero.

As perdas, os fracassos, as frequentes situações sem saída na vida das histéricas remeteriam à situação pré-edípica com a mãe, à regressão pulsional ao objeto primário – que abriga a possibilidade da depressão e da morte. No Édipo aparece o virar-se para o pai como a saída diante da devastação própria da relação especular com a mãe e do encontro com a castração. Situação que, na construção da feminilidade, incluiria um tempo de volta para um reencontro identificatório com a mãe. Na histérica a saída é voltar-se para o homem; no entanto, o tempo da reidentificação com a mãe fracassa, retornando fantasmagoricamente como sinistro, esse mundo depressivo e mortífero de "Flores para os mortos" ao qual é preciso fechar a porta como quem foge de um fantasma. De fato, Blanche já vinha recriminando sua irmã por ter fugido da casa familiar com o homem desejado, deixando-a encarregada das viúvas e dos mortos.

No imaginário contemporâneo tem desaparecido a oposição discursiva entre as figuras da puta e da santa, o que possivelmente se vincula à liberação sexual e às conquistas das mulheres. Entretanto persiste a polarização entre a esposa e a amante. Também há um menor velamento do corpo; usado como suporte de expressão da problemática sexual, esse corpo contemporâneo se aproximaria mais do modo pornográfico do que da conversão sintomática (Alonso; Fuks, 2002). Ademais, da primeira metade do século XX à segunda década do século XXI, muitas mudanças significativas aconteceram no entorno. Não há agora o domínio de uma moralidade proibidora e repressiva, o que está presente é uma moral cínica, representada na psicanálise pelo superego pós-moderno conceitualizado por Zizek apoiado em Lacan: o que manda gozar.

O mundo contemporâneo, em que se movimentam as personagens de *Blue Jasmine*, é o do capital financeiro e seus escândalos. Aparecem, também, alusões à presença anterior dessa problemática na história dos Estados Unidos. Cate Blanchett diz que para compor sua personagem de fato pensou e se inspirou no *affaire* Madoff: "... esse é o holocausto americano da crise financeira". Trata-se de um mundo de *winners* e de *loosers,* no qual predomina o ideal de ser o maior e melhor. O casal do filme vive imerso num imaginário de impunidade. Sentem-se acima da lei, ele acha que sabe tudo e que saberá superar qualquer obstáculo. Ela, do seu lado, também se sente por cima de tudo, orgulhosa de sua beleza, elegância e refinamento e do poder que compartilha. Colocada no lugar fálico-narcisista, despreza as "mulherzinhas" e a maioria dos homens: os grossos, os "malas", os *loosers* naturais, e só aceita aquele que se distingue pela classe, poder e dinheiro. Se nele fica clara a moral cínica e a capacidade de manipulação perversa, nela essa falicidade se acompanha da ingenuidade histérica. Quando depois de ter induzido sua irmã a pôr seu dinheiro, recentemente ganhado na loteria, em negócios de Hal, já a sós com ele, surge em Jasmine uma ponta de dúvida: "Será que esses negócios existem e vão funcionar?", ele responde taxativamente: "Se eu ganho, eles ganham. Você cumpriu com seu dever!". E lhe dá um presente maravilhoso. Pensamos que, posteriormente, a culpa dela – recalcada ou recusada? ...essa é uma questão – emergirá como o conteúdo persecutório dos falatórios maldosos que acompanham o delírio final.

Caçoando desse cenário de *glamour*, festas, iates e joias, que desaba quando estoura o escândalo, Woody Allen coloca em boca de *socialite* falida, no momento em que ela conta risonhamente para sua companheira de viagem que está indo para a Costa Oeste, a expressão "*Go West, young man*". Assim, remete à frase criada décadas atrás por um jornalista conhecido: "*Vá para o Oeste, meu jovem. Lá se triunfa trabalhando*", que ficou famosa como ideal de um futuro a conquistar pela expansão para o oeste da fronteira agrícola, como resposta à desagregação social do leste em que predominava o mercado, muitos enriqueciam ou empobreciam com facilidade e onde não se precisava trabalhar porque o que trabalhava era o dinheiro.

Quanto aos valores fálicos postos em cena, num mundo no qual a nudez do corpo feminino está em todos os *outdoors* para vender qualquer produto, a sedução não opera através da perna que aparece, acenando o que se oculta. O jogo de sedução, de suborno e de domínio se exerce agora através do *savoir faire* elitista e dos fetiches caros do mundo do poder. O personagem fálico central no filme é o dinheiro. Em torno dele se organizam os relacionamentos sexuais e sociais. O homem de sucesso precisa da mulher bela e radiante para mostrá-la como troféu. A mulher não está mais reclusa no lar, está junto ao homem na cena social, no lugar de um fetiche que glamuriza o investimento. A crítica que Jasmine faz à irmã não é tanto a da passividade e do submetimento, mas, sim, da falta de ambição, evidenciada pela escolha do homem desvalorizado, do perdedor. Entretanto ainda caberia pensar o apaixonamento amoroso que ela preserva em suas evocações como uma reivindicação da histérica, em nome de outras possibilidades do feminino[118], num mundo desafetivizado pelo cinismo moral nas relações intersubjetivas.

118 Por esse caminho se aventura sua irmã.

Referências

ALONSO, S. L. Desejo e recalque. In: BERLINCK, M. (Org.), *O desejo na psicanálise.* Campinas: Papirus, 1985.

________. Encontros entre imagens e conceitos: reflexões sobre a temporalidade em psicanálise. In: BARTUCCI, G. (Org.), *Psicanálise, cinema e estéticas de subjetivação.* Rio de Janeiro: Imago, 2000a.

________. "O que não pertence a ninguém..." e as apresentações da histeria. In: FUKS, L. B. & FERRAZ, F. C. (Org.), *A clínica conta histórias.* São Paulo: Escuta, 2000b.

________. Interrogando o feminino. In: ALONSO, S. L.; GURFINKEL, A. C. & BREYTON, D. M. (Org.), *Figuras clínicas do feminino no mal-estar contemporâneo.* São Paulo: Escuta, 2002.

________. Novos arranjos para a melodia. In: FUKS, L. B. & FERRAZ, F. C. (Org.), *Desafios para a psicanálise contemporânea.* São Paulo: Escuta, 2003a.

________. Realidade psíquica-realidade somática: o corpo na histeria. In: VOLICH, R. M.; FERRAZ, F. C. & RANÑA, W. (Org.), *Psicossoma III: interfaces da psicossomática.* São Paulo: Casa do Psicólogo, 2003b.

________. A construção do feminino e do materno: considerações sobre a questão do mal-estar contemporâneo. In: *O tempo, a escuta, o feminino*. São Paulo: Casa do Psicólogo, 2011.

ALONSO, S. L.; FUKS, M. P. Histeria e erotismo feminino. In: ALONSO, S. L.; GURFINKEL, A. C.; & BREYTON, D. M. (orgs.) *Figuras clínicas do feminino no mal-estar contemporâneo*. São Paulo: Escuta, 2002.

ANDRÉ, S. *O que quer uma mulher?* Rio de Janeiro: Jorge Zahar, 1987.

ASSOCIAÇÃO PSIQUIÁTRICA AMERICANA. *Manual Diagnóstico e Estatístico de Transtornos Mentais (D. S. M. IV)*. Porto Alegre: Artes Médicas, 1995.

AULAGNIER-SPAIRANI, P. Observações sobre a feminilidade e suas transformações. In: CLAVREUL, J. et al. *O desejo e a perversão*. Campinas: Papirus, 1990.

BADINTER, E. *XY*: la identidad masculina. Barcelona: Alianza, 1993.

BELMONTE, L.; DEL VALLE, E.; KARGIEMAN, A. & SALUDJIAN, D. *La identificación en Freud*. Buenos Aires: Kargieman, 1976.

BERENSTEIN, A. Freud-Charcot, 10 años atrás. *Tres al cuarto. Actualidad. Psicoanálisis y cultura*. Barcelona, 7:4-5, 1996.

BIRMAN, J. Se eu te amo, cuide-se: sobre a feminidade, a mulher e o erotismo nos anos 80. In: BERLINCK, M.T. (Org.), *Histeria*. São Paulo: Escuta,1997.

________. *Cartografias do feminino*. São Paulo: 34, 1999.

________. Mal-estar na atualidade: a psicanálise e as novas formas desubjetivação. Rio de Janeiro: Civilização Brasileira, 2001a.

________. *Gramáticas do erotismo: a feminilidade e as suas formas de subjetivação em psicanálise*. Rio de Janeiro: Civilização Brasileira, 2001b.

BLEGER, J. *Psicología de la conducta*. Buenos Aires: Eudeba, 1963.

BLEICHMAR, H. *Introducción al estúdio de las perversiones: la teoria del Édipo en Freud y Lacan*. Buenos Aires: Nueva Visión, 1984.

BLEICHMAR, S. *Paradojas de la sexualidad masculina*. Buenos Aires: Paidós, 2006.

BOLLAS, C. *Hysteria*. São Paulo: Escuta, 2000.

BREUER, J. Señorita Anna O. (1893-1895). In: FREUD, S. *Obras completas*. Buenos Aires: Amorrortu, 1996, v. 2.

BREUER, J.; & FREUD, S. Sobre el mecanismo psíquico de fenómenos histéricos: comunicación preliminar. In: *Obras Completas*. Buenos Aires: Amorrortu, Vol. 2, 1996. (Trabalho originalmente publicado em 1893)

BRIQUET, P. *Traité clinique et thérapeutique de l'hystérique*. Paris: Baillière, 1859.

BRIQUET, P. Definición de la histeria. In: SAURÍ, J. (Org.), *Las histerias*. Buenos Aires: Nueva Visión, 1975.

BURIN, M. Padres, hijos, hijas. In: BURIN, M.; & MELER, I. *Varones. Género y subjetividad masculina*. Buenos Aires: Paidós, 2000.

CHARCOT, J. M. Gran histeria o hístero-epilepsia. In: SAURÍ, J. (Org.), *Las histerias*. Buenos Aires: Nueva Visión, 1975.

________. Histeria y neurastenia en el hombre. In: SAURÍ, J. (Org.), *Las histerias*. Buenos Aires: Nueva Visión, 1975.

CHEMAMA, R. *Dicionário de psicanálise*. Porto Alegre: Artes Médicas Sul, 1995.

________. A neurose obsessiva feminina hoje. In: *Neurose obsessiva. Revista da Associação Psicanalítica de Porto Alegre*, 17:16-25, 1999.

CLÉMENT, C. & KRISTEVA, J. *O feminino e o sagrado*. Rio de Janeiro: Rocco, 2001.

CROMBERG, R. U. *Cena incestuosa: abuso e violência sexual* Coleção "Clínica Psicanalítica". São Paulo: Casa do Psicólogo, 2001.

DAVID-MÉNARD, M. *A histérica entre Freud e Lacan*. São Paulo: Escuta, 2000.

DIO BLEICHMAR, E. *O feminismo espontâneo da histeria: estudo dos transtornos narcisistas da feminilidade*. Porto Alegre: Artes Médicas Sul, 1988.

________. Los pies de la ley en el deseo femenino. In: FERNÁNDEZ, A.M. (Org.), *Las mujeres en la imaginación colectiva*. Buenos Aires: Paidós, 1993.

DOBON, J. *Histeria y cuerpo*. Buenos Aires: Edama,1995.

DOR, J. *Estructuras clínicas y psicoanálisis*. Buenos Aires: Amorrortu, 2000.

FAIRBAIN, R. Observaciones sobre la naturaleza de los estados histéricos. In: SAURÍ, J. (Org.), *Las histerias*. Buenos Aires: Nueva Visión, 1975.

FENDRIK, S. *Santa Anorexia*. Buenos Aires: Corregidor, 1997.

FERNÁNDEZ, A. M. *La mujer de la ilusión*. Buenos Aires: Paidós, 1994.

FLORENCE, J. As identificações. In: ROTTMAN, A. (Org.), *As identificações na clínica e na teoria psicanalítica*. Rio de Janeiro: Relume-Dumará, 1994.

FOLLIN, S.; CHAZAUD, J. & PILON, L. Cas cliniques de psychoses hystériques. *Evol. Psych.*, 2:257-286, 1961.

FREUD, S. (1886) Observación de un caso severo de hemianestesia en un varón histérico. In: *Obras Completas*. Buenos Aires: Amorrortu, 1993.

_________. (1893a) Bosquejos de la "Comunicación preliminar". *Op. cit.*, v. I.

_________. (1893b) Algunas consideraciones con miras a un estudio comparativo de las parálisis motrices orgánicas e histéricas. *Op. cit.*, v. I.

_________. (1894a) Las neuropsicosis de defensa. *Op. cit.*, v. III.

_________. (1894b) Carta 18 a Fliess. Fragmentos de la correspondencia con Fliess. *Op. cit.*, v. I.

_________. (1895a) Estudios sobre la histería. *Op. cit.*, v. II.

_________. (1895b) Proyecto de psicología. *Op. cit.*, v. I.

_________. (1895c) Manuscrito H. Fragmentos de la correspondencia con Fliess. *Op. cit.*, v. I.

_________. (1896a) Carta 52 a Fliess. Fragmentos de la correspondencia con Fliess. *Op. cit.*, v. I.

_________. (1896b) Manuscrito K: Las neurosis de defensa. Fragmentos de la correspondencia con Fliess. *Op. cit*, v. I.

_________. (1896c) Nuevas puntualizaciones sobre las neuropsicosis de defensa. *Op. cit.*, v. III.

_________. (1897a) Carta 69 a Fliess. Fragmentos de la correspondencia con Fliess. *Op. cit.*, v. I.

_________. (1897b) Manuscrito N. Fragmentos de la correspondencia con Fliess. *Op. cit.*, v. I.

________. (1899) Carta 125 a Fliess. Fragmentos de la correspondencia con Fliess. *Op. cit.*, v. I.

________. (1900) La interpretación de los sueños. *Op. cit.*, v. IV.

________. (1905a) Tres ensayos de teoría sexual. *Op. cit.*, v. VII.

________. (1905b) Fragmento de análisis de un caso de histería. *Op. cit.*, v. VII.

________. (1906) Mis tesis sobre el papel de la sexualidad en la etiología de las neurosis. *Op. cit.*, v. VII.

________. (1908) La moral sexual 'cultural' y la nerviosidad moderna. In: *Obras Completas.* Buenos Aires: Amorrortu, Vol. 9, 1997.

________. (1908a) Las fantasías histéricas y su relación com la bisexualidad. *Op. cit.*, v. IX.

________. (1908b)Apreciaciones generales sobre el ataque histérico. *Op. cit.*, v. IX.

________. (1908c) Sobre las teorias sexuales infantiles. *Op. cit.*, v. IX.

________. (1909a) Análisis de la fobia de un niño de cinco años. *Op. cit.*, v. X.

________. (1909b) A propósito de un caso de neurosis obsesiva. *Op. cit.*, v. X.

________. (1910) Sobre un tipo particular de elección de objeto en el hombre: contribuciones a la psicología del amor I. In: *Obras Completas.* Buenos Aires: Amorrortu, Vol. 11, 1997.

________. (1910a) La perturbación psicogénica de la visión según el psicoanálisis. *Op. cit.*, v. XI.

________. (1910b) Un recuerdo infantil de Leonardo da Vinci. *Op. cit.*, v. XI.

________. (1911) Puntualizaciones psicoanalíticas sobre un caso de paranoia descrito autobiográficamente. *Op. cit.*, v. XII.

________. (1912) Sobre la más generalizada degradación de la vida amorosa en el hombre: contribuciones a la psicología del amor II. In: *Obras Completas.* Buenos Aires: Amorrortu, Vol. 11, 1997.

________. (1913) Tótem y tabú: algunas concordancias en la vida anímica de los salvajes y de los neuróticos. *Op. cit.*, v. XIII.

________. (1914) Introducción al narcisismo. In: *Obras Completas.* Buenos Aires: Amorrortu, Vol. 14, 1997.

________. (1914a) Recordar, repetir y elaborar (Nuevos

consejos sobre la técnica del psicoanálisis). *Op. cit.*, v. XII.

________. (1914b) El Moisés de Miguel Angel. *Op. cit.*, v. XIII.

________. (1914c) Introducción al narcisismo. *Op. cit.*, v. XIV.

________. (1915a) La represión. *Op. cit.*, v. XIV.

________. (1915b) Lo inconsciente. *Op. cit.*, v. XIV.

________. (1915c) Duelo y melancolía. *Op. cit.*, v. XIV.

________. (1915d) Pulsiones y destinos de pulsión. *Op. cit.*, v. XIV.

________. (1917) Complemento metapsicológico a la doctrina de los sueños. In: *Obras Completas*. Buenos Aires: Amorrortu, Vol. 14, 1996.

________. (1917a) Sobre las transposiciones de la pulsión, en particular del erotismo anal. *Op. cit.*, v. XVII.

________. (1917b) El tabú de la virginidad: contribuciones a la psicología del amor III. *Op. cit.*, v. XI.

________. (1918) De la historia de una neurosis infantil. *Op. cit.*, v. XVII.

________. (1919) Pegan a un niño: contribución al conocimiento de la génesis de las perversiones sexuales. *Op. cit.*, v. XVII.

________. (1920) Más allá del principio del placer. *Op. cit.*, v. XVIII.

________. (1921) Psicología de las masas. *Op. cit.*, v. XVIII.

________. (1922) La cabeza de Medusa. *Op. cit.*, v. XVIII.

________. (1923a) El yo y el ello. *Op. cit.*, v. XIX.

________. (1923b) Una neurosis demoníaca en el siglo XVII. *Op. cit.*, v. XIX.

________. (1923c) La organización genital infantil. *Op. cit.*, v. XIX.

________. (1924a) Presentación autobiográfica. *Op. cit.*, v. XX.

________. (1924b) El problema económico del masoquismo. *Op. cit.*, v. XIX.

________. (1924c) El sepultamiento del complejo de Edipo. *Op. cit.*, v. XIX.

________. (1925) Algunas consecuencias psíquicas de la diferencia sexual anatómica. *Op. cit.*, v. XIX.

________. (1926) Inhibición, síntoma y angustia. *Op. cit.*, v. XX.

________. (1927a) El porvenir de una ilusión. *Op. cit.*, v. XXI.

________. (1927b) Fetichismo. *Op. cit.*, v. XXI.

________. (1928) Dostoiévski y el parricidio. *Op. cit.*, v. XXI.

________. (1931) La sexualidad feminina. *Op. cit.*, v. XXI.

________. (1932) La feminilidad. *Op. cit.*, v. XXII.

________. (1937) Análisis terminable e interminable. In: *Obras Completas*. Buenos Aires: Amorrortu, Vol. 23, 1997.

________. (1938) Esquema del psicoanálisis. *Op. cit.*, v. XXIII.

________. (1940 [1938]) La escisión del yo en el proceso defensivo. In: *Obras Completas*. Buenos Aires: Amorrortu, Vol. 23, 1996a.

________. (1940 [1938]) Esquema del psicoanálisis. In: *Obras Completas*. Buenos Aires: Amorrortu, Vol. 23, 1996b.

FUKS, L. B. Abuso sexual de crianças na família: reflexões psicanalíticas. *Percurso*, 20:120-126, 1998.

________. A insistência do traumático. In: FUKS, L. B. & FERRAZ, F. C. (Org.), *A clínica conta histórias*. São Paulo: Escuta, 2000.

FUKS, M. P. Mal-estar na contemporaneidade e patologias decorrentes. *Psicanálise e Universidade*, 9-10, 1998-1999.

________. Questões teóricas na psicopatologia contemporânea. In: FUKS, L. B. & FERRAZ, F. C. (Org.), *A clínica conta histórias*. São Paulo: Escuta, 2000.

________. Nos domínios das neuroses narcísicas e suas proximidades. In: FUKS, L. B. & FERRAZ, F. C. (Org.), *Desafios para a psicanálise contemporânea*. São Paulo: Escuta, 2003.

________. O mínimo é o máximo: uma aproximação da anorexia. In: VOLICH, R. M; FERRAZ, F. C. & RANÑA, W (Org.), *Psicossoma III: interfaces da psicossomática*. São Paulo: Casa do Psicólogo, 2003.

________. Histeria nos homens. In: O masculino na contemporaneidade: repercussões na saúde do homem. *XIV Simpósio do Serviço de Psicologia do Hospital do Coração*. São Paulo, 17 abr. 2010.

FUKS, M. P.; CAIAFFA, R.; CARTOCCI, L.; FRANCO, M. M. & STERIAN, A. A sexuação feminina da mulher na contemporaneidade: Da suposta libertação feminina à impossibilidade de sustentar o imprevisível na relação com o outro. In: ALONSO, S. L., GURFINKEL, A. C. & BREYTON, D. M. (Org.), *Figuras clínicas do feminino no mal-estar contemporâneo.* São Paulo: Escuta, 2002.

GOUX, J. J. El inconsciente freudiano y la revolución iconoclasta. *Letra Viva. Cadernos Monográficos,* 6. Buenos Aires, s/d.

GREEN, A. (1964) Neurosis obsesiva e histeria: sus relaciones en Freud y desde entonces. Estudio clínico, crítico y estructural. In: SAURÍ, J. (Org.), *Las histerias.* Buenos Aires: Nueva Visión, 1975.

ISRAËL, L. *Mancar não é pecado.* São Paulo: Escuta, 1994.

________. *A histérica, o sexo e o médico.* São Paulo: Escuta, 1995.

JANET, P. El estado mental histérico. In: SAURÍ, J. (Org.), *Las histerias.* Buenos Aires: Nueva Visión, 1975.

JULIEN, P. *A feminilidade velada.* Rio de Janeiro: Companhia de Freud, 1997.

KEHL, M. R. *Deslocamentos do feminino.* Rio de Janeiro: Imago, 1998.

KHAN, M. (1983) O rancor da histérica. In: BERLINCK, M.T. (Org.), *Histeria.* São Paulo: Escuta, 1997.

KLEIN, M. (1928) Los estadios tempranos del complejo de Édipo. In: *Contribuciones al psicoanálisis.* Buenos Aires: Hormé, 1964.

________. *El psicoanálisis de niños.* Buenos Aires: Hormé, 1964.

KORMAN, V. *El oficio de analista.* Buenos Aires: Paidós, 1996.

KRAEPELIN, E. Locura histérica. In: SAURÍ, J. (Org.), *Las histerias.* Buenos Aires: Nueva Visión, 1975.

KURZ, R. Populismo histérico. *Folha de S. Paulo,* 18 de março de 2001.

LACAN, J. (1966) Intervención sobre la transferencia. In: *Escritos I.* Buenos Aires: Siglo XXI, 1977.

________. (1949) El estadio del espejo como formador de la función del yo, tal como se nos revela en la experiencia psicoanalítica. *Op. cit.*

________. De uma questão preliminar a todo tratamento possível da psicose. In *Escritos.* Rio de Janeiro: Jorge Zahar, 1998.

________. (1956-1957) *O seminário. Livro 4: A relação de objeto.* Rio de Janeiro: Jorge Zahar, 1995.

________. *Las formaciones del inconciente.* Buenos Aires: Nueva Visión, 1982.

________. *Las formaciones del inconsciente.* Buenos Aires: Nueva Visión, 1970. (Trabalho originalmente publicado em 1957-58)

LAPLANCHE, J. & PONTALIS, J.-B. (1964) *Vocabulário da psicanálise.* São Paulo: Martins Fontes, 1979.

LAPLANCHE, J. (1970) *Problemática psicoanalítica I: la angustia en la neurosis.* Buenos Aires: Nueva Visión, 1979.

________. (1970) *La sexualidad.* Buenos Aires: Nueva Visión, 1980.

________. La histería, hoy (painel). *Imago Revista de Psicanálisis, Psiquiatría y Psicología,* 4:4-18, 1976.

LE GUEN, C. *La represión.* Buenos Aires: Amorrortu, 1993.

LIBERMAN, D. *La comunicación en terapéutica psicoanalítica.* Buenos Aires: Eudeba, 1966.

LIPOVETSKY, G. *A terceira mulher: permanência e revolução do feminino.* São Paulo: Companhia das Letras, 2000.

MALEVAL, J.-C. El delirio histérico no es un delirio disociado. In: *Locuras histéricas y psicosis disociativas.* Buenos Aires: Paidós, 1987.

________. Las psicoterapias de las histerias crepusculares. In: CLASTRES, G. et al. *Vicisitudes de la histeria.* Buenos Aires: Manantial, 1989.

MANNONI, M. *Elas não sabem o que dizem: Virginia Wolff, as mulheres e a psicanálise.* Rio de Janeiro: Jorge Zahar, 1999.

McDOUGALL, J. *As múltiplas faces de Eros*: uma exploração psicanalítica da sexualidade. São Paulo: Martins Fontes, 1997.

MELER, I. La sexualidad masculina: un estudio psicoanalítico de género. In: BURIN, M.; & MELER, I. *Varones. Género y subjetividad masculina.* Buenos Aires: Paidós, 2000.

MONTRELEY, M. Investigaciones sobre la feminidad. In: *Acto psicoanalítico*: teoria y clínica. Madrid: Nueva Visión. 1979.

NASIO, J. D. *A histeria: teoria e clínica psicanalítica.* Rio de Janeiro: Jorge Zahar, 1990.

________. *O livro da dor e do amor.* Rio de Janeiro: Jorge Zahar, 1997.

PASQUALINI, G. La histeria: una introducción a la clínica del masoquismo. In: KRELL, I. (Org.), *La escucha, la histeria.* Buenos Aires: Paidós, 1991.

PAZ, J. R. *Psicopatología: sus fundamentos dinámicos.* Buenos Aires: Nueva Visión, 1970.

PERRIER, F. Estructura histérica y dialogo analitico. In: NASIO, J. (Org.), *Acto psicoanalítico: teoría y clínica.* Buenos Aires: Nueva Visión, 1979.

PICHON-RIVIÈRE, E. *Del psicoanálisis a la psicología social.* Buenos Aires: Galerna, 1970.

PIEDIMONTE, R. C. & GOLDIN, M. A. Diálogos sobre psicopatología. In: *La histeria.* Buenos Aires: Kargieman, 1976.

PLATÓN. El Timeo. In: *Diálogos.* México: Porrúa, 1976.

POMMIER, G. *Transferencia y estructuras clínicas.* Buenos Aires: Kliné, 1999.

PRESTA, J. Psicosis histérica o modalidad existencial de habitar el cuerpo ajeno. *Imago Revista de Psicanálisis, Psiquiatría y Psicología (La histeria hoy)*, 4:97-100, 1976.

RILKE, R. M. (1905) *Auguste Rodin.* São Paulo: Nova Alexandria, 2003.

RIVERA, J. *La estructura histérica.* Montevideo: Roca Viva, 1990.

RIVIÈRE, J. (1929) A feminilidade como mascarada. In: *La sexualidad femenina.* Buenos Aires: Cardex, 1966.

ROCHA, Z. Feminilidade e castração: seus impasses no discurso freudiano sobre a sexualidade feminina. *Rev. Latinoam. Psicopat. Fund.*, 1:128-151, 2002.

RODRIGUÉ, E. *Sigmund Freud: o século da psicanálise.* São Paulo: Escuta, 1995.

ROSOLATO, G. La histeria: estructuras psicoanalíticas. In: SAURÍ, J. (Org.) *Las histerias.* Buenos Aires: Nueva Visión, 1975.

ROUDINESCO, E. *História da psicanálise na França: a batalha dos cem anos.* Rio de Janeiro: Jorge Zahar, 1986.

________. *Por que a psicanálise?.* Rio de Janeiro: Jorge Zahar, 1999.

ROUDINESCO, E. & PLON, M. *Dicionário de psicanálise.* Rio de Janeiro: Jorge Zahar, 1998.

SAFOUAN, M. *A sexualidade feminina na doutrina freudiana.* Rio de Janeiro: Jorge Zahar, 1977.

SANTESTEBAN, O. En la aventura histérica: desenmascarar el síntoma. La cifra de goce... en la "mésalliance". *Actualidad Psicológica*, 273:11-14. Buenos Aires, 2000.

SAURÍ, J. (Org.), *Las histerias*. Buenos Aires: Nueva Visión, 1975.

SHOWALTER, E. *Hystories: hysterical epidemics and modern culture*. New York: Columbia University Press, 1997.

SIGAL, A. M. A organização genital infantil. In: ALONSO, S. L. & LEAL, A. M. S. (Org.), *Freud: um ciclo de leituras*. São Paulo: Escuta, 1997.

STOLLER, R. *Masculin ou Féminin?* Paris: P.U.F., 1989.

SYDENHAM, T. La afección histérica. In: SAURÍ, J. (Org.), *Las histerias*. Buenos Aires: Nueva Visión, 1975.

TRILLAT, E. (1986) *História da histeria*. São Paulo: Escuta, 1991.

__________. Miradas sobre la histeria. In: KRELL, I. (Org.), *La escucha, la histeria*. Buenos Aires: Paidós, 1991.

VOLNOVICH, J. C. In: *Ir de Putas*: reflexiones acerca de los clientes de la prostitución. Buenos Aires: Topía, 2010.

Coleção Clínica Psicanalítica

Títulos publicados

A cena hospitalar: psicologia médica e psicanálise
Alfredo Simonetti

Acompanhamento terapêutico
Maurício Porto

Acontecimento e linguagem
Alcimar Alves de Souza Lima

Adicções
Decio Gurfinkel

Adoção
Gina Khafif Levinzon

Adolescência
Tiago Corbisier Matheus

Amor e fidelidade
Gisela Haddad

Anomia
Marilucia Melo Meireles

Autismo
Ana Elizabeth Cavalcanti, Paulina Schmidtbauer Rocha

Autorização e angústia de influência em Winnicott
Wilson Franco

Borderline
Mauro Hegenberg

Cena incestuosa
Renata Udler Cromberg

Cidade e subjetividade
Flávio Carvalho Ferraz

Clínica da exclusão
Maria Cristina Poli

Clínica do continente
Beatriz Chacur Mano

Clínica do trabalho
Soraya Rodrigues Martins

Clinicar na atualidade
Vera Lúcia Silva Prazeres

Complexo de Édipo hoje?
Nora B. Susmanscky de Miguelez

Consultas terapêuticas
Maria Ivone Accioly Lins

Corpo
Maria Helena Fernandes

Crise pseudoepiléptica
Berta Hoffmann Azevedo

Crítica à normalização da psicanálise
Mara Caffé

Demências
Delia Catullo Goldfarb

Depressão
Daniel Delouya

Desafios para a técnica psicanalítica
José Carlos Garcia

Desamparo
Lucianne Sant'Anna de Menezes

Disfunções sexuais
Cassandra Pereira França

Distúrbios do sono
Nayra Cesaro Penha Ganhito

Ecos da clínica
Isabel Mainetti de Vilutis

Emergências psiquiátricas
Alexandra Sterian

Ensaios psicanalíticos
Flávio Carvalho Ferraz

Entrevistas preliminares em psicanálise
Fernando Rocha

Epistemopatia
Daniel Delouya

Escritos metapsicológicos e clínicos
Ana Maria Sigal

Esquizofrenia
Alexandra Sterian

Estresse
Maria Auxiliadora de A. C. Arantes, Maria José Femenias Vieira

Fairbairn
Teo Weingrill Araujo

Ferenczi
Teresa Pinheiro

Hipocondria
Rubens Marcelo Volich

Histeria
Silvia Leonor Alonso, Mario Pablo Fuks

Idealcoolismo
Antonio Alves Xavier, Emir Tomazelli

Imitação
Paulo de Carvalho Ribeiro e colaboradores

Incestualidade
Sonia Thorstensen

Inconsciente social
Carla Penna

Infertilidade e reprodução assistida
Marina Ribeiro

Linguagens e pensamento
Nelson da Silva Junior

Morte
Maria Elisa Pessoa Labaki

Narcisismo e vínculos
Lucía Barbero Fuks

Neurose obsessiva
Rubia Delorenzo

Neuroses atuais e patologias da atualidade
Paulo Ritter

Neurose traumática
Myriam Uchitel

Normopatia
Flávio Carvalho Ferraz

Orientação profissional
Maria Stella Sampaio Leite

O tempo, a escuta, o feminino
Silvia Leonor Alonso

Paranoia
Renata Udler Cromberg

Perversão
Flávio Carvalho Ferraz

Pós-análise
Yeda Alcide Saigh

Problemas de linguagem
Maria Laura Wey Märtz

Problemáticas da identidade sexual
José Carlos Garcia

Psicanálise da família
Belinda Mandelbaum

Psicanálise e educação
Maria Regina Maciel

Psicanálise e música
Maria de Fátima Vicente

Psicopatia
Sidney Kiyoshi Shine

Psicoterapia breve psicanalítica
Mauro Hegenberg

Psicoterapia breve psicanalítica de casal
Mauro Hegenberg

Psicoterapia de casal
Purificacion Barcia Gomes, Ieda Porchat

Saúde do trabalhador
Carla Júlia Segre Faiman

Sintoma
Maria Cristina Ocariz

Sublimação e *unheimliche*
Alessandra Martins Parente

Tatuagem e marcas corporais
Ana Costa

Tempo e ato na perversão
Flávio Carvalho Ferraz

Término de análise
Yeda Alcide Saigh

Tortura
Maria Auxiliadora de Almeida Cunha Arantes

Trabalho do negativo
Vera Lamanno-Adamo

Trama do olhar
Edilene Freire de Queiroz

Transexualidades
Paulo Roberto Ceccarelli

Transtornos alimentares
Maria Helena Fernandes

Transtornos da excreção
Marcia Porto Ferreira

Transtornos de pânico
Luciana Oliveira dos Santos

Vertentes da psicanálise
Maria Laurinda Ribeiro de Souza

Violência
Maria Laurinda Ribeiro de Souza

Violência e masculinidade
Susana Muszkat

Construindo ideias
e conectando mentes

Este livro foi composto com tipografia Freight Text Pro
e impresso em papel Pólen Soft 80g. em fevereiro de 2023.